アメリカ・カナダ・メキシコ・ブラジル駐在員の選任・赴任から帰任まで完全ガイド

三菱UFJリサーチ&コンサルティング㈱
コンサルティング・国際事業本部
チーフコンサルタント
藤井　恵 著

清文社

はじめに

　企業の海外進出が年々活発化していますが、特にその傾向が顕著なのがアジア地域及び北米地域への進出です。

　本書は既刊の「中国駐在員の選任・赴任から帰任まで完全ガイド」「タイ・シンガポール・インドネシア・ベトナム駐在員の選任・赴任から帰任まで完全ガイド」「台湾・韓国・マレーシア・インド・フィリピン駐在員の選任・赴任から帰任まで完全ガイド」の姉妹版として、すでに多くの企業が進出しているアメリカ、その隣国であるカナダ、最近日本企業の進出がめざましいメキシコ、BRICSとして以前より注目されているブラジルに社員を送り出す場合に本社のご担当者が知っておきたい日本及び現地の社会保険・税務、現地の教育事情、医療事情、給与体系の設定方法等をそれぞれの国別の章立てではなく、各項目別に編集しています。

　たとえばＡ国の個人所得税の計算方法について知りたい場合、Ａ国の個人所得税のみに注目してしまうと、その内容がＡ国に固有のことなのか、それともＡ国にかかわらず、ある程度どの国の個人所得税でも当てはまる普遍的なことなのかがわからなくなってしまいます。

　おそらく本社のご担当者は、特定の国だけを詳しくお知りになりたいだけではなく、自社が進出している国のそれぞれ制度のどこがどう異なるかという点にも注目されていますので、本書では国ごとで内容を編集するのではなく、たとえば「個人所得税の計算方法」であれば、その項目を4か国横並びで見ていくことで、その内容が「4か国全てに普遍的な事項」なのか、「特定の国にだけ当てはまる事項」なのかを確認できるようにしています。

　また、駐在されている方にとっては、駐在国の情報が一か所にまとまって掲載されているわけではないので、多少読み難い部分があるかもしれませんが、他国と駐在国がどのように異なっているのかについて比較しなが

ら読み進めていただくと、その違いがよくわかり、駐在国の制度や生活環境の理解がより深まると思います。

　第一版となる本書では、上述のとおり、アメリカ、カナダ、メキシコ、ブラジルの4か国を取り上げましたが、今後、改訂版を出版できる機会があれば、皆様も関心の高い国を適宜追加又は取り上げる国の入れ替えをしていきたいと思います。

　最後になりましたが、本書執筆に当たり取材や情報提供等にご協力をいただきました日本人学校の先生方、日系医療機関の皆様、不動産会社・医療機関・学習塾等教育機関の皆様、各国の税務専門家、現地及び国内でインタビューに応じてくださった皆様及び本書執筆にご尽力いただきました清文社編集部の皆様及び弊社国際本部長・国際ビジネスコンサルティング室長にこの場を借りて厚く御礼を申し上げます。

　本書がアメリカ、カナダ、メキシコ、ブラジルに大切な社員を送り出す企業や駐在員ご本人及びご家族の皆様に多少なりともお役にたつことができましたら幸いです。

　平成27年6月

　　　　　　三菱ＵＦＪリサーチ＆コンサルティング株式会社
　　　　　　　コンサルティング・国際事業本部　国際本部
　　　　　　　国際ビジネスコンサルティング室
　　　　　　　チーフコンサルタント　　　　藤　井　恵

目次

1 赴任前事項

1 海外駐在に対する会社の方針

- Q1 海外駐在に対する会社の方針（家族帯同が原則か、単身赴任が原則か） …………………………………………………………… 2
- Q2 海外駐在用に人材を採用する際の留意点 ……………………… 6

2 日本での社会保険・税務上の手続

- Q3 海外駐在に当たって日本の社会保険に関する留意点 ………… 10
- Q4 労災保険の特別加入制度 ………………………………………… 13
- Q5 海外駐在に帯同するために退職する配偶者の雇用保険 ……… 17
- Q6 海外駐在に当たって出国までに日本本社が行っておくべき税務上の手続 ………………………………………………………… 19
- Q7 納税管理人の概要と手続事項 …………………………………… 21
- Q8 出国時期と住民税の関係 ………………………………………… 24
- Q9 駐在員が住宅借入金等特別控除の適用を受けている場合 …… 26

3 医療・健康管理面

- Q10 海外旅行保険の付保額及び保険金支払事例 …………………… 29
- Q11 健康保険と海外旅行保険の違い ………………………………… 43
- Q12 赴任前健康診断・予防接種 ……………………………………… 45

4 その他

- Q13 赴任前研修について ……………………………………………… 48
- Q14 赴任支度金について ……………………………………………… 51

| Q15 | 引越手続の留意点 | 53 |

2 赴任中

1 日本及び赴任国（アメリカ、カナダ、メキシコ、ブラジル）の社会保険

| Q16 | 駐在国の社会保険制度〜日本からの駐在員の年金・医療保険制度への加入義務〜について | 64 |
| Q17 | 赴任国からの年金受給 | 72 |

2 生活・教育・その他（アメリカ、カナダ、メキシコ、ブラジル）

Q18	駐在員向け住居	78
Q19	赴任地における日本人向け教育機関（日本人学校）	96
Q20	日本人学校がない場合等の学校選択・インターナショナルスクール等	103
Q21	幼稚園の概要	111
Q22	赴任地の祝祭日・労働時間の取扱い	113

3 健康・リスク管理面（アメリカ、カナダ、メキシコ、ブラジル）

Q23	駐在員による自動車の運転	116
Q24	駐在員に関する危機管理・安全管理	121
Q25	海外駐在中における日本の健康保険の利用方法	127
Q26	駐在中の健康上の留意点（医療レベル・医療保険・医療搬送事例）	130

4 駐在員への人事評価・権限委譲

Q27 駐在員の人事評価 …………………………………………… 161
Q28 帰任時の不安と会社に求めるサポート体制 ……………… 169

3 帰 任 時

1 本社側の手続事項

Q29 帰任者受入れのための準備事項 …………………………… 174
Q30 帰任後に追加納付となった赴任国の個人所得税を本社が負担した場合 ……………………………………………………… 177

4 駐在員にまつわる日本及び赴任地国での税務問題

1 赴任地の個人所得税（アメリカ、カナダ、メキシコ、ブラジル）

Q31 個人所得税関連法規及び特徴 ……………………………… 180
Q32 日本の所得税との相違点 …………………………………… 190
Q33 居住者・非居住者の定義と課税所得の範囲 ……………… 199
Q34 居住者・非居住者で異なる税務上の取扱い ……………… 206
Q35 個人所得税の計算方法 ……………………………………… 211
Q36 課税対象となる手当・非課税となる所得・福利厚生 …… 221
Q37 所得控除の種類 ……………………………………………… 230

Q38	個人所得税率	238
Q39	外国人駐在員に対する個人所得税優遇措置	245
Q40	現地払給与・日本払給与の申告方法	246
Q41	赴任国における外国税額控除・税額控除	251
Q42	外貨払給与（日本払給与等）の現地通貨への換算方法	258
Q43	給与にかかる年末調整制度の有無及び確定申告	261
Q44	個人所得税の申告・納税の遅延に対する罰則	275
Q45	赴任した年の課税上の取扱い	283
Q46	帰任する年の課税上の取扱い	292
Q47	赴任国で退職を迎えた場合に日本から受け取る退職金の取扱い	299
Q48	個人の所得にかかるその他の税	304
Q49	国外資産の報告義務	311
Q50	赴任国で永住権を保有した場合の留意点	317

② 日本の所得税

Q51	日本での居住者・非居住者の定義と課税所得の範囲	322
Q52	駐在員が日本で確定申告しなければならないケース	324
Q53	海外駐在期間の変更（駐在期間が短縮になった場合）	326
Q54	海外駐在期間の変更（駐在期間が延長になった場合）	328
Q55	海外現地法人に出向する社員に対する日本払給与	330
Q56	日本で役員の地位にある駐在員が受取る日本払給与	333
Q57	海外で退職を迎える社員の退職金の日本での取扱い	337

5 出張者の税務

| Q58 | 日本からの出張者に対する課税～短期滞在者免税～ | 340 |

Q59　出張先の国と日本の両方で所得税が課税された場合の外国税額控除の取扱い ……………………………………………… 346

6 駐在員の給与設定方法

1 基本的な考え方

Q60　海外給与に対する考え方 ………………………………………… 352
Q61　海外基本給の設定方法 …………………………………………… 354
Q62　別建て方式 ………………………………………………………… 356
Q63　購買力補償方式 …………………………………………………… 358
Q64　併用方式 …………………………………………………………… 362

2 各種手当の種類

Q65　海外駐在員に対する各種手当の種類 …………………………… 364
Q66　各種手当〜海外勤務手当〜 ……………………………………… 366
Q67　各種手当〜ハードシップ手当〜 ………………………………… 367
Q68　各種手当〜単身赴任手当〜 ……………………………………… 369
Q69　各種手当〜住宅手当〜 …………………………………………… 370

3 駐在員の給与と為替レート

Q70　為替レート変動の対処方法 ……………………………………… 371

7 海外赴任者規程の作成

Q71　海外赴任者規程とは ……………………………………………… 374
Q72　海外赴任者規程〜総則（目的・定義・所属など）〜 ………… 376

Q73	海外赴任者規程～赴任及び帰任に伴う費用（海外勤務旅費・荷造費）～	377
Q74	海外赴任者規程～給与及び手当・福利厚生～	379
Q75	海外赴任者規程～その他（国内及び現地での社会保険・税務・一時帰国など）～	380

8 出向元と出向先の覚書

| Q76 | 覚書記載事項及び出向者費用の本社負担割合 | 384 |

※本書は、2015年5月1日現在の法令等により記述しています。ただし、**4**については一部2013年、2014年のデータに基づいている点もありますのでご留意ください。

1
赴任前事項
Q 1〜15

1 海外駐在に対する会社の方針

Q1 海外駐在に対する会社の方針
（家族帯同が原則か、単身赴任が原則か）

海外駐在時の赴任形態について、他社ではどのような方針を持っているのでしょうか。

A

1．赴任形態に対する会社の考え方

数十年前は、海外駐在といえば大手企業が中心で「家族帯同が原則」となっていましたが、企業の海外展開が進み、中堅・中小企業の海外進出も一般化してきた現在では、「家族帯同が原則」としている企業は減ってきており、「家族を帯同するもしないも本人の自由」というケースはもちろん、中には「海外駐在は単身が原則」とする企業も増えつつあります。

図表1-1では海外駐在のメリット・デメリットを図表にまとめました。

図表1-1　単身赴任と家族帯同のメリット、デメリット

	単身赴任	家族帯同
メリット	〈会社にとって〉 ・家族帯同に比べて赴任支度金、引越代、住居費等が安くつく。 〈海外勤務者本人にとって〉 ・家族と離れていて寂しい反面、自由で気楽。	〈海外勤務者本人にとって〉 ・外国暮らしを一緒に経験することで家族の絆が深まる。 ・子女に異文化体験をさせることができ、外国語習得のよい機会を得ることができる。
デメリット	〈会社にとって〉 ・単身手当として、国内払手当が必要となる。 ・各種の問題等を引き起こす可能性	〈会社にとって〉 ・子女教育費、家族手当といった追加コストがかかる。 〈海外勤務者本人にとって〉

が家族帯同者に比べて高くなる場合がある。 〈海外勤務者本人にとって〉 ・健康管理をしてくれる家族が身近にいないため、自己管理ができないと、健康を損ねるなど、生活が荒れる可能性がある。	・家族の健康、メンタルヘルス面に問題が発生する場合がある。 ・子女の学力等に対する不安 ・海外赴任者が出張等で不在ばかりだと、家族が日本在住時以上に孤独を感じることになる。

2．駐在員からの声

海外赴任形態に対する駐在員からの声は 図表1-2 のとおりです。

図表1-2　海外赴任形態に対する駐在員からの声

【家族帯同の理由】
・会社が家族帯同を原則としている。
・子女に異文化体験をさせることができるチャンスだと思った。
・配偶者も海外滞在することを希望している。
・海外勤務期間が明示されていないため、家族で赴任するしかなかった。(帰国時期が明確でないのに単身赴任という選択肢はなかった。)

【単身赴任者】
・単身赴任の方が仕事に専念できる。
・家族帯同するより単身赴任の方が経済的な面で有利だと思った。
・治安が悪く家族を帯同できる環境ではない。
・家族が海外に住むことを嫌がった。
・子女の進学を考えると海外勤務に帯同させることがプラスになるとは思えなかった。
・家族帯同禁止ではないがコスト面から会社が単身赴任を望んでいることがわかっていたので、家族を連れて行きたいとは言い出せる雰囲気ではなかった。

このように、家族帯同されるケースは、会社の原則に従ったためという理由もありますが、どちらかというと積極的な理由から家族帯同を選択されていることがわかります。

1 赴任前事項

　一方、単身赴任を選択された人の中には、「業務に専念したい」「経済的に有利」といった理由がある一方、「家族を連れて行ける環境になかった」「家族が嫌がった」「単身赴任しか選択の余地がなかった」等、どちらかというと消極的な理由から単身赴任を選択されていることがわかります。

　一方、選択した赴任形態については、家族帯同、単身赴任のいずれのケースも「自分の選択が正しかった」と納得されている人が多いのですが、図表1-3 のとおり、現在の赴任形態に伴う悩みも色々と存在します。

図表1-3　現在の赴任形態で困っていること

【家族帯同で困っていること】
- 子女を現地校に通学させているため、帰国した際、言葉の面等で日本の学校に適応できるか不安
- 配偶者は英語が話せないため、一人では行動できず、結果的に家の中にこもりがちで精神的に不安定な状態が続いている。
- 日本人学校は中学校までしかなく、会社の教育費負担も中学までのため、中学卒業と同時に日本に帰国させねばならず、今後の教育面に不安を抱いている。

【単身赴任者が困っていること】
- 外食中心で、帰宅しても話し相手がおらず、ストレスも多く健康に不安を感じている。
- 家族のことを気にせず遅くまで仕事ができるなど、気楽な面もあるが、寂しさもある。
- 子供が幼いため、たまにしか帰国しない現状では、自分になついてくれず、泣かれてしまう。このままだと親子関係が希薄になるのではないかと不安。
- 単身赴任のため、誰かと出かけるとなると、必然的に同じ職場の日本人赴任者と行動することになる。気が合わない場合、お互いストレスを感じる。
- 日本までの移動時間が長く、コストもかかるため、自費で帰国することが難しい。

3．家族帯同できるエリアは？
～日本人コミュニティのある地域、就学年齢に達した子女がいる場合は日本人学校が存在する地域であることが不可欠～

　いくら「家族帯同で駐在したい（もしくは駐在させたい）」と考えていても、日本人がほとんどいない地域、もしくは就学年齢に達している子女がいるにもかかわらず、日本人学校もしくは日本語補習校がない地域であれば、家族帯同は事実上不可能でしょう。もちろん、アメリカ、カナダ等の英語圏については現地校に通うという選択肢もあるので、必ずしも「日本人学校がないこと」は家族帯同ができない要因とはなりません。しかし、メキシコ・ブラジルについては、日本人学校がない地域の場合、会社が（学校によっては年間200万円以上かかる）インターナショナルスクールの高額な学費の大半を負担しない限り、子女を連れて赴任するのは難しくなります。（もちろん、両親のどちらかが駐在国の国籍を持つ場合、現地校に通うケースもありますが、事例としては多くありません。）

※海外駐在に帯同する子女の教育環境については**Q19～Q21**をご参照ください。

1 赴任前事項

Q2 海外駐在用に人材を採用する際の留意点

このたび、北米に現地法人を設立することが決まりました。そのため、当社から海外に社員を駐在させたいのですが、適切な人材がいないため、他社で赴任経験のある人をヘッドハントするつもりです。海外駐在用に人材を採用する際の留意点を教えてください。

A

1．採用時のチェックポイント

社内に海外駐在に適当な人材がいない場合、海外経験のある人を新たに採用し、その人に海外勤務させるケースも少なくありません。その際、ターゲットとなるのは「大手企業等を定年退職した海外経験豊富な60歳前後の人材」もしくは、「他社を中途退社した人材」が考えられるでしょう。

前者の「定年退職前後の人材」の場合、給与や待遇面よりも、「生きがい」を求めて働くという動機が強く、非常にコストパフォーマンスが高いといえます。

もう一方の、「他社を中途退社した人材」についても、これまでの経験を生かして新たな職場で働きたいというモチベーションの高い人材が少なくないのではないでしょうか。

また、海外駐在用に人材を採用する場合、単に「海外経験があるから」という理由で採用するケースもあるようですが、実際、海外での経験といっても、地域によって相当異なっています。また、他社を中途退社している場合（特に数社も日系企業の海外勤務を経験しているような場合）、「なぜ前の会社を辞めたのか」を十分に把握しておく必要があります。(中には、前の海外での勤務先にて、業者との癒着などの問題を起こし、退職に追い込まれたケースもあります。)

そのため、海外駐在用に人材を採用する際には以下の2点に留意する必要があるでしょう。

図表2-1　海外駐在用に人材を採用する際の留意点

1．「海外経験がある」といってもどの地域・業種でどういった経験があるのかを確認
　海外は広く、地域・業界が違えば、考え方や物事の進め方も異なる点がたくさんある。そのため、可能な限り、自社の事業所が存在する地域付近で働いてきた人材の方が即戦力となりやすい。（貿易現法と製造現法では業務内容が異なる。）
2．前職でも海外勤務だった場合、「なぜ退職したのか」をよく把握しておくこと
　日本企業を含めた海外の企業を数社も渡り歩いている人材の場合、前の職場で不正等を起こしているケースもある。そのため、「なぜ辞めたのか」という理由をある程度把握したうえで採用する必要がある。

2．海外赴任が前提の入社であれば、入社時に海外赴任時の条件をきちんと伝えておく

　図表2-1の留意点も大切なポイントですが、最も重要なのが、「入社時に海外赴任の条件をきちんと伝えておく」ことです。この点があいまいで入社させてしまったため、後から赴任者と揉めたり、何とか条件を飲ませて赴任させても、モチベーションが低いため、結果としてうまくいかないというケースも少なくありません。

3．実　例
～海外駐在員用人材採用の成功ケース・失敗ケース～
(1)　成功した事例
　中堅企業A社はこのたび、X国に進出することになりましたが、社内には適当な人材がいないため、X国でのビジネスに精通した人材を海外駐

1 赴任前事項

在員用に採用したいと人材紹介会社に依頼をしていました。

その結果、紹介会社からの斡旋で金融機関C社において海外駐在員として勤務していたB氏を海外駐在員用の人材として採用することになりました。

40代前半のB氏は、長期間X国に赴任していましたが、勤務先のX国からの撤退に伴い、A氏も帰任することになっていました。しかし、A氏は帰国後の自分のポジションや業務内容から判断し、このままC社に残るのではなく、これまでのキャリアを活かすことのできる会社に転職したいと考え、人材紹介会社に登録していたのです。B氏のA社における海外赴任者としての待遇は、C社で受けてきたそれよりも下回っていましたが、仕事内容に魅力を感じ、思い切って転職したようです。オーナー企業であるA社の文化に慣れるまで、B氏なりに苦労はあったようですが、B氏はA社の業務内容はもちろん、社風や従業員の中に溶け込もうと努力した結果、全く異なる業界からの転職でしたが、いまではA社のX国でのビジネスを切り盛りし、社内及び社外からも大変信頼が厚い人材として活躍しているということです。

(2) 上手くいかなかった事例

中堅企業D社はこのたび初めて海外に進出することになりました。しかし、地方の有名企業である同社には、地元で働きたいがゆえに入社した社員がほとんどであり、海外勤務を希望する社員は存在せず、当然ながら海外経験のある社員も存在しませんでした。そのため、海外勤務用の人材を採用する必要があったことから、海外拠点が多数ある大手企業E社に勤務しており、過去に海外経験のあるF氏を採用することになりました。

採用に当たっては海外勤務が前提だったため、本来は海外勤務時の条件をきちんと決定してから採用するべきだったのですが、現地法人設立まで時間もないことから、「赴任時の処遇は入社してから決定しよう」というあいまいな条件のまま、採用してしまいました。

しかし、過去にE社で勤務していたF氏は、E社での海外勤務時にかなり良い待遇を受けていたため、「海外勤務すれば、このくらいの処遇は得られるのが当然」という先入観があり、入社してからD社から提示された条件（帯同する子女に教育費が支給されない、家賃上限が前職に比べてかなり低い等）に納得できず、不本意なまま赴任することになりました。
　また、当初、D社がF氏に提示した「年間支給額は1,000万円」という金額をD社は税込みで考えていたものの、以前の会社で海外勤務中の給与は手取りで保障されていたF氏は、手取りで1,000万円と認識しており、この点でも入社後、両者の間ですり合わせが必要になりました。
　また、入社してすぐに海外勤務となったため、本社の関係部門との人間関係が構築できていないことから、本社と現地法人間で何かと衝突することも多く、結局数年で同社を退職せざるを得ない状況になりました。

4．採用後、すぐに海外赴任させたい場合は赴任国のビザが取得できるか事前に確認が必要

　現地法人立上げにあたり、海外経験豊富な人材を採用し、既存の社員を含めた数人を海外に送り出そうとされている企業もあるのではないでしょうか。
　しかし、国によっては採用したばかりの人材では就労ビザが取得できなかったり、立上げ要員として複数の社員を送り込もうと思ったものの、現地で採用する人材の人数が少ないため、予定している人数分のビザが取得できず、現地法人の業務遂行に影響が出てしまう場合もあるので注意が必要です。事前にビザの専門家に相談するのが賢明です。
※赴任国の永住資格や国籍を保有した人材を採用することで、上記のような問題を発生させないという方法もあります。

1 赴任前事項

2 日本での社会保険・税務上の手続

Q3 海外駐在に当たって日本の社会保険に関する留意点

このたび、当社の社員A氏を3年間の予定で海外駐在させます。A氏が海外駐在中における日本の社会保険上の取扱いについて教えてください。

A 出向元である日本企業とA氏がどのような雇用関係にあるのか、またA氏の給与が日本又は赴任国のどちらの企業から支払われるのかで、社会保険等の取扱いが異なります。

1．在籍出向の場合
⑴ 国内企業（以下「出向元」）から給与の一部又は全部が支払われている場合
〜日本の社会保険資格は継続する〜

　日本企業で雇用関係が継続したまま海外で勤務する場合、つまり「在籍出向」の場合で、出向元から給与の一部（全部）が支払われているのであれば、出向元との雇用関係は継続しているとみなされますので、海外勤務者の健康保険・厚生年金保険・雇用保険等の被保険者資格は継続します。被保険者資格が継続している以上、当然保険料の負担（出向元及び本人）は発生します。
※一般的には在籍出向の形で赴任させるのが大半です。

(2) 国内企業から給与が全く支給されていない場合（海外企業から給与が全額支払われる）
〜日本の社会保険資格の継続は極めて難しい〜

　在籍出向であっても、出向先から給与の全部が支払われ、出向元から給与が全く支払われないのであれば、在籍出向であっても出向元との雇用契約は継続していないとみなされる可能性があります。その場合、健康保険・厚生年金保険・雇用保険等の被保険者資格は喪失します。そのため、扶養家族を日本に残して海外勤務した際の、扶養家族の社会保険等について、対応策を考える必要があります。

２．移籍出向の場合
〜日本での社会保険資格は喪失〜

　移籍出向とは、日本の出向元との雇用関係を一旦終了させ、勤務地国の現地法人等との雇用関係のみとなるケースを指します。つまり、出向元である日本企業との雇用関係がなくなるため、健康保険・厚生年金保険・雇用保険等の被保険者資格は喪失します。この場合も、扶養家族を日本に残して海外勤務した際の、扶養家族の社会保険について対応策を考える必要があります。

　以上をまとめたのが 図表３-１ です。

1 赴任前事項

図表3-1 海外勤務者の社会保険と労働保険

	被保険者資格が継続している場合	被保険者資格を喪失した場合
例	・在籍出向で国内企業から給与が一部又は全部支払われている場合	・在籍出向で国内企業から給与が全く支払われない場合 ・移籍出向の場合
健康保険	継続(日本帰国時も国内勤務時同様、健康保険が利用できる。海外では「療養費」扱いとなり、海外でかかった療養費はいったん本人が全額立替えし、後日一部療養費として健康保険から支給される。(ただし支給される療養費は、実際に支払った金額ではなく、日本の医療機関で治療を受けた場合の保険診療料金を基準として計算される))	継続できない ＜対応策＞ ① 任意継続被保険者手続を行う　ただし健康保険の被保険者資格喪失日から最長2年間しか加入できない。 ② 国民健康保険に加入　市区町村に居住する者が対象のため、住民票を除票していると加入できない。
介護保険	海外では介護保険サービスは適用除外。保険料も不要。	海外では介護保険サービスは適用除外。保険料も不要。
厚生年金	継続（国内払給与に対応した保険料を支払う）	継続できない。 ＜対応策＞ ・国民年金に任意加入
雇用保険	継続できるが、失業給付等は帰国時しか受給できない。	原則的には継続できない。
労災保険	適用対象外（労災保険は属地主義のため、海外勤務時は原則的に対象外） ＜対応策＞ ・労災保険の海外派遣者特別加入制度を利用	同左 （移籍出向の場合は、労災保険の特別加入もできない）

Q4 労災保険の特別加入制度

このたび、当社の社員A氏を3年間の予定で海外駐在させます。同業他社から、日本の労災保険には、海外駐在員向けに「海外派遣者特別加入」という制度があると聞きました。そもそもこの制度はどういった内容なのでしょうか。また加入に当たり、費用はどのくらいかかるのでしょうか。

労災保険は、日本国内にある事業所に所属して働く労働者が保険給付の対象となる制度であるため、海外の事業所に出向や派遣などで働く人の労災事故については対象外となります。しかし、海外で勤務する人についても労災保険の給付が受けられる制度として「海外派遣者特別加入制度」があり、費用は年間3,831円～27,375円となります。

1．特別加入の対象者は？
～現地採用者や留学する人は対象外～

　労災保険は、日本国内で行われる事業のみを対象としていますが、海外で行われる事業に従事する場合、図表4-1 に該当する人に限り特別加入が認められています。（労働者災害補償保険法第33条第6号、第7号）

　また、特別加入に当たっては、新たに海外に駐在する人に限らず、既に海外に勤務している人についても加入することができます。ただし、現地採用の人は、日本国内の事業から派遣されていないことから、特別加入することはできません。（また、単なる留学を目的とした派遣の場合も、特別加入の対象外となります。）

1 赴任前事項

図表4-1 海外派遣者として特別加入の対象になる者

① 日本国内の事業主から、海外で行われる事業に労働者として派遣される人
　（注1）　日本国内の事業主とは、日本国内で労災保険の保険関係が成立している事業（有期事業を除く。）の事業主です。
　（注2）　海外で行われる事業とは、海外支店、工場、現地法人、海外の提携先などです。
② 日本国内の事業主から、海外にある中小規模の事業（下記（表1）参照）に事業主等（労働者ではない立場）として派遣される人
〈中小規模の事業とは〉
　派遣される事業の規模の判断については、事業場ごとではなく、国ごとに企業を単位として判断します。例えば、日本国内の本社の労働者数と派遣先の国の企業の労働者数を合わせて（表1）の規模を超える場合であっても、派遣先の国の企業の労働者数が（表1）の規模以内であれば、特別加入することができます。
（表1）　中小事業主等と認められる企業規模

業　種	労働者数
金融業・保険業・不動産業・小売業	50人以下
卸売業・サービス業	100人以下
上記以外の業種	300人以下

③ 独立行政法人国際協力機構など開発途上地域に対する技術協力の実施の事業（有期事業を除く。）を行う団体から派遣されて、開発途上地域で行われている事業に従事する人

（出所）　厚生労働省「特別加入のしおり（海外派遣者用）」3Pより転載

2．保険料は？

～最高でも年間27,375円～

　特別加入者の保険料は、**図表4-2**のとおり、保険料算定基礎額に保険料率を乗じた額で、最低で年間3,831円、最高でも年間27,375円です。（なお、2013年1月に起きたアルジェリア邦人に対するテロ事件を踏まえ、2013年9月より海外派遣者の給付基礎日額の上限が引き上げられています。）
※2015年4月より海外派遣者の保険料率は4／1000から3／1000に引き下げられました。それにより年間保険料が変更されています。

　保険料算定基礎額とは、特別加入者ごとの給付基礎日額の1年分（365

日分）を指し、給付基礎日額とは、労災保険の給付額を算定する基礎となる金額で、通常、特別加入する人の年収を365で割った金額に一番近い額を選ぶことになります。

また、海外派遣者が、年度途中において、新たに特別加入者となった場合や、特別加入者でなくなった場合には、当該年度内の特別加入月数に応じた保険料算定基礎額より、特別加入の保険料を算出することになります。

図表4-2　給付基礎日額・保険料一覧表

給付基礎日額 A	保険料算定基礎額 B＝A×365日	年間保険料 年間保険料＝保険料算定基礎額(注)×保険料率 海外派遣者の場合　保険料率　3／1000
25,000円	9,125,000円	27,375円
24,000円	8,760,000円	26,280円
22,000円	8,030,000円	24,090円
20,000円	7,300,000円	21,900円
18,000円	6,570,000円	19,710円
16,000円	5,840,000円	17,520円
14,000円	5,110,000円	15,330円
12,000円	4,380,000円	13,140円
10,000円	3,650,000円	10,950円
9,000円	3,285,000円	9,855円
8,000円	2,920,000円	8,760円
7,000円	2,555,000円	7,665円
6,000円	2,190,000円	6,570円
5,000円	1,825,000円	5,475円
4,000円	1,460,000円	4,380円
3,500円	1,277,500円	3,831円

（出所）　厚生労働省「特別加入のしおり（海外派遣者用）」7Pより転載
（注）　特別加入者全員の保険料算定基礎額を合計した額に千円未満の端数が生じるときは端数切捨てとなります。

3．実際に海外で労災事故に遭った場合は？
～補償の対象となるのは特別加入の申請時に記載した業務内容のみ～

国内勤務時同様に、業務災害、通勤災害の補償が受けられますが、その範囲は、申請時に提出した特別加入者名簿に記載された「業務内容」の範囲に限られます。そのため、当該名簿に記載した「業務内容」は、実際に

1 赴任前事項

海外で事故が起きた場合、その事故が業務上で起きたものか否かを判断をする上で、重要な事項になりますので正確に記入することが必要です。

4．海外出張時は労災の特別加入の必要はないか？
～基本的には特別加入の必要はないが、「出張」の定義をよく確認することが必要～

　海外出張時に労働災害を受けた場合は、出張命令を出した出張元の国内事業所の労災保険により給付が受けられますので、特別加入を行う必要はありません（昭和52．3．30付基発第192号）。

　ただし、ここでいう「海外出張」とは、単に労働の提供の場が海外にあるに過ぎず、国内の事業所に所属し、当該事業所の使用者の指揮命令に従って勤務するケースを指します。

　ですから、現地の事業所の指揮命令に従って行動する人については、図表4-3のとおり、たとえその海外勤務期間が短期間でも「海外出張」とはみなされませんので注意が必要です。

図表4-3　海外出張と海外派遣の具体例

区分	海外出張の例	海外派遣の例
業務内容	1　商談 2　技術・仕様などの打ち合わせ 3　市場調査・会議・視察・見学 4　アフターサービス 5　現地での突発的なトラブル対処 6　技術習得などのために海外に赴く場合	1　海外関連会社（現地法人、合弁会社、提携先企業など）へ出向する場合 2　海外支店、営業所などへ転勤する場合 3　海外で行う据付工事・建設工事（有期事業）に従事する場合（統括責任者、工事監督者、一般作業員として派遣される場合）

（出所）　厚生労働省「特別加入のしおり（海外派遣者用）」6Pより転載

Q5 海外駐在に帯同するために退職する配偶者の雇用保険

このたび、当社の社員Ａ氏を３年間の予定で海外に駐在させます。

Ａ氏の配偶者であるＢさんも当社の社員ですが、Ａ氏の海外駐在に当たり、Ｂさんは当社を退職することになりました。この場合、退職するＢさんの雇用保険の失業等給付はどうなりますか。

A Ａ氏の海外勤務期間が３年程度であれば、帰国後、配偶者のＢさんは失業等給付を受給することができますが、海外勤務期間が長引き、日本を離れる期間が４年を超えるようであれば、Ｂさんは失業等給付を受けることができなくなってしまいます。

１．雇用保険受給延長は最大何年まで認められるか？
〜最大４年まで認められる〜

海外勤務予定者の中には、配偶者がお勤めの人もいらっしゃると思われます。

このような場合、海外勤務予定者の配偶者が、海外勤務に帯同するために退職するケースも少なくありません。退職した配偶者が、日本に帰国後、雇用保険からの失業等給付を受給できるかどうかは、海外居住期間の長さによって変わってきます。

配偶者の海外勤務に帯同するために退職した場合は、受給期間を延長できる理由に該当します。したがって「退職した翌日から１年間」と「やむを得ない事情による受給期間の延長である３年間」を合計すると、４年間となりますので、この期間内であれば基本手当を受給できます。

受給期間の延長申請は、退職後30日を経過した後、１か月以内に行わなければなりません。

1 赴任前事項

3年間の延長申請をした場合、4年以内に帰国し基本手当の受給の手続をすれば受給できる場合もありますので、海外赴任期間が3年程度と予想される場合は、現在就労中の配偶者は、退職後に必ず、雇用保険の受給延長手続を行っておくことをお勧めします。

2．帯同する配偶者が雇用保険受給期間延長のために行うべき手続は？
～退職してから30日を経過後、1か月以内にハローワークで手続を～

帯同する配偶者が雇用保険の基本手当を受給するための手続は 図表5-1 のとおりです。

図表5-1 雇用保険の受給延長申請から実際の受給まで

① 離職した勤務先から離職票を受け取る。
② 退職から30日を経過した後1か月以内に、離職票と受給期間延長申請書を自分の住所又は居所を管轄するハローワークに提出し手続を行う。（配偶者の海外勤務辞令等、延長の理由を明らかにする書類の添付を求められるため、事前にハローワークで確認のこと）
本人が手続に行けない場合は、代理人への依頼や郵送も可能。（郵送の場合は返信用封筒を同封すること）
③ 帰国後、離職票等の必要書類を持参の上、ハローワークに出頭し求職の申込み（基本手当受給の手続）をする。
④ 基本手当の受給資格が決定すれば、ハローワークから受給資格者証が交付される。
⑤ 指定された認定日に出頭し、失業認定申告書を提出して、直前の28日の各日について認定を受ける。
⑥ 認定された日数分の基本手当が、指定金融機関口座に振り込まれる。

② 日本での社会保険・税務上の手続

Q6 海外駐在に当たって出国までに日本本社が行っておくべき税務上の手続

このたび、本年8月から、当社の社員A氏を3年間の予定で海外駐在させますが、A氏が日本を出国するに当たり、日本の税務上、当社は何らかの手続をする必要があるのでしょうか。

A 1年以上の予定で日本を離れ、海外勤務する人は、出国の翌日から「日本の非居住者」に該当するため、出国までに「年末調整」を行う必要があります。年末調整を行うと、通常、源泉徴収された所得税が一部還付されます。

1．駐在員の年末調整の時期は？～必ず出国までに行うこと～

そもそも年末調整とは、役員や使用人に対する毎月の給与や賞与から源泉徴収した所得税の合計額と、その人が年間に納めるべき所得税の差額を調整するものです。（年末調整の対象になる人は、「給与所得者の扶養控除等申告書」を提出している人ですが、年間2,000万円を超える給与の支払を受ける人は、年末調整の対象にはなりません。）

ちなみにこのケースのように、年の途中で出国する場合、年末調整の対象となる給与は、図表6-1のとおり、出国する日までの給与です。

図表6-1 年の途中に非居住者になる場合の年末調整

1/1	平成27年		12/31
居住者			非居住者
日本にて勤務		出国	海外にて勤務
年末調整の対象期間 （1/1～出国の日まで）		↑	年末調整（＊）の対象にならない。
出国の日までに年末調整を行う。			

（＊）出国後に支払われる給料・賞与のうち、国内源泉所得に該当するとして20.42％の税率で所得税が源泉徴収されたものは、非居住者期間に生じた所得として、この源泉徴収だけで、納税が完結するため年末調整の対象とはなりません。

1 赴任前事項

２．年末調整の対象となる所得控除は？
〜人的控除については１年分、物的控除については出国する日までのものが対象〜

　社会保険料や生命保険料の控除は出国する日までに支払われたものだけに限られます。

　一方、扶養控除や配偶者控除は１年分控除できますので、通常、年末調整により源泉徴収された所得税は還付されることになります（所法191）。

　また、海外に出発する日までに、すでに総合課税の対象となる所得があるときや、出国の日以後、国内にある不動産の貸付けによる所得や国内にある資産の譲渡による所得があるときは、日本で、確定申告が必要になる場合があります。

図表６−２　年末調整の対象となる所得控除（＊）

所得控除		概　要
物的控除	社会保険料控除 生命保険料控除 地震保険料控除 小規模企業共済 等掛金控除	その者が居住者であった期間内（１/１〜出国の日まで）に支払った社会保険料、生命保険料、損害保険料が控除対象になる。 なお、外国の社会保険料及び外国保険事業所が締結した生保契約のうち、国外で締結したものにかかるものは、控除対象にならない。（所法74、75、76、77）
人的控除	配偶者控除 扶養控除等	出国の際の年末調整においては、出国の日の現況で判定。（出国の際の年末調整に当たり、控除対象配偶者や扶養親族に該当するための所得要件（合計所得金額が38万円以下）を満たすかどうかは、その出国のときの現況により見積もったその年の１/１〜12/31までの合計所得金額により判定する。（所基通85-１）

（＊）医療費控除、雑損控除、寄附金控除（特定団体に１万円以上寄附した場合）の適用を受けられる場合、年末調整ではこれらについては、計算の対象にしていないので、各自で確定申告を行う必要があります。

Q7 納税管理人の概要と手続事項

このたび、3年間の予定で海外駐在するA氏から、「納税管理人になって欲しい」と当社に対して依頼がありました。A氏は海外勤務中も、日本で不動産所得などが発生するため、その納税代行として、納税管理人が必要とのことですが、そもそも納税管理人とはどういう役割を担うのでしょうか。

納税管理人とは、確定申告書の提出や税金の納付等を、非居住者に代わって行う人のことです。納税管理人は居住者であれば、基本的には誰でもよく、家族が日本に残る場合は配偶者、もちろん会社の総務担当者が担当しても差し支えありません。

1．納税管理人はどういった場合に必要なのか？
～海外勤務中、給与以外の所得が日本国内で発生する場合にのみ必要～

1年以上の予定で日本を離れる場合は、出国の翌日から「（日本の）非居住者」となります。しかし、非居住者の所得のうち、日本国内で発生した所得については、引き続き日本の所得税が適用されます。

たとえば貸家の賃貸料等の不動産所得が一定以上あれば、毎年確定申告をしなければなりません。このような場合には、出国する日までに納税管理人を定める必要があります。

では納税管理人の役目とは一体どのような内容でしょうか。一般に納税管理人は、確定申告書の提出や、税金の納付等、非居住者の納税義務を果たすために置かれます。

納税管理人を定めたときは、その非居住者の納税地（通常、直前まで居住していた住所のあるところ）を所轄する税務署に「納税管理人の選任届」を提出する必要があり、納税管理人の届出をした後からは、以後税務署が

1 赴任前事項

発行する書類は納税管理人宛に送付されます。（納税管理人を解任したときも、当該納税者の納税地の所轄税務署長にその旨を届け出なければなりません。）

図表7-1　納税管理人とは？

- どのような場合に必要か？
  ⇒海外勤務中も日本国内で給与以外の所得が一定額（＊）超発生する場合
  　（＊）出国する年：20万円、出国中の年：38万円

- 納税管理人は誰になってもらえばいいのか？
  ⇒日本の居住者であれば誰でもよいが、通常は日本に残る家族・親族、友人、会社の総務担当者等

- 納税管理人の手続はいつまでに行うのか？
  ⇒出国するまでに手続をする。

２．納税管理人を定めないとどうなるか？
～確定申告の際、扶養控除等の判定に関して不利になるケースがある～

前述のとおり、海外勤務中に給与以外の所得が日本で発生する場合は納税管理人を定める必要があります。

居住者が非居住者になる前に、納税管理人を選任して、その旨を届け出ている場合には、所得税法上は申告期限、扶養控除の判定等に関して「出国」したことにはならず、納税管理人を選任しなかった場合と比べ、図表7-2のような違いがあります。

2 日本での社会保険・税務上の手続

図表7-2 納税管理人の有無と確定申告

	納税管理人指定なし		納税管理人指定あり	
確定申告期限	3/15までに出国した場合	3/16以降に出国した場合	3/15までに出国した場合	3/16以降に出国した場合
	前年分、当年分共に出国の日までに申告		前年分：当年3/15までに申告	
		当年分：出国の日までに申告	当年分：翌年3/15までに申告	当年分：翌年3/15までに申告
人的控除（扶養控除等）の判定時期	出国したときの現況により判定		出国した年の12月31日の現況による。 （ただし出国後、子供が生まれた場合など、扶養家族が増えたからといって、出国前に行った年末調整のやり直しを行い、過納額を還付することはできない。）	

1 赴任前事項

Q8 出国時期と住民税の関係

住民税は前年度の所得に対してかかる税金と聞いていますが、たとえば出国予定時期が年末か年始かによって、翌年度の住民税の課税の有無が変わると聞きました。出国時期によって、翌年度の住民税がどのように異なるかを教えてください。

 住民税は「前年度の所得」に対し課税される税金で、毎年1月1日に日本に居住しているか否かで、その年の住民税の納税義務が決まります。そのため、出国時期を年末から年始の間で考えている場合は、年末までに出国した方が有利です。

1．住民税の計算期間と納付期間
〜前年度の所得に対して課税される〜

住民税とは、「道府県民税と市町村民税」の総称のことです。

この住民税は、所得税等とは違い、「前年所得課税主義」といって、「前年度の所得」に対して課税される税金です。

ただ、「前年度の所得に対して課税される」といっても、給与所得者の場合、厳密には次ページの 図表8-1 のような支払方法になっています。

2．年末年始をはさんだ出国に際しての住民税の有利・不利
〜年初よりは年末に出国した方が有利〜

年をまたがった出国の場合、その年末に出国するか翌年初に出国するかで次ページの 図表8-2 のとおり住民税の負担額が異なってきます。

もちろん、住民税支払の多寡だけで、出国の日を決定することは一般的ではないと思いますが、念のため、出国の日のわずかな違いで、どれだけ住民税負担額に差が生じるのかを以下に説明してみました。

（市区町村は、居住者であるか非居住者であるかの判断を、会社から受ける「給与支払報告書」により行います。したがって、出国までに転出届

ができず、本人の住民票が残っていたとしても、そのために住民税が徴収されるということは基本的にはありません。）

図表 8 - 1　給与所得者の住民税の計算期間と納付期間

	平成27年		平成28年		平成29年		平成30年		平成31年	
	1〜5月	6〜12月	1〜5月	6〜12月	1〜5月	6〜12月	1〜5月	6〜12月	1〜5月	6〜12月
		平成27年度住民税（ただし平成27年1月1日に日本に住所を有していなければ課税されない。）		平成28年度住民税（ただし平成28年1月1日に日本に住所を有していなければ課税されない。）		平成29年度住民税（ただし平成29年1月1日に日本に住所を有していなければ課税されない。）		平成30年度住民税（ただし平成30年1月1日に日本に住所を有していなければ課税されない。）		
計算期間		平成26年1/1〜12/31までの所得に対して課税		平成27年1/1〜12/31までの所得に対して課税		平成28年1/1〜12/31までの所得に対して課税		平成29年1/1〜12/31までの所得に対して課税		

図表 8 - 2　年末年始をはさんだ出国に際しての住民税の有利・不利

① 年度内に出国した場合
　例：平成27年12月31日に出国した場合
　　→平成28年1月1日には日本に住所がないので
　　→平成28年度住民税は支払わなくてよい。
② 年明けに出国した場合
　例：平成28年1月2日に出国した場合
　　→平成28年1月1日には日本に住所があるので
　　→平成28年度住民税の支払義務あり。

1 赴任前事項

駐在員が住宅借入金等特別控除の適用を受けている場合

このたび、当社の社員Ａ氏を平成27年３月から３年間の予定で海外駐在させますが、Ａ氏は、平成19年に購入した自宅の住宅借入金等特別控除を受けています。（Ａ氏は単身で海外に駐在し、Ａ氏の家族は自宅に引き続き居住します。）この場合、海外駐在期間中も、Ａ氏は、住宅借入金等特別控除の適用を受けることができるのでしょうか。

A 出国の日を含む年分以後（この場合、平成27年分以後）においては、原則的には住宅借入金等特別控除を受けることはできませんが、帰国後居住者となった後においては、一定要件のもとにこの控除を受けることができる場合があります。また、家族を伴って赴任する場合と単身で赴任する場合とでは、その転勤が国内勤務であれば、住宅借入金等特別控除に関する取扱いは異なりますが、海外転勤の場合は、いずれの場合も、帰国後にしか、住宅借入金等特別控除の適用は認められません。

１．住宅借入金等特別控除適用の条件
〜日本の「居住者」であることが大前提〜

居住者である所得者が、平成11年１月１日から平成31年６月30日までの間に、10年以上の償還期間のあるローンで住宅を取得してその取得の日から６か月以内に居住の用に供した場合には、その居住の用に供した年以後一定期間（住宅取得年により異なります）、一定要件のもとに一定額の住宅借入金等特別控除を受けることができます。

ただし、いずれの年分においても、その年の12月31日まで引き続き住宅を居住の用に供していることが適用要件になっています（措法41①）。

この住宅借入金等特別控除は、本来「居住者」についてのみ認められる

制度であるため、海外勤務者（非居住者）として年の途中で非居住者として出国した場合には、たとえ、留守家族が引き続きその住居を居住の用に供していても、住宅借入金等特別控除は適用されないことになります。

２．帰国後に住宅借入金等特別控除の再適用を受けるには
〜出国までに行うべきこと〜

　しかし、この海外勤務者が帰国し居住者となった後、再びその住宅を居住の用に供した場合は、それ以降の年分（残存控除適用期間内の各年分に限ります。）については、住宅借入金等特別控除の適用が認められます。

　このケースの場合も、海外勤務期間中の非居住者である年分については住宅借入金等特別控除は適用されませんが、非居住者（A氏）が海外勤務を終え帰国して居住者となった後、住宅借入金等特別控除の適用対象となっていた住居を再び居住の用に供しているときは、図表9-1のとおり、それ以後の残りの控除適用期間内の各年分については、再度住宅借入金等特別控除の適用が認められます。

　（住宅借入金等特別控除の再適用を受けるためには、「その家屋を居住の用に供しなくなる日（すなわち転勤する日）」までに所定の手続をする必要があります。詳細は最寄りの税務署（所得税担当）にお問い合わせください。）

1 赴任前事項

図表9-1 海外勤務者と住宅借入金等特別控除

平成19年	平成20年〜26年の各年	平成27年	平成28年〜29年の各年	平成30年	平成31年〜33年の各年（※）
居住者	居住者	居住者	非居住者	非居住者	居住者	居住者
1/1 住宅取得 ▲ 12/31 居住者	1/1 12/31 居住者	1/1 ▲ 12/31 居住者	1/1 出国 ▲ 12/31 非居住者	1/1 12/31 非居住者	1/1 帰国 ▲ 12/31 居住者	1/1 12/31 居住者
住宅借入金等特別控除 適用あり（確定申告）	住宅借入金等特別控除 適用あり（年末調整）	住宅借入金等特別控除 適用なし	住宅借入金等特別控除 適用なし	住宅借入金等特別控除 適用なし	住宅借入金等特別控除 適用あり（確定申告）	住宅借入金等特別控除 適用あり（年末調整）

（※）平成19年に住宅を取得して居住した場合は、控除期間を10年又は15年のいずれかを選択します。控除期間15年を選択した場合、平成33年まで住宅借入金等特別控除が適用されます。

3 医療・健康管理面

Q10 海外旅行保険の付保額及び保険金支払事例

社員を海外に駐在させるに当たり、海外旅行保険に加入させようと思っています。
一般に他社では社員を駐在させる際、旅行保険に加入させているのでしょうか。また、付保額の目安にするため、高額の治療費が支払われた実例や、海外旅行保険について駐在員に事前に説明しておくべきことを教えてください。

　海外駐在員に対して旅行保険に加入させる企業は非常に多いですが、中には自家保険制度を採っていたり、健康保険の海外療養費制度を利用するケースもあります（これらを併用しているケースもみられます。）。また現地での医療行為は日本では想像できないほど高額であることも少なくないことから、治療費については十分な補償をつけておく必要があります。また、赴任予定者に対し、保険の使い方や留意すべき点について、本社からきちんと説明しておくことが望まれます。

1．海外駐在に当たり、社員に旅行保険を付保するべきか？
～通常、加入させるケースが多いが、一部の企業は自家保険を行っていることも～

社員を海外駐在させるに当たっては、海外旅行保険に加入させるケースが多くなっています。

赴任者や出張者が一定数以上いる企業は、通常は海外旅行保険に関する「企業包括契約」を保険会社との間で締結しているケースが一般的です。

では一般にどのくらいの金額を付保しているのでしょうか。

1 赴任前事項

　傾向としては、大企業は死亡保険が低め（500万円～1,000万円程度）で、治療費や救援者費用が高め（1,000万円～無制限）に設定しています。一方、中堅・中小企業の場合は、死亡保険が高くて治療費が相対的に低いケースが少なくありません。

　また、中には「旅行保険には加入せず、現地で掛かった医療費を全額会社が負担する」というケースも見られます。図表10-1は2006～2013年度にアメリカ・カナダ・メキシコ国内で発生した高額保険金支払事例ですが、この表をみてもわかるとおり、海外で治療を受けると、日本では考えられないほどの費用が発生することが多々あります。また、海外旅行保険に加入していない場合、不幸にして多額の治療費が必要な際、治療に必要なお金をすぐに調達できないと、たとえ一刻を争う事態であっても治療を受けられないというリスクもあります。よって、会社として何らかの旅行保険に加入させることは、社員が安心して医療行為を受けられる配慮として不可欠といえます。

図表10-1　アメリカ・カナダ・メキシコにおける高額保険金支払事例（ブラジルについては事例なし）

年	国又は地域名	内容	支払保険金
2013年	アメリカ	骨盤部の痛みを訴え受診。子宮筋腫と診断され5日間入院・手術。（保険金額不足／別途自己負担あり）	1,000万円
		激しい激痛を訴え受診。腎臓結石と診断され手術。	606万円
		めまい・耳鳴り・吐き気・動悸を訴え受診。メニエール病・貧血と診断され2日間入院。	367万円
	ハワイ	胃の違和感・息苦しさを訴え受診。胆嚢炎・膵炎・腎不全と診断され21日間入院。家族が駆けつける。医師が付き添い医療搬送。	2,438万円
		往路機内で呼吸困難となり到着後に受診。心筋梗塞と診断され11日間入院。家族が駆けつける。（保険金額不足／別途自己負担あり）	1,500万円
		会議会場で転倒、腰を強打し救急車で搬送。大腿骨頸部骨折と診断され12日間入院・手術。看護師が付き添い医療搬送。	870万円

③ 医療・健康管理面

		ホテル客室内で転倒、腰を強打し救急車で搬送。大腿骨頸部骨折と診断され9日間入院・手術。看護師が付き添い医療搬送。	838万円
		往路機内で嘔吐、意識を失い到着後に救急車で搬送。脳梗塞と診断され3日間入院。家族が駆けつける。	761万円
		往路機内で腹痛を訴え到着後受診。腸閉塞と診断され8日間入院・手術。家族が駆けつける。	667万円
		腹痛が続き受診。虫垂炎・腹膜炎と診断され4日間入院・手術。家族が駆けつける。	503万円
		寒気・微熱が3日間続き、その後激しい腹痛を訴え受診。卵管留膿腫と診断され6日間入院。家族が駆けつける。	490万円
		バスルームで転倒し首をバスタブに強打。頸髄損傷と診断され4日間入院。家族が駆けつける。	436万円
		腹痛・発熱を訴え受診。虫垂炎・腹膜炎と診断され5日間入院・手術。家族が駆けつける。	387万円
		激しい腹痛と嘔吐が続き救急車で搬送。腎臓結石と診断され9日間入院・手術。家族が駆けつける。	378万円
		咳・発熱・嘔吐を訴え受診。肺炎と診断され6日間入院。家族が駆けつける。	376万円
		ディナークルーズで食事を喉に詰まらせ救急車で搬送。食物の誤嚥と診断され3日間入院。家族が駆けつける。	372万円
		顔半分の痺れを訴え救急車で搬送。脳梗塞と診断され11日間入院。家族が駆けつける。看護師が付き添い医療搬送。	338万円
		視力が急に低下し受診。脳梗塞と診断され5日間入院。家族が駆けつける。	320万円
		下半身の痺れを訴え受診。硬膜下血腫と診断され4日間入院。家族が駆けつける。医師が付き添い医療搬送。	314万円
	カナダ	意識が朦朧として立つことができず救急車で搬送。脳幹梗塞と診断され42日間入院。家族が駆けつける。医師・看護師が付き添いチャーター機で医療搬送。	7,081万円
		発熱・呼吸困難を訴え受診。肺炎と診断され21日間入院・手術。家族が駆けつける。	1,281万円

1 赴任前事項

2012年		ソファーに座って団らん中、急に胸が痛み救急車で搬送。狭心症と診断され11日間入院・手術。家族が駆けつける。	668万円
		道を歩いている際に意識を失い転倒、膝を強打し救急車で搬送。膝蓋骨骨折と診断され6日間入院・手術。	584万円
	メキシコ	オートバイで走行中、路面が荒れていたため転倒。大腿骨骨折と診断され現地病院からチャーター機でアメリカまで医療搬送し11日間入院・手術。家族が駆けつける。医師が付き添い医療搬送。	1,199万円
	アメリカ	めまい・吐き気・食欲不振を訴え受診。脳梗塞・心筋梗塞と診断され20日間入院。家族が駆けつける。医師・看護師が付き添い医療搬送。	1,322万円
		留学先でバスケットボール試合中に相手と接触し、胸の痛みを訴える。外傷性気胸と診断され現地病院からチャーター機で医療搬送され27日間入院・手術。家族が駆けつける。(保険金額不足／別途自己負担あり)	1,128万円
		断続的に胸の痛みが続き受診。心筋梗塞と診断され15日間入院・手術。家族が駆けつける。(保険金額不足／別途自己負担あり)	1,000万円
		ホテルの駐車場で段差につまづき足を強打。大腿骨骨折と診断され11日間入院・手術。看護師が付き添い医療搬送。	689万円
		咳・熱・めまいを感じ、昼食後嘔吐し意識を失う。肺炎と診断され10日間入院。家族が駆けつける。	645万円
		腹痛・嘔吐があり救急車で搬送。大腸炎と診断され6日間入院。家族が駆けつける。	559万円
		激しい腹痛を訴え受診。卵巣嚢腫と診断され5日間入院・手術。家族が駆けつける。	454万円
		2週間にわたり鼻血・鼻水が止まらないため受診。慢性副鼻腔炎・下鼻甲介肥大と診断され手術。	408万円
		激しい腹痛で目覚め、数時間治まらないため受診。虫垂炎と診断され3日間入院・手術。	364万円
		昼食後に足が動かなくなり、めまい・吐き気を訴え受診。頭のふらつきと診断され2日間入院。	316万円
	ハワイ	ホテル前のビーチで海水浴中におぼれ心肺停止。(海水が流入したことによる)肺炎と診断され19日	1,812万円

3 医療・健康管理面

		間入院。家族が駆けつける。医師が付き添い医療搬送。	
		ホテル内で意識を失い救急車で搬送。低ナトリウム血症と診断され9日間入院。家族が駆けつける。	491万円
		就寝中、嘔吐・呼吸困難となり救急車で搬送。心筋梗塞・心不全と診断され7日間入院。家族が駆けつける。看護師が付き添い医療搬送。	434万円
		夕食後みぞおち辺りの痛みがあり、翌朝になっても治まらないため受診。胆嚢結石と診断され2日間入院・手術。	383万円
		食事に来ないためホテル隣室の友人が確認したところ、意識を失い倒れており救急車で搬送。重積痙攣と診断、4日間入院。家族が駆けつける。	343万円
	カナダ	バンクーバー発の列車内で息苦しくなり、途中下車し救急車で搬送。急性冠症候群と診断され現地病院からチャーター機でシアトルまで医療搬送し43日間入院・手術。家族が駆けつける。看護師が付き添い医療搬送。	3,700万円
		背中と胸の苦しみを訴え受診。気胸と診断され10日間入院・手術。家族が駆けつける。	365万円
2011年	アメリカ	めまい・頭痛・眼痛を訴え受診。硬膜化血腫と診断され21日間入院・手術。家族が駆けつける。医師・看護師が付き添い医療搬送。	2,195万円
		全身倦怠感・食欲低下・息切れ・胸痛・悪寒を訴え受診。肺炎・敗血症と診断され19日間入院。家族が駆けつける。医師・看護師が付き添い医療搬送。	2,073万円
		乗馬中に落馬。上腕骨・胸椎・肋骨骨折と診断され、現地病院からヘリコプターで設備が整った病院へ搬送後9日間入院・手術。家族が駆けつける。医師・看護師が付き添い医療搬送。（保険金額不足／別途自己負担あり）	1,000万円
		呼吸困難・嘔吐が続き受診。肺塞栓症と診断され7日間入院。家族が駆けつける。	709万円
		激しい腹痛を訴え救急車で搬送。穿孔性胃潰瘍・腹膜炎と診断され7日間入院・手術。家族が駆けつける。	667万円
		訪問宅で絨毯につまづき転倒し背中を強打。背部捻挫と診断され6日間入院。家族が駆けつける。	455万円

33

1 赴任前事項

	ハワイ	動悸・食欲不振を訴え受診。急性心不全と診断され2日間入院・手術。	327万円
		到着後に体調を崩し受診。肺炎と診断され12日間入院。家族が駆けつける。	982万円
		腹痛・嘔吐が続き受診。腸閉塞・膵炎と診断され7日間入院・手術。家族が駆けつける。	901万円
		空港で痺れを訴え倒れる。脳梗塞と診断され10日間入院。家族が駆けつける。医師が付き添い医療搬送。	767万円
		右半身が麻痺し救急車で搬送。脳梗塞・心筋梗塞と診断され10日間入院。家族が駆けつける。医師が付き添い医療搬送。	726万円
		ホテルのフィットネスルームで運動中に転倒。大腿骨転子部骨折と診断され9日間入院・手術。家族が駆けつける。看護師が付き添い医療搬送。	544万円
		乗馬中に落馬。胸椎骨折・脊椎損傷と診断され15日間入院。家族が駆けつける。看護師が付き添い医療搬送。	543万円
		左半身が麻痺し受診。脳梗塞と診断され12日間入院。医師が付き添い医療搬送。	421万円
		腹痛を訴え受診。腸閉塞と診断され7日間入院・手術。家族が駆けつける。	404万円
		気分が悪くなり救急車で搬送。冠動脈狭窄と診断され5日間入院・手術。	380万円
	カナダ	観光中に水溜りで足が滑り転倒。大腿骨骨折と診断され11日間入院・手術。家族が駆けつける。看護師が付き添い医療搬送。	642万円
		ゴンドラ乗場の階段で転倒し腰と太ももを強打。大腿骨骨折と診断され7日間入院・手術。家族が駆けつける。看護師が付き添い医療搬送。	458万円
2010年	アメリカ	鯨ウォッチングのクルーズ船が波に揺れて転倒。腰椎骨折と診断され17日間入院・手術。家族が駆けつける。医師・看護師が付き添い医療搬送。	2,993万円
		吐き気・下痢・腹痛が続き受診。小腸穿孔・腸内感染と診断され20日間入院・手術。家族が駆けつける。医師・看護師が付き添い医療搬送。	2,396万円
		胸に差し込まれるような痛みを感じ受診。急性心筋梗塞と診断され5日間入院・手術。家族が駆けつける。(保険金額不足／別途自己負担あり)	1,015万円

3 医療・健康管理面

年	国	内容	金額
		友人の車に乗車中、高速道路で横転。胸椎・腰椎骨折と診断され6日間入院。家族が駆けつける。	458万円
		不正出血が頻繁にあり異常を感じ受診。卵巣のう胞と診断され日帰り手術。	331万円
		下血があり、立てない状態となり救急車で搬送。結腸憩室炎と診断され7日間入院・手術。家族が駆けつける。	323万円
	ハワイ	往路機内で意識がもうろうとし、到着後救急車で搬送。肺炎・脳梗塞と診断され37日間入院。家族が駆けつける。医師・看護師が付き添いチャーター機で医療搬送。	3,843万円
		嘔吐・熱・歩行困難となり救急車で搬送。脊髄膿瘍・肺炎・敗血症と診断され10日間入院。家族が駆けつける。医師が付き添い医療搬送。	694万円
		ベッドから起きる際、バランスを崩し頭から転落。頚椎脱臼と診断され6日間入院・手術。家族が駆けつける。	613万円
		ホテルで転倒し腰を強打。腰椎骨折と診断され9日間入院。家族が駆けつける。看護師が付き添い医療搬送。	339万円
		昼食後、腹部につるような痛みがあり救急車で搬送。腹膜炎・大腸炎と診断され11日間入院。家族が駆けつける。	336万円
2009年	アメリカ	ホテル客室内で倒れているところを発見される。くも膜下出血と診断され38日間入院・手術。家族が駆けつける。医師・看護師が付き添い医療搬送。（保険金額不足／別途自己負担あり）	869万円
		機内で激しい胸の痛みを訴え緊急着陸。冠動脈不全と診断され12日間入院・手術。家族が駆けつける。（保険金額不足／別途自己負担あり）	841万円
		スキー中に誤ってジャンプ台のコースに入り落下。脛骨・踵骨の骨折と診断され9日間入院・手術。看護師が付き添い医療搬送。	773万円
		ホテルのベッドから転落。大腿骨の骨折と診断され9日間入院・手術。家族が駆けつける。	666万円
		滞在先の庭で脚立から落下。胸椎骨折・外傷性くも膜下出血と診断され8日間入院・手術。家族が駆けつける。	306万円

1 赴任前事項

	ハワイ	トイレ内で転倒。骨盤の骨折と診断され、現地リハビリ施設も含め68日間入院。家族が駆けつける。	697万円
		就寝中に息苦しさを訴え、病院へ搬送。肺血栓塞栓症と診断され4日間入院。家族が駆けつける。	539万円
		スーパーマーケット内で転倒。暁骨・大腿骨の骨折と診断され17日間入院・手術。家族が駆けつける。	505万円
		腹痛を訴え受診。胆結石・胆嚢炎と診断され9日間入院・手術。家族が駆けつける。	458万円
		ホテル客室内で転倒。大腿骨頸部の骨折と診断され7日間入院・手術。家族が駆けつける。	449万円
		オアフ島のビーチで海水浴中に大波にもまれる。上腕骨の骨折と診断され日帰り手術。	332万円
	カナダ	空港内で転倒。大腿骨の骨折と診断され17日間入院・手術。家族が駆けつける。看護師が付き添い医療搬送。	607万円
		スキー中に転倒し肘を強打。上腕骨の骨折と診断され3日間入院・手術。	443万円
		ホテル玄関前が凍っており滑って転倒。大腿骨の骨折と診断され5日間入院・手術。看護師が付き添い医療搬送。	395万円
		雪で覆われた路面を散歩中に転倒。橈骨・大腿骨の骨折と診断され14日間入院・手術。家族が駆けつける。	393万円
2008年	アメリカ	ホテルで意識を失い病院へ搬送。くも膜下出血と診断され46日間入院・手術。家族が駆けつける。	2,221万円
		機内で胸の痛みを訴え到着後受診。心筋梗塞とされ7日間入院・手術。家族が駆けつける。医師・看護師が付き添い医療搬送。	1,171万円
		腹痛・腰痛を訴え受診。子宮内膜症と診断され2日間入院・手術。	758万円
		腹痛を訴え受診。急性虫垂炎と診断され2日間入院・手術。	487万円
		レンタカー運転中に対向車と衝突し、ヘリコプターで病院へ搬送。捻挫・胸部打撲と診断される。	449万円
		スキー中に転倒し、足をひねる。足首閉鎖性骨折と診断され2日間入院・手術。	428万円
		腹部の痛みを訴え受診。子宮内膜症と診断され日帰り手術。	395万円

3 医療・健康管理面

	ハワイ	ホテルで吐血し病院へ搬送。腹部動脈瘤の破裂と2日間入院。家族が駆けつける。	305万円
		ホテルでベッドから転落。大腿骨の骨折と診断され8日間入院・手術。家族が駆けつける。看護師が付き添い医療搬送。	654万円
		観光中に意識を失う。脳内出血と診断され3日間入院。家族が駆けつける。	567万円
		遊泳中に胸が苦しくなり受診。急性心筋梗塞と診断され3日間入院・手術。	484万円
		ホテルのバスルームで転倒。大腿骨の骨折と診断され5日間入院・手術。家族が駆けつける。	445万円
		観光中に岩場で転倒。脛骨の骨折と診断され9日間入院・手術。家族が駆けつける。看護師が付き添い医療搬送。	380万円
		サーフィン中、自分のボードが太ももに当たる。下腿コンパートメント症候群と診断され6日間入院・手術。看護師が付き添い医療搬送。	335万円
		ホテルで全身硬直し意識不明となる。てんかんと診断され4日間入院。家族が駆けつける。	315万円
	カナダ	階段を踏み外して転倒。大腿骨頸部骨折と診断され16日間入院・手術。家族が駆けつける。看護師が付き添い医療搬送。	788万円
		スキーで転倒し両足を強打。脛骨・腓骨の骨折と診断され6日間入院・手術。（保険金額不足／別途自己負担あり）	500万円
2007年	アメリカ	ホテルで高熱・呼吸困難を訴え受診。肺炎と診断され12日間入院。家族が駆けつける。	605万円
		階段で転倒し、膝を痛める。十字靭帯損傷と診断され2日間入院・手術。	540万円
		現地滞在先で転倒し、立ち上がれなくなる。大腿骨頸部骨折と診断され6日間入院・手術。	534万円
		腹痛・嘔吐・下痢を訴え受診。膵臓炎・腎臓障害と診断され4日間入院。	422万円
		ホテルの浴室で意識を失う。脱水症状と診断され6日間入院。家族が駆けつける。	376万円
		学校でハードルの練習中に転倒し、膝を強打。膝関節打撲と診断され日帰り入院・手術。	372万円

1 赴任前事項

	ハワイ	腹痛を訴え受診。腎臓からの出血があり12日間入院。家族が駆けつける。医師・看護師が付き添い医療搬送。	834万円
		足をひねり転倒し、起き上がれなくなる。装着していた人工股関節の脱臼と診断され11日間入院・手術。家族が駆けつける。	582万円
		ホテルで発熱・めまいを訴え受診。肺炎と診断され2日間入院。家族が駆けつける。医師・看護師が付き添い医療搬送。	533万円
		発疹・微熱が続き受診。急性肝炎と診断され5日間入院。家族が駆けつける。	523万円
		ホテルで激しい腹痛を訴え受診。子宮外妊娠による卵管破裂と診断され10日間入院・手術。家族が駆けつける。	516万円
		胸の痛みを訴え受診。心筋梗塞と診断され8日間入院。家族が駆けつける。	387万円
		夕食後、激しい胃痛を訴え受診。胆石症と診断され3日間入院・手術。家族が駆けつける。	354万円
	カナダ	激しい腹痛・嘔吐のため受診。腹膜炎・穿孔性憩室炎と診断され11日間入院・手術。家族が駆けつける。看護師が付き添い医療搬送。	1,360万円
		マウンテンバイクで走行中転倒。上腕骨骨折と診断され8日間入院・手術。家族が駆けつける。	623万円
		激しい腹痛を訴え受診。腸閉塞と診断され9日間入院・手術。家族が駆けつける。	600万円
		アイスホッケー中に転倒。頭部を強打し意識不明となる。頭部外傷・硬膜外血腫と診断され71日間入院・手術。家族が駆けつける。医師・看護師が付き添い医療搬送。	524万円
		スノーボードの着地に失敗し足を強打。脛骨・腓骨の骨折と診断され5日間入院・手術。家族が駆けつける。看護師が付き添い医療搬送。	499万円
2006年	アメリカ	風邪・呼吸困難を訴え受診。肺炎・不整脈と診断され21日間入院・手術。家族が駆けつける。医師・看護師が付き添いチャーター機で医療搬送。(保険金額不足／別途自己負担あり)	2,500万円
		機内で嘔吐し、意識を失う。くも膜下出血と診断され2日間入院・手術。家族が駆けつける。	533万円

		発熱・咳のため受診。肺炎と診断され8日間入院。	508万円
		腰の痛みを訴え受診。椎間板ヘルニアと診断され2日間入院・手術。	410万円
		重い生理痛を訴え受診。卵巣のう胞と診断され日帰り手術。	348万円
	ハワイ	海に飛び込んだ際に頚椎を骨折。15日間入院・手術。家族が駆けつける。医師・看護師が付き添いチャーター機で医療搬送。(保険金額不足／別途自己負担あり)	2,000万円
		バス車内で嘔吐。脳内出血と診断され89日間入院・手術。家族が駆けつける。医師・看護師が付き添い医療搬送。	1,710万円
		機内で気分が悪くなり、その後腹痛。腸閉塞と診断され17日間入院・手術。家族が駆けつける。	815万円
		バスを降りる際に転倒。股関節脱臼骨折・橈骨骨折と15日間入院・手術。医師・看護師が付き添い医療搬送。	676万円
		ゴルフ場でカートから転落。右足脛骨粉砕骨折と診断され7日間入院・手術。家族が駆けつける。	574万円
	カナダ	吐き気・腹痛を訴え受診。腸閉塞と診断され16日間入院・手術。看護師が付き添い医療搬送。	1,013万円
		足の痛みと腫れを訴え受診。化膿性膝関節炎と診断され11日間入院。家族が駆けつける。看護師が付き添い医療搬送。	877万円
		機内でお腹が痛くなり着陸後に受診。腸閉塞と診断され9日間入院。家族が駆けつける。医師・看護師が付き添い医療搬送。	701万円
		腹痛・下痢を訴え受診。虚血性大腸炎と診断され4日間入院。家族が駆けつける。看護師が付き添い医療搬送。	410万円

(出所) ジェイアイ傷害火災保険㈱Webサイト「海外での事故例」(http://www.jihoken.co.jp/data/case.html) より抜粋

2．こんなケースは旅行保険の対象外
～持病、歯科治療、親族や職務に起因する賠償責任など
(1) 持病（※1）及び妊娠、出産

　出国前からの既往症は支払対象外になります。保険加入時に持病について自己申告をしていなかったとしても、保険金請求の際、保険会社による

1 赴任前事項

調査の結果、「治療内容から判断すると持病である」とされ、保険金が支払われないケースも少なくありません。

よって、持病を抱え、定期的に医療行為を受ける必要がある社員を赴任させることは避けるのが望ましいのはいうまでもありませんが、代替する人員がいないため、やむを得ずそういった社員を赴任させる場合は、現地でかかる医療費は、どこまで会社が負担するのか等もあらかじめ決めておくことをお勧めします。

また、妊娠・出産は病気ではないためこれらを要する医療費は海外旅行保険から支給されません。

（※１）「疾病に関する応急治療救援費用補償特約」で補償される場合があります。

(2) 歯科治療（※２）

歯科治療費は海外旅行保険の対象にはなりません。よって、海外で歯科治療を受ける場合で赴任国の公的又は民間医療保険でまかなえないときは、かかった医療費を健康保険組合などに申告して、治療費の一部を還付してもらうという形になります。（ただし、交通事故で歯を損傷した場合は「怪我」扱いとして、歯の治療費が旅行保険から給付されることがあります。）

（※２）「歯科治療費用補償特約」で補償される場合があります。

(3) 賠償責任が適用されないケース

「個人賠償責任補償特約」を付けておくと、法律上の賠償責任が発生した場合に支払対象になりますが、以下の 図表10-2 のような場合は対象外になるので注意が必要です。

③ 医療・健康管理面

図表10-2　賠償責任が適用されないケース

- 保険契約者又は被保険者の故意によって生じた損害
- 被保険者の職務遂行に起因する損害賠償責任
- 被保険者と同居する親族及び同一旅行行程の親族に対する損害賠償責任
- 被保険者が所有、使用又は管理する財物の損壊もしくは紛失に対する損害賠償責任
- 被保険者の心神喪失に起因する損害賠償責任
- 被保険者又は被保険者の指図による暴行・殴打に起因する損害賠償責任
- 自動車、オートバイなどの車両、船舶、航空機、銃器の所有・使用・管理に起因する損害賠償責任
- 罰金、違約金、懲罰的賠償金など

（協力）　ジェイアイ傷害火災保険㈱

3．駐在員にしっかり事前説明しておくこと

　駐在員からよく聞かれるのは、「総務や人事担当者から、「旅行保険に加入しておいたよ」と保険会社が作った「海外旅行保険ガイドブック」などをポンと渡されるだけで、何も説明がなかったため、いざ現地で旅行保険を使おうと思ったとき、どうすればよいかわからず困った」という意見や不満です。

　そこで、駐在前には、給与等の説明だけでなく、旅行保険の使い方や注意事項及び万一の事態に備えて保険証券は必ず携行する必要があることについても説明しておく必要があります。

(1)　保険証券番号・緊急時の保険会社連絡先の携帯

　万が一の事態に備え、充実した旅行保険を社員に付保していたとしても、当該駐在員が、事故に遭ったとき、自分のID番号や保険証券番号がわからない（つまり、保険に加入していることが証明できない）状況であれば、医療行為を受ける必要がある場合でも、医療機関から「支払能力なし」とみなされて早急に治療を行ってもらえない可能性もあります。

1 赴任前事項

　よって保険証券（被保険者証・IDカード）は常に何部かコピーして、控えを持っておく、もしくは手帳や財布に番号を控えておくといった準備が必要になります。また、加入している保険の引受会社の緊急連絡先もあわせて携帯電話に登録したり、手帳に書き留めておくことが必要になります。

(2) **キャッシュレスとなる医療機関の確認**

　通常、保険会社は各国の主要都市に「提携の医療機関」をいくつか保有していて、その病院で治療を受けると、保険証券（被保険者証・IDカード）を提示すれば、キャッシュレス（治療費の支払なし）で治療を受けることができます。よって、駐在員が赴任する都市、頻繁に出張する都市において、キャッシュレスとなる医療機関があるかあらかじめ調べておく必要があります。

　（赴任先や居住地の近くにキャッシュレスの対象となる医療機関がない場合、保険会社に依頼すれば、現地の医療機関に対し、キャッシュレス対応ができるよう、交渉してくれることもあります。）

3 医療・健康管理面

 健康保険と海外旅行保険の違い

海外で医療行為を受けた際も、日本の健康保険が利用できると聞きましたが本当ですか。当社では海外駐在員に対し、海外旅行傷害保険を加入させる予定ですが、健康保険と海外旅行保険の使い分け方など、あれば教えてください。

 健康保険、海外旅行保険それぞれに一長一短があります。そのため、用途に応じて両者を使い分けることをお勧めします。

 海外駐在生活におけるトラブルとしては、健康面に関するものが最も頻度が高くなっています。海外で支払った医療費は、日本の健康保険でもカバーされますが、いったん海外駐在員が全額を立替払いし、後日払戻請求することになります。払戻しの範囲は、日本国内で保険診療を受けたとした場合の費用を基準とするため、必ずしも医療費の全額が支払われるとは限りません。そのため欧米などの医療費の高い地域では、かなりの自己負担を強いられる可能性があります。
 一方、海外旅行保険は、契約した保険金額を限度に医療費実費が支払われますが、持病や歯科治療については対象外になります。また、あまり頻繁に利用しすぎると、次年度の保険料が大幅に上がったり、更新ができなくなる可能性もあるので赴任者及び帯同家族の節度ある利用が求められます。
 そのため現地で治療を受ける際は、歯科疾病や持病については健康保険を利用し、その他の傷病については海外旅行保険を利用するのがよいでしょう。
 図表11-1 では、海外旅行保険と健康保険の違いについてまとめてみました。

1 赴任前事項

図表11-1 海外旅行保険と健康保険

	海外旅行保険	健康保険
保険料	赴任先により異なる場合がある。本人プラン、家族プランなど様々。	健康保険組合等により異なる。
医療機関での支払方法	保険会社のサービス内容により異なるが、キャッシュレスメディカルサービスとして、保険証券や保険契約証を現地提携病院に提示するだけで、現金不要で治療が受けられ、非常に便利である。	いったん全額を立替払いし、日本の保険者に請求する。
医療費負担額	契約した保険金額を限度に実際にかかった医療費の実費が支払われる。	健康保険から支払われるのは、日本国内で保険診療を受けたとした場合の費用を基準とするため、医療費が高い欧米系の病院で治療を受けた場合、実際に支払った金額とかなり差額が生じる可能性がある。
対象となる療養費	保険会社との約款に掲載されている。	保険診療の対象となる医療行為
対象とならない療養費	一般には以下の費用は対象外となる。 ① 持病を含む既往症 ② 妊娠・出産費用 ③ 歯科疾病	保険診療の対象とならない治療を行った場合
備考	一般的に海外旅行保険等には、「救援者費用」「賠償責任」「携行品被害」に対する補償があることが多い。	海外旅行保険のような「救援者費用」「賠償責任」「携行品被害」に対する補償はない。
問合せ先	各保険会社	所轄年金事務所、各健康保険組合

3 医療・健康管理面

Q12 赴任前健康診断・予防接種

A氏を本年12月から3年間、海外駐在させるに当たり、事前に何らかの予防接種を受けさせておく必要はあるでしょうか。またA氏に対し海外赴任前に健康診断を受診させる必要はあるでしょうか。

A アメリカ、カナダ、メキシコ、ブラジル駐在予定者が行っておくとよい予防接種としては国により異なりますが、「破傷風」「A型肝炎」「B型肝炎」「狂犬病」「黄熱」があります。また、社員を6か月以上海外勤務させる場合は、事前に健康診断を行うことが、法律で義務付けられています。

1．海外に6か月以上勤務する場合は必ず事前に健康診断を！
～労働安全衛生規則第45条の2第2項より～

　労働安全衛生規則第45条の2第2項によりますと、社員を海外に6か月以上勤務させる場合は、あらかじめ当該社員に対し、図表12-1のとおり、同規則第44条第1項各号に掲げる項目及び厚生労働大臣が定める項目のうち、医師が必要であると認める項目について、健康診断を行わなければなりません。

　なお、健康診断の結果、赴任中に継続的に治療が必要な疾患が見つかった場合は、赴任させるか否かの判断を行う必要があります。

　アメリカの都市部などは日系クリニック等も充実しており、継続治療に問題がない場合もありますが、たとえばメキシコの地方都市など、近年、日本人駐在員が急激に増えてはいるものの、医療体制が充実していない地域に赴任させる場合は、継続的な治療を行う上でどのような措置がとれるか、事前に現地事情に詳しい人も含めて検討を行うことが重要です。

1 赴任前事項

図表12-1 定期健康診断項目（労働安全衛生規則　第44条）

イ	既往歴及び業務歴の調査
ロ	自覚症状及び他覚症状の有無の検査
ハ	身長、体重、腹囲、視力及び聴力の検査
ニ	胸部エックス線検査及び喀痰検査
ホ	血圧の測定
ヘ	貧血検査（血色素量、赤血球数）
ト	肝機能検査（GOT、GPT、γ-GTP）
チ	血中脂質検査（総コレステロール、HDLコレステロール、トリグリセライド）
リ	血糖検査
ヌ	尿検査（尿中の糖及び蛋白の有無の検査）
ル	心電図検査（安静時心電図検査）

2．海外駐在に備えて行うべき予防接種
～海外駐在予定者が決まり次第、接種のスケジュールを組む必要がある～

　予防接種の中には、数週間おきに何度も注射するものもあります。

　そのため海外駐在員の決定後、人事・総務担当者は、**図表12-2**のとおり、本書で取り上げた4か国において注意が必要な病気についての予防接種に関し、海外駐在予定者及び帯同家族の接種スケジュールを組む必要があります。

　また、駐在員だけでなく、1か月以上出張するなどの長期出張者や、これらの国々に頻繁に出張される人にも滞在に伴う健康上のリスクは存在しますので、予防接種を行う方が安心です。

　また、**図表12-3**のとおり、メキシコは黄熱予防接種推奨国ではありませんが、黄熱の危険性のある国（ブラジル等）から来る渡航者は黄熱予防接種証明書を求められる場合があります。

　なお、黄熱の予防接種は実施機関や実施回数が非常に少ない上、費用も高額（1万円程度）です。また、予防接種の証明書は接種を受けた日の10

日後から有効になるため、黄熱の予防接種が必要な人はかなり早めの準備が必要になります。(当日思い立って接種できるわけではなく事前の予約が必要になります。)

図表12-2　海外渡航者向け予防接種（一例）

	接種回数	接種間隔の目安		有効期間の目安	料金（1回）税抜
		2回目	3回目		
A型肝炎（国産）	3回	2〜4週	24週	添付文書には記載なし（約10年）	7,000円
B型肝炎	3回	4週	20〜24週	添付文書には記載なし（約10年）	5,700円
破傷風	3回	3〜8週	初回後6か月以降（標準として初回後12〜18か月）	5〜10年ごと	3,400円
狂犬病（国産）	3回	4週	6〜12か月	※曝露後には追加接種が必要	12,000円
黄　熱	1回	—	—	10年	

（出所）　東京医科大学病院　渡航者医療センター　ウェブサイトより作成
　　　　http；//hospinfo.tokyo-med.ac.jp/shinryo/tokou/

図表12-3　受けておきたい予防接種

	破傷風	A型肝炎	B型肝炎	狂犬病	黄　熱
アメリカ	推奨				
カナダ	推奨		推奨※3		
メキシコ	推奨	推奨		犬や野生動物との接触が予想される場合	※1
ブラジル	推奨	推奨	推奨	犬や野生動物との接触が予想される場合	一部の州のみ　※2

※1　黄熱予防接種推奨国ではないが、黄熱に感染する危険のある国から来る1歳以上の渡航者は黄熱予防接種証明書が要求される場合がある。
※2　州によっては黄熱の予防接種が推奨されるが、黄熱予防接種証明書は要求されていない。
※3　一部地域のみ、都市部は不要。
（出所）　厚生労働省検疫所ウェブサイトを参考に作成

1 赴任前事項

4 その他

Q13 赴任前研修について

A氏を来月から、3年間の予定で海外に駐在させます。大手企業では、駐在予定者に対して「赴任前研修」を行っているそうですが、当社では海外駐在する社員の数も少なく、独自で赴任者研修をする余力はありません。外部機関等を利用して、効率的に赴任前研修を行う手段があれば教えてください。

A 業務命令で海外に行く社員及び帯同家族について、事前に現地の情報収集や、安全管理に関する知識や情報を与えるのは会社としての義務でもあります。自社独自の研修ができない場合は、外部機関が行っている研修プログラムを利用し、本人の希望にあわせて、可能な範囲で受講させることをお勧めします。

1．赴任前研修の種類
～外部機関を上手に利用～

大手企業では、自社独自で海外駐在員用に研修を行っているケースも少なくありません。しかし駐在員数が少ない企業の場合、自前で研修を行うにはコストがかかりすぎます。とはいえ、会社の命令で海外勤務させるにもかかわらず、駐在予定者及び帯同家族に対し、事前に会社として何の情報提供や研修の機会を与えないのは、企業のリスク管理や社員の福利厚生の面からも好ましくありません。

そのような場合、外部機関が行う赴任前研修を利用するのも一案です。

赴任前研修のうち、外部で受講が可能なものは色々ありますが、たとえば 図表13-1 のとおり、外部機関が主催する語学研修や異文化コミュニ

ケーション研修、また海外子女教育振興財団が主催する「子女教育関連セミナー」等があげられます。

とはいえ、駐在予定者が決定してから実際の赴任までの、わずか数か月の期間に、受講させたい研修がいつも開催されているとは限りません。そのような場合は、自社の赴任者に合わせて個別で赴任前研修を実施する機関もありますので、利用されるのも一案です。

※特にアメリカにおいては差別やセクハラ等に関する捉え方が日本より広いため、トラブルを起こしたり巻き込まれたりしないよう事前研修を受けることをお勧めします。

図表13-1 赴任前研修の一例(海外赴任者向け、本社管理部門向け)

名称	内容	対象者
危機管理・安全対策研修	海外での安全管理上・危機管理上の注意(実生活に直接関わることなので、赴任予定者に人気が高い)	赴任予定者・帯同家族・本社管理部門
子女教育関連研修	子女の教育問題、学校選択方法、帰国後の学校選択など(実生活に直接関わることなので、赴任予定者に人気が高い)	赴任予定者・帯同家族
現地情報研修	駐在経験者等が海外の生活情報等を説明。(実生活に直接関わることなので、赴任予定者に人気が高い)	赴任予定者・帯同家族
異文化コミュニケーション研修	海外ビジネスで直面する外国人とのコミュニケーション問題の原因を、相互の文化、価値観に基づき理解する。	赴任予定者
マネジメント研修	海外で管理職につく際の現地でのマネジメント手法について理解する。	赴任予定者
海外勤務者の社会保険と税務の取扱いに関する研修	海外勤務者の日本及び任地双方での社会保険・税務上の取扱いを理解する。(実務上の取扱いを理解できる研修として、本社管理部門に人気が高い)	本社管理部門・赴任予定者
海外勤務者の給与決定方法と赴任者規程の作成に関する研修	海外勤務者の給与体系、赴任者規程の作成のポイントを理解する(実務上の取扱いを理解できる研修として、本社管理部門に人気が高い)	本社管理部門

1 赴任前事項

2．駐在員が語る「受けておけばよかった」研修

筆者が行ったアンケート結果によると、駐在員、駐在経験者に受けておけばよかったとして、特によく聞かれる意見を 図表13-2 にまとめてみました。

図表13-2 海外駐在員、駐在経験者が語る「受けておけばよかった赴任前研修」

① **赴任地の労働法等に関する研修**
海外赴任すれば、ほとんどの赴任者は管理職となり、ナショナルスタッフを育成・管理する必要がある。その際、現地の労働法に関する知識は不可欠。

② **現地生活事情に関する研修**
本社は「現地事情は日本ではわからないから」ということで、赴任前に特に情報を提供してくれることはなかった。「必要なことは個別に現地に問い合わせるように」といわれても、現地の赴任者とは面識もないし聞きづらい。赴任予定者が現地の生活状況等について把握できるように、本社が現地赴任者と赴任予定者の間に入って、直接意見を聞ける機会などを作るなど、配慮して欲しい。

③ **人事評価等、管理職として必要な知識に関する研修**
いきなり海外で管理職になっても、どのように人材を育成したらよいかわからないし、ましてや人事評価の仕方もわからない。こういったことは実際に経験しないとわからないことだが、「人事評価の仕方」等、前もって初歩的なことだけでも教えて欲しかった。

④ **海外旅行保険の使い方、健康保険の海外医療費請求の仕方**
赴任前に「海外旅行保険に加入していること」及び「海外での医療費を日本の健康保険に請求することができること」は聞いていたが、具体的な請求方法などの説明がなかったため、医療機関を利用した際、間違って保険証券を返却してもらい損ねたり、保険の番号がわからなかったため、いったん自費で高額な医療費を支払う羽目になったり、いろいろとトラブルがあった。

⑤ **海外赴任者の処遇に関する研修⇒これが最も必要とする赴任者が多い**
「海外赴任者規程に必要なことが書いてあるから」と規程は配布されていたが、具体的な説明を受けていないし、自分は人事的な知識もないため、規程の内容も実はよく理解できていない。
事前に処遇について、もっと具体的に説明してもらう機会が欲しかった。

Q14 赴任支度金について

A氏の海外駐在に当たり、赴任に際して必要となる物品の購入費を支給する予定です。ただ、どのくらいの金額が世間一般的に妥当な水準なのでしょうか。また、当該支度金は、旅費の一部として、所得税法上、非課税扱いと考えてよいのでしょうか。

A 赴任支度金の金額については各社各様ですが、本人については20～30万円、配偶者についてはその半額程度とするケースが多いようです。また赴任支度金の支給の仕方によって、所得税の課税対象になる場合とならない場合があります。

1. 支度金の相場は？
～本人に対しては20～30万円とするケースが多い～

赴任支度金とは、海外駐在に伴い必要となる物資を購入するために支給するものです。支度金の設定の仕方は会社によって「資格によって金額を決定するケース」「基本給の1か月分とするケース」など様々ですが、本人に対しては20～30万円程度の金額を、配偶者についてはその半額程度を支払っている場合が多いようです。

2. 旅費・支度金の課税上の取扱い
～所得税の課税対象となるケース、法人税の寄附金扱いとなるケース～

通常、旅費は所得税法第9条第1項第4号（以下「所得9①四」）に従い、非課税になることはよく知られていますが、あくまで実費見合い分のみであり、図表14-1のとおり、赴任支度金を「給与の1か月分」といった形で支給するケースは場合によっては給与扱いとなり、所得税の課税対象となる場合があるので注意が必要です。

1 赴任前事項

　また、法人税法上の観点から見ると、親会社の社員を海外の現地法人等に勤務させる場合、その者に支払う旅費や支度金について、すべて親会社が負担してしまうと、場合によっては「親会社から海外関連者への寄附金」とみなされることもあるので注意が必要です。

図表14-1　海外赴任・帰任時の旅費、支度金の基本的考え方

	1．所得税法上の取扱い （旅費・支度金を受け取る個人側の取扱い）	2．法人税法上の取扱い （旅費・支度金を支払う企業側の取扱い）
基本的考え方	・受け取る個人の経済的利益になる場合 ⇒所得税の課税対象となる ・受け取る個人の経済的利益にならない場合 ⇒所得税の課税対象とならない。	・出向元（日本企業）の都合で海外赴任する場合：出向元が負担すべき。 ⇒損金算入できる。 ・出向先（海外企業）の都合で海外赴任する場合：出向先が負担すべき。 ⇒出向元が支払ったら、国外関連者への寄附金として課税。
赴任旅費	基本的に非課税 合理的な範囲の金額であると認められる範囲であれば非課税（根拠：所法9①四）	① 出向元（日本企業）の都合で海外赴任させる場合 合理的な範囲の金額であれば損金算入可。
赴任支度金	基本的に非課税 「その支給額がその会社の役員、使用人すべてを通じて適切なバランスがとれている。」「その支給が同業同規模他社と比べて相当と認められる。」という基準を満たせば基本は非課税。（根拠：所基通9-3） 原則的には「実費弁償的なもの」であることが非課税の条件なので、たとえば給与の1か月といった支給の仕方だと経済的利益、つまり「給与」とみなされ課税される可能性大。	② 出向先（海外企業）の都合で海外赴任させる場合 (a) 原則 本来出向先が負担すべきものを日本企業側が負担することは、出向元から出向先に寄附を行っている、すなわち「国外関連者への寄附」とみなされ寄附金課税の対象になる。就航先に寄附を行っている、すなわち「国外関連者への寄附」とみなされ寄附金課税の対象となる。 (b) 例外 ただし、出向先が子会社等で、子会社が経営不振等で応援のために行く場合等は「寄附金」の例外規定に該当し、損金算入できる。

④ その他

Q15 引越手続の留意点

今般、社員をはじめて海外に駐在させます。
海外駐在に当たって、会社が負担する必要がある引越荷物の容量や各国別でみた留意点を教えてください。

　海外引越は単に荷物の移動ではなく、輸出入業務であるため、送り先の国・地域により通関規則や所要日数が異なります。専門家に相談し、無用なトラブルを生じさせないよう慎重に進めましょう。

1．海外引越に当たっての荷物の目安

　海外引越は単に荷物の移動ではなく、輸出入業務であるため、送り先の国や地域によって通関規則や通関所要日数が異なります。よって、海外引越に慣れた業者を利用されることをお勧めします。また、作業をスムーズに進めるため、赴任が決まればすぐに引越業者に連絡をし、それ以降はすべて赴任者と引越業者との間で作業を進め、人事総務担当者は、引越業者に見積金額、今後の作業予定について逐次報告を受ける形にするのがよいでしょう。

　引越に当たっての留意点を 図表15-1 にまとめてみました。

図表15-1　海外引越においての留意点

荷物送付量の目安	航空便：30～60kg 程度／人 船便：企業により異なるが 3～5 m³／人 （航空便：壊れにくいもの、あまり重くないもの、船便：かさばるもの、割れ物、壊れやすいもの） ※電化製品などは船便の方が良い。 ※上記荷物容量及びそれら荷物にかかる関税等は会社が全額負担するケースが多い。
荷物の梱包	・国内引越に比べ海外専門の梱包知識、技術が必要。 （細かいものの箱詰めは赴任者が行い、家具や割れ物の梱包は業者に任せた方が安心）

1 赴任前事項

	・プラスチックの衣装ケースは、そのもの自体が大きくなければ、中に衣類など比較的軽く柔らかいものを入れたまま送付が可能。（航空便は破損の危険性が高いので、船便で送るのがベター）
送付方法	航空便：急ぐもの、壊れにくいもの、あまり重くないもの 船便：急がないもの、かさばるもの、割れ物、壊れやすいもの
持っていけば便利なもの	室内物干スタンド、炊飯器、魚焼きグリル、Ｔシャツ、下着類、靴など
（持っていきがちだが）引越荷物に入れられないもの	食料品の送付は禁止されているケースも多い。うっかり引越荷物の中に入れないように気をつけること。 ※ペットは引越荷物扱いにはならず、別途手続が必要。（赴任国に持ち込めないペットもあるので注意が必要）

2．国別で見た海外引越の留意点

　海外引越を専門に行うクラウンムービングサービスによりますと、「本書で紹介する４か国のうち、メキシコについては引越荷物のためのビザ（カーゴビザ）の取得が必要であり、当該ビザ取得には非常に時間がかかる。カーゴビザを取得せずいわゆる『旅行者の荷物』扱いとしての簡易通関も可能だが、簡易通関の場合、旅行者であれば持参しないような『家具』『大量の台所用品』『食料品』は通関不可となる（食料品についてはカーゴビザを取得していても絶対禁止）。このようにメキシコについては引越にあたり、考慮すべき点が他国以上に非常に多い。」ということでした。また、アメリカについても食料品の送付は認められていない等、国内引越の感覚で引越荷物を梱包していると後で色々とトラブルを起こす可能性があります。なお、国別で見た海外引越の留意点は 図表15-2 のとおりです。

4 その他

図表15-2 国別でみた海外引越の留意点

			アメリカ		
		ニューヨーク	ロサンゼルス	シカゴ
船便	所要日数(目安)	約50～70日	40日程度(船:週1便になっています)	約50～60日
	日本側通関手続き	約14日	約10～14日	約14日
	船 日本→相手国	約30～40日	約14日	約30～40日
	相手国通関手続き	約10～25日	約10日	約10～15日
航空便	所要日数(目安)	約2週間	約10日～2週間	約2週間
	日本側通関手続き	約5日	約5日	約5日
	飛行機 日本→相手国		2～3日	約2日(経由便のため)
	相手国通関手続き	約5日 ※経由便のため	約3日	約5日
通関書類	日本側	パスポートコピー(顔写真ページ) 日本出国時の航空券コピー(e-チケットや予約証明でも可)	パスポート顔写真ページカラーコピー(鮮明なもの) 航空券コピー(e-チケットコピー可) アメリカビザコピー(鮮明なもの) ※ビザのコピーは厳密に言えば日本側での通関必要書類ではないがアメリカでの通関に必要になる書類のため事前(日本滞在中)に用意すること。	パスポートコピー(顔写真ページ) チケットコピー
	相手国側	パスポートコピー(顔写真ページ) ビザコピー(鮮明なもの) 通関用書類(3299フォーム/委任状/RC159) →4枚で1セット(※) ※【アメリカ通関書類(3299等)について】 アメリカの税関に提出するものなので全て英語で記入。 不備があれば通関ができない可能性もあるので十分に注意し、不明点があれば事前に要相談	パスポート顔写真ページのカラーコピー ビザカラーコピー(鮮明なもの)※ 通関用書類(3299フォーム/委任状/RC159) →4枚で1セット。 ※【アメリカ通関書類(3299等)について】 アメリカの税関に提出するものなので全て英語で記入。 不備があれば通関ができない可能性もあるので十分に注意。 帯同赴任のお客様でも3299の#7「同行する」ご家族のお名前」欄には何も記入しなくても問題ない。記入された全員の方のパスポートコピーとビザコピーを提出するよう要求される場合がある。	パスポートコピー(顔写真ページ) ビザコピー(鮮明なもの) 通関用書類(3299フォーム/委任状/RC159) →4枚で1セット。(※) ※【アメリカ通関書類(3299等)について】 アメリカの税関に提出するものなので全て英語で記入。 不備があれば通関できない可能性もある。

1 赴任前事項

発送できないもの	①刀剣・拳銃・模造拳銃・武器・弾薬・爆発物・危険物 ②爆発物扱いにつき整髪料などのスプレー缶・ガスボンベ ③リチウム電池のついた電化製品（小物含む） ④商標権・特許権・著作権等の権利侵害物品・貴金属・宝飾品 ⑤麻薬・覚醒剤及び吸煙具、けし・大麻の実、毒物 ⑥偽造・変造・模造の通貨、債権、証券類 ⑦信書・ポルノ製品（雑誌・ビデオ・DVD・写真等）・海賊版DVD ⑧ワシントン条約該当物品、植物（土のついたもの）、種 ⑨食品／お酒 ⑩タバコ ⑪飲み薬	①刀剣・拳銃・模造拳銃・武器・弾薬・爆発物・危険物 ②爆発物扱いにつき整髪料などのスプレー缶・ガスボンベ ③リチウム電池のついた電化製品（小物含む） ④商標権・特許権・著作権等の権利侵害物品・貴金属・宝飾品 ⑤麻薬・覚醒剤及び吸煙具、けし・大麻の実、毒物 ⑥偽造・変造・模造の通貨、債権、証券類 ⑦信書・ポルノ製品（雑誌・ビデオ・DVD・写真等） ⑧ワシントン条約該当物品、植物（土のついたもの）、種 ⑨食品／お酒 ⑩タバコ ⑪飲み薬 航空便では極力電化製品や液体品など発送せず、船便で送ったほうが良い。	①刀剣・拳銃・模造拳銃・武器・弾薬・爆発物・危険物 ②爆発物扱いにつき整髪料などのスプレー缶・ガスボンベ ③リチウム電池のついた電化製品（小物含む） ④商標権・特許権・著作権等の権利侵害物品・貴金属・宝飾品 ⑤麻薬・覚醒剤及び吸煙具、けし・大麻の実、毒物 ⑥偽造・変造・模造の通貨、債権、証券類 ⑦信書・ポルノ製品（雑誌・ビデオ・DVD・写真等） ⑧ワシントン条約該当物品、植物（土のついたもの）、種 ⑨食品／お酒 ⑩タバコ ⑪飲み薬 ⑫海賊版DVD	①刀剣・拳銃・模造拳銃・武器・弾薬・爆発物・危険物 ②爆発物扱いにつき整髪料などのスプレー缶・ガスボンベ ③リチウム電池のついた電化製品（小物含む） ④商標権・特許権・著作権等の権利侵害物品・貴金属・宝飾品 ⑤麻薬・覚醒剤及び吸煙具、けし・大麻の実、毒物 ⑥偽造・変造・模造の通貨、債権、証券類 ⑦信書・ポルノ製品（雑誌・ビデオ・DVD・写真等）・海賊版DVDなど ⑧ワシントン条約該当物品、植物（土のついたもの）、種 ⑨食品／お酒 ⑩タバコ ⑪飲み薬 ⑫海賊版DVDなど ⑬飲み薬 航空便では ・液体品 ・電化製品 のご発送は避けてください →液体品：検査対象になる。 →電化製品：破損 p
注意事項	・食料品はお米・肉製品・乳製品だけでなく乾物やレトルト食品も含め一切の発送が禁止になっているので注意すること。 ・航空便では極力電化製品や液体品など発送せず、船便で送れてくる。 ・万が一のことを考えアメリカのビザや港で保管料がかってくる。 ・ビザの取得前に荷物について物納関・申請ができないので保管料が航空券のコピー（予約証明などか勾）など出国を証明できなければ日本側での通関申請ができない。	・2001年のテロ以降、現地側の通関が非常に強化され、食品など一切発送いたしくださなくなりました。発送してしまいますと通関に時間と費用が余分にかかり現物は返送されてしまいますので、十分にご注意いただきますよう、お願い申し上げます。 ・タバコや薬（常備薬含む）はハンドキャリーにでお願い致します。タバコは数箱、処方薬は英文の細かい成分表があったほうが安全です。全ての方が空港での取得前にビザについて物納関・申請ができないので保管料が航空券のコピー／予約証明などで出国を証明できる書類がなければ日本側での通関申請ができない。	・食料品はお米・肉製品・乳製品だけでなく乾物やレトルト食品も含め一切の発送が禁止になっているので注意すること。 ・航空便では極力電化製品や液体品など発送せず、船便で送れてくる。 ・万が一のことを考えアメリカのビザや港で保管料がかってくる。 ・ビザの取得前に発送する荷物についての保管料がかってくる。（予めビザ取得済みでも航空券のコピー（予約証明などが句）など出国を証明できなければ日本側での通関申請ができない。	

56

4 その他

		名書類がなければ日本側での通関申請ができない。通関許可が下りなければ日本から発送することができないので準備が必要。 ・船便・航空便にかからず本人がアメリカに入国するまでアメリカ側の通関申請ができない。つまり、入国翌日に荷物の配達はできない。（航空便の場合：ご入国から約5日が最短） ブリザードドブラワーなどのアレンジメントは、日本に持ち帰ることができない（沒収対象）また、破損の可能性も高いため発送もできない。
	にて検査対象になるわけではありませんが成分表があっても没収される場合もあるようです。 ・ブリザードドブラワーなどのアレンジメントは日本に持ち帰りになります）また破損の可能性もございますので発送をお断りしております →発送禁止品目にあたっていないものでも何か発送にあたり配るものがあれば事前にお知らせください。現地に確認させていただきます。	通関許可がなければ日本から発送することができない…船便・航空便にかからずお客様がアメリカ側の通関申請ができないので、お荷物の配達は難しい。（航空便の場合の目安：ご入国から約5日後が最短）・ブリザードドブラワーなどのアレンジメントは日本に持ち帰ることができない（没収対象）また破損の可能性も高いため発送不可。 ・アメリカでもご利用可能なメールアドレスやお電話番号などを事前にご引越し業者に通知するのが良い。
	・ビザ取得前にお荷物が港に着いた場合、通関申請ができないので保管料が発生する。 ・ビザを取得済みでも航空券のコピー予約証明など出国を証明できる書類がなければ日本側での通関申請ができない。通関許可が下りなければ日本から発送することができない。	
その他特記事項		

(出所)　クラウンムービングサービス提供資料より作成

1 赴任前事項

		カナダ	メキシコ	ブラジル
船便	所要日数（目安）	約40日～60日間	船便→空輸：ビザ取得後、50日程度でお届け 船便→陸送：労働許可証ご取得後約50日でのお届け	3か月半
	日本側通関手続き			約10日～14日
	船 日本→相手国			約1か月
	相手国通関手続き			約40～50日（～配達含）
航空便	所要日数（目安）	約10日～17日間	ビザ取得後、14～20日でお届け カーコピザ取得なしで発送する場合、簡易通関ですのでお客様の入国時期に合わせて発送 ご入国後最速で1週間程度でお届け	約1か月程度
	日本側通関手続き			約5日
	飛行機 日本→相手国			4日前後（経由による）
	相手国通関手続き			25日前後（～配達含）
通関書類	日本側	・パスポートコピー ・航空券コピー ・通関確認書（初回発送時に必要です）	・パスポート 顔写真ページコピー ・日本出国時のチケットコピー（eチケットでも可）（ご出発から6か月有効）	・パスポートコピー（顔写真ページ） ・日本出国時の航空券コピー（eチケット可）
	相手国側	・パスポート ・ビザ原本 ・労働許可証 ・別送申告書 ・B4フォーム ・税関申告書 ・Inventory List（家財リスト） ・B15フォーム ・Canada Custom Toronto Office Declaration Form（通関の際本人立会いが必要）	【船便→空輸】 【メキシコでの通関】 日本からアメリカ・ロングビーチ港まで船 ※メキシコシティ空港にて通関 ・パスポート ・FM3ビザ ・カーピザ ・通関書類（現地で用意します） 【船便→陸送】 【アメリカでの通関】 日本からアメリカ・ロングビーチ港まで船 その後陸送トラックにてラレドまで輸送 ・パスポート ・労働許可証 もしくは FM3ビザ （FM3ビザより先に労働許可証を取得）	【船便】 ・パスポート全ページのコピーとアウテン チカード（※） 3部 ・委任状（公証役場でのサイン登録） 3部 ・身分証明書のコピーのアウテンチカード 3部 ・CPF（納税者番号）のコピー 3部 ・航空券（日本→ブラジル）の半券のコピーのアウテンチカード 2部 又はeチケットコピー 3部 【航空便】 ・パスポート全ページのコピーとアウテン チカード 2部 ・委任状（公証役場でのサイン登録） 2部 ・身分証明書（RNE）のコピーのアウテンチカード

4 その他

	[航空便] ・パスポートコピー ・FM3ビザ ・カーデビザ ・通関書類 （＊2） （＊2）お荷物量が少量であれば、カーゴビザなしの簡易通関が可能。 →簡易通関には、パスポートコピーと航空券の半券コピーが必要	・チケード 2部 ・CPF（納税者番号）のコピーのアウラン チカード 2部 ・航空券（日本→ブラジルの半券）のコピー のアウテンチカード 2部 又はeチケットコピー 2部 ・RELACAO DE BENS(名前・国籍・パスポートNO.サイン記載) 2部 （※）アウテンチカード：各書類のコピーについて正式なものであるという認証をを公証役場にて受けたもの。
	[ビザに関するご案内] メキシコ側での通関に必要な書類に出てくるビザの種類 ・FM3：滞在許可証のことです ・カーゴビザ：日本にて取得するもの	
発送できないもの	①銃、モデルガン、刀剣の殺傷能力のある物 ②ライター、マッチ、花火等の発火物 ③ガスボンベ、スプレー缶等圧縮ガスを使った物 ④使い捨てカイロ等化学反応をおこす物 ⑤公序良俗に反する本、ビデオ類 ⑥麻薬の禁止薬物 ⑦ワシントン条約該当する植物類 ⑧蔵、ゴザ、ドライフラワー等も含んだ植物類 ⑨乳製品 ⑩肉類全般（レトルト食品、缶詰含む） ⑪アルコール（味醂などを含む） ⑫タバコ ⑬土／泥が付着しているもの（植木鉢、自転車のタイヤは泥や土をよく洗い流すこと） ⑭【航空便のみ不可】リチウム電池（PC、デジカメ、携帯電話器等に内蔵されているものを含む）	①刀剣・拳銃・模造拳銃・武器・弾薬 ②刀剣・拳銃・模造拳銃・武器・弾薬 発砲・危険物 ③爆発物扱いにつこを整髪料などのスプレー缶・ガスボンベ ④リチウム電池のついた電化製品（小物含む） ⑤商標権・特許権・著作権等の権利侵害物品・貴金属・宝飾類 ⑥麻薬・覚せい剤及び吸煙具・器具、けし・大麻の実、寿物 ⑦偽造・変造・ポルノ製品（雑誌・証券類写真等）・海賊版DVD ⑧ワシントン条約該当物品（土への持込禁止品につき取扱不可）・種・ブリザーブドフラワー（日本への持込不可） ⑨食品・お酒 ⑩飲み薬（ただし常備薬のぬり薬は1品目1個まで可／処方薬は全て不可） ⑪新品のものの全般（歯ブラシ等の日用品は同量5個まで（航空便は2個まで）	①食料品・薬品・化粧品 ②刀剣・拳銃・模造拳銃・武器・弾薬・爆発物・危険物 ③爆発物扱いにつこを整髪料などのスプレー缶・ガスボンベ ④リチウム電池のついた電化製品（小物含む） ⑤商標権・特許権・著作権等の権利侵害物品・貴金属・宝飾類 ⑥麻薬・覚せい剤及び吸煙具・器具、けし・大麻の実、寿物 ⑦偽造・変造・ポルノ製品（雑誌・証券類写真等）・海賊版DVD ⑧ワシントン条約該当物品（土への持込禁止品につき取扱不可）・種・ブリザーブドフラワー（日本への持込禁止品）
注意事項	【5 掲載物として取扱できないもの】 貴重品（調味料や乾物を含むすべて）は簡易通関・カーゴにての発送を問わず絶対に送付しないこと。メキシコでの通関の際、食料品が見つかりますと食料品のみ没収だけ	【食料品に関して】 食料品（調味料や乾物を含むすべて）は簡易通関・カーゴにての発送を問わず絶対に送付しないこと。メキシコでの通関の際、食料品が見つかりますと食料品のみ没収だけ	・テンポラリーレジデ所有の方の場合は、衣類・靴類、カーゴにての発送対象となるが、その他の品類については全て関税を問わず絶対に送付しないこと。また、パーマネントレジデを所有の方は新品の物の持込みには関税がかかる。

59

1 赴任前事項

その他特記事項			
【発送できるが数量制限があるもの】 ・タネ類 500kg/人 ・乾燥／缶詰野菜及び果物 20kg/人 ※税関検査対象となるもの（荷物の到着が1～2週間遅れます） ・食料品 【発送は可能ですが、あまりお勧めのできないもの】 ・高級品（高価な物、骨董品、持参のアルバム・ビデオ等） ・航空便での割れ物、壊れやすい物。振動に弱いもの（時間は要するが船便での発送がお勧め。） 【保険について】 海上引越の場合は通常 ALL RISK 保険を付保。 【クレームについて】 ・保険明細書（金額入り） ・B/L（船荷証券）のコピー ・保険証 ・事故証明書 ・保険会社の指示により専門家のサーベイレポート ・破損物の修理見積書 クレームを起こせる期間は保険会社、契約内容により差はあるが、早ければ早いほど有利。	でなく、お荷物全ての没収等もありえる。 【その他ご注意事項】 ①電化製品：メーカー・モデル・シリアル番号・年式・原産地記載したリストを提出する必要があり 航空便簡易通関の場合は3点以上で発送可能 ※課税対象 ②液体品：破損等による漏れの可能性があり（発送ご希望の場合は、ビニール袋で厳重梱包要） 【その他ビザ取得の流れ】 カーコビザに関してですが、ご取得に3、4ヵ月かかる。(2014年9月時点) 1. ご赴任先の企業にて申請して頂く必要がある） →会社申請が完了するまでに約2週間 ※メキシコにて （その会社で外国人（お客様ご自身）が働く許可申請） 2. メキシコ移民局でご本人申請を行う（ご本人申請に必要な書類はパスポート） →ご本人申請が認められるまでに30日程度 ※メキシコにて 3. ご本人申請が済んだら在日メキシコ大使館へ連絡し労働許可証を申請 →労働許可証の発行まで約1週間（但し混みあっている場合は1ヶ月程度） ※日本にて （日本の人事様が通常行う業務） 4. 労働許可証を持参しメキシコ移民局へ持参し、FM3に変更する この変更に最低30日 ※メキシコにて （この変更はご本人だけでなく代理の方		・サンパウロ市内の住居の電圧は110V～120V。日本製のマイクロコンピューター内蔵の製品を使用される場合は変圧器のご利用がお勧め。

4　その他

の申請でも可能ですがFM3が交付されたFM3は必ず本人の受け取りが必要）
5．カーコピザで取得のためにFM3と書類を在日メキシコ大使館へ申請
→許可がおりるまでに約1ヵ月（メキシコ国内でのカーコピザ取得は不可）
※日本にて
6．置荷物を日本から発送

※取得の流れはメキシコシティの税関からの回答。その他の地域では若干変わる可能性

カーコピザ取得まで非常に日数がかかる。通常の航空便のスピード感を求める場合はカーコピザなしの簡易通関がお勧め。
ただし荷物の内容にも非常に制限がある。

※FM3を取得してから半年以内にカーコピザを取得する必要あり。
→本人入国後、半年以降に家族を呼びよせる場合、ご家族で出発時に船成発送をご予定の方は事前に相談のこと。
※カーコピザは一家族に1度しか取得できない（船便・航空便1度ずつ有効）。
例えば数年前にカーコピザの船便を「メキシコシティ通関の船便」を発送しているのであれば、今回のカーコピザは使用してなかったとしても今回の赴任では使用⇒ラレド通関（アメリカでの通関）／航空便
※簡易通関は年に2度まで発送可能（赴任後1年以上たっている場合でも2度まで発送可）。
但し航空券の半年有効期限は半年以内のものというルールがあるので注意が必要。

（出所）クラウンムービングサービス提供資料より作成

2

赴任中

Q16〜28

2 赴任中

1 日本及び赴任国の社会保険

Q16 駐在国の社会保険制度～日本からの駐在員の年金・医療保険制度への加入義務～について

当社の社員を、アメリカ・カナダ・メキシコ・ブラジルにそれぞれ駐在させます。

この場合、赴任地の社会保険制度に加入する義務があるのでしょうか。

A

1．現地社会保険制度への加入義務の有無

海外駐在員が赴任中も日本の企業と雇用関係を継続している限り、日本の被保険者資格は赴任中も継続します。一方、赴任した国においても、その国に滞在している間は、現地の社会保険制度に加入しなければならない場合もあります。例えばシンガポール等一部の国においては、自国で一時的に勤務する外国人については社会保険の加入を義務付けていない（又は加入できない）国もあります。

しかし、本書で取り上げる4か国については、日本人駐在員のような外国の企業等から派遣された外国籍者についても、自国民と同様に社会保険制度の加入を義務付けています。

なお、各国の社会保険料率とその内訳は 図表16-1 のとおりです。

図表16-1 各国の社会保険料負担率

	事業主負担率	従業員負担率
アメリカ	事業主負担率： (連邦) 8.25% (州) 1.5～9.9% ＜内訳＞ ① 雇用保険 　(Unemployment Insurance)：	従業員（本人）負担率； (連邦) 7.65% (州) なし ＜内訳＞ ① 医療保険 (Medicare)； 　(連邦) 1.45% (州) なし

1　日本及び赴任国の社会保険

	（連邦）6.0%（ただし州に対しても雇用保険を支払う場合は最大5.4%まで相殺可能。その場合の負担率は0.6%） （州）ニューヨーク州は1.5〜9.9% ② 医療保険（Medicare）； 　（連邦）1.45%（州）なし ③ 老齢者・遺族・障害者年金（Social Security）；（連邦）6.2%（州）なし	② 老齢者・遺族・障害者年金（Social Security）；（連邦）6.2%（州）なし
カナダ	事業主負担率；7.58% ＜内訳＞ ① 雇用保険；2.63% ② 年金；4.95% ③ 医療保険；―	従業員（本人）負担率；6.83% ＜内訳＞ ① 雇用保険；1.88% ② 年金；4.95% ③ 医療保険；―
メキシコ	事業主負担率；23.94% ＜内訳＞ ① 医療保険；6.38% ② 労災保険；4.65% ③ 年金；5.15% ④ 労働者住宅基金；5.00% ⑤ その他；2.76%	従業員（本人）負担率；2.375% ＜内訳＞ ① 医療保険；0.625% ② 年金；1.125% ③ その他；0.625%
ブラジル	事業主負担率；34.8〜36.8% ＜内訳＞ ① INSS（国立社会保障院）への納付；20% ② 労災保険；1〜3% ③ 雇用保険；8% ④ 工業訓練所、零細企業支援サービスなどへの負担；5.8% ⑤ その他；PIS 0.65%、COFINS 3%　CSLL　1%	従業員（本人）負担率；8%、9%、11% ＜内訳＞ ① INSS（国立社会保障院）への納付；8%、9%、11%

（出所）日本貿易振興機構（ジェトロ）ウェブサイト「投資コスト比較」より作成
　　　http；//www.jetro.go.jp/world/search/cost.html

　ただし、図表16-2 にも記載のとおり、日本はアメリカ、カナダ、ブラ

2 赴任中

ジルとの間でそれぞれ社会保障協定が発効しているため、赴任国の年金制度などに加入しなければならないか否かについては、社会保障協定を確認する必要があります。

では社会保障協定とはどのような制度なのでしょうか。

2．社会保障協定とは

社会保障協定とは、協定相手国に勤務した会社員等の社会保険料の二重払いを防ぐことを目的としたものです。そもそも公的年金などの社会保険制度は、現在居住している国の制度に加入することが原則となっています。しかし通常、企業からの出向で海外勤務する場合、海外勤務中も出向元である日本本社との雇用関係が継続していることから、海外駐在期間中は、日本と勤務地国の両方の社会保険制度に加入しているのが現状です。

そして多くの場合、勤務地国での社会保険料の負担は海外勤務者本人ではなく、海外勤務者を送り出した日本本社又は出向先が全額負担しています。

また、年金を受給するには、ある一定期間以上の加入期間が必要なため、数年程度で日本に帰国するケースが多い海外勤務者については、勤務地国での保険料は結果的に掛け捨て（いわゆる「保険料の掛け捨て」）になるケースがほとんどでした。

上記のような状況を解決するため、年金制度の二重加入の防止や、年金加入期間を両国間で通算し、年金の掛け捨てを防止しようとする二国間での協定が「社会保障協定」と呼ばれるものです。

(1) **アメリカ、カナダ、ブラジルと締結した社会保障協定の概要**

図表16-2 は、アメリカ、カナダ、ブラジルと締結した社会保障協定の概要一覧表です。

※日本とメキシコの間には2015年6月現在、社会保障協定は締結されていません。

1　日本及び赴任国の社会保険

図表16-2　アメリカ、カナダ、ブラジルとの間で発効中の社会保障協定の概要

		アメリカとの社会保障協定の概要	カナダとの社会保障協定の概要	ブラジルとの社会保障協定の概要
発効年月		2005年10月	2008年3月	2012年3月
対象制度	日本	公的年金制度 医療保険制度	公的年金制度	公的年金制度
	相手国	公的年金制度	公的年金制度	公的年金制度
協定適用期間		5年以内	5年以内	5年以内
適用期間の延長可否		①　5年を超えて3年までの延長の場合；派遣先国での就労延長理由が予見不可能であり、かつ単に派遣先国の適用免除を延長する目的ではないことが明らかな場合のみ認められる。 ②　5年を超えて3年超4年までの場合；予見不可能な場合に加え就労期間の延長が企業又は被用者又はその家族の重大な困難を避けるために必要な場合のみ認められる。	最長3年（認められた場合に限る。）	最長3年（認められた場合に限る。）
年金加入期間の通算措置（※）		あり	あり	あり
その他留意点		派遣直前に原則として6か月以上継続して日本（米国）で就労又は居住し、日本（米国）の社会	派遣直前に原則として6か月以上継続して日本（カナダ）で就労又は居住し、日本（カナダ）	1年インターバルルールあり つまり、日本からブラジルへの派遣が2回目

2 赴任中

| | 保険制度に加入していることが条件 | の社会保険制度に加入していることが条件 | 以降の場合は、直近の一時派遣による就労期間が開始する時点までの間、少なくとも1年が経過していることが必要。ただし当初派遣日より5年以内の期間においてブラジルから日本に一時帰国し、再度、当初の派遣と同じ理由でブラジルに派遣される場合は本ルールの適用対象外となる。日本からブラジルに一時派遣され、ブラジルの社会保障が免除される場合は、ブラジルの労災保険制度にカバーされない。(日本の労災保険も適用対象にならないため、海外派遣者特別加入制度 (**Q4**参照) に加入することも検討した方がよい) |

※自国（相手国）での年金受給に必要な期間が足りない場合、相手国（自国）での年金受給期間を足すことができる制度。
(出所) 日本年金機構ウェブサイトを基に作成
　　　http;//www.nenkin.go.jp/

(2) 協定の手続方法

　では自社の社員を社会保障協定発効相手国に赴任させる場合、実際に社会保障協定の適用を受けるためにはどうしたらよいでしょうか。

　具体的には、社会保障協定ごとに個別に準備された「社会保障協定適用証明書交付申請書」を日本本社が記入し、年金事務所に提出し、審査が行われたあと、年金事務所から「社会保障協定適用証明書」が発行されるこ

とになります。

※なお、社会保障協定ごとに用意された「社会保障協定適用証明書交付申請書」は、日本年金機構のウェブサイトから入手することが可能です。
http;//www.nenkin.go.jp/

　この証明書に基づいて、相手国の年金制度等への加入が免除されることになります。（協定相手国に赴任するからといって、自動的に相手国の年金制度等への加入が免除されるわけではありません。）

図表16-3　社会保障協定適用までの手続方法

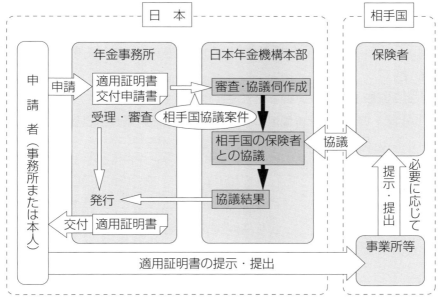

（出所）　日本年金機構ウェブサイト「日本から協定相手国へ一時的に派遣される人の適用証明書交付申請書」より転載
　　　　http;//www.nenkin.go.jp/

(3) 延長申請の方法及び海外赴任期間が長引き協定の適用を受けられなくなった場合の取扱い～日米社会保障協定の場合～

　社会保障協定において通常相手国での滞在期間が5年以内の場合は、日本の年金制度等への加入を条件に、相手国の年金制度等への加入が免除さ

2 赴任中

れます。また、やむを得ない場合はこの5年に加え、アメリカについては最大4年間、カナダ、ブラジルについては最大3年間の協定適用期間の延長申請をすることができます。しかし、延長申請を行えば無条件に申請されるわけではありません。

また、延長申請が認められなければ日本の年金制度等を脱退し、相手国の制度に加入することになりますし、延長申請が認められても、相手国での赴任期間が8年又は9年を超えれば、同様に日本を脱退(厚生年金の特例加入は可能です。)、相手国の制度に加入することになります。

では延長申請はどのような場合に認められるのでしょうか。また延長申請が認められなかったり、相手国での滞在期間が長期にわたり、日本の制度を脱退し、相手国の制度に加入しなければならなくなった場合、どうすればよいのでしょうか。

図表16-4 はアメリカの事例でまとめてみました。

図表16-4 日米社会保障協定における延長申請及び延長申請が認められなかった場合の取扱い

① 延長は最大何年間認められる？	3年までの延長は、プロジェクトの延期、後任の赴任者の不在、会社の再編等の業務上の都合、子女の教育問題等の個人的都合のうち、その事由に合理性があるものについては、基本的に認められる場合が多いと考えられる。 一方、3年を超える延長の場合は、アメリカ側で個別に審査が行われ、具体的にどのような事由であれば認められるかは、個別の事情に照らしてより細かく判断されることになる。
② 延長申請の対象となる赴任者のグリーンカードの保有有無やビザの種類が延長の承認の判断の際に影響を及ぼすか？	延長の承認可否は、当該赴任者の赴任目的、業務内容によって判断されるため、当該赴任者がグリーンカードを保有しているか否か、保有しているビザの種類等によって判断されることは基本的にはない。
③ 延長の申請はいつの時点で行えばよいか？	延長が決定した段階で提出することになる。

④ 延長申請が不承認となった場合や延長期間を使い切った後もそのままアメリカ勤務を続ける場合は？	日本の年金・医療保険制度は脱退し、アメリカの年金・医療保険制度に加入する必要がある。 延長申請を提出したものの、何らかの理由で、延長が認められなかった場合はアメリカの年金・医療保険制度に加入後、アメリカ制度に加入したことを証明する書類とともに「厚生年金保険特例加入被保険者資格喪失申出書」を年金事務所に提出する。
⑤ 延長申請が不承認となってしまった場合・延長期間を使い切った後もそのままアメリカ勤務を続ける場合、日本に残している配偶者等の年金・健康保険の取扱いはどのようになるか？	赴任者が社会保険の資格を喪失してしまうことで、配偶者の第三号被保険者としての地位も、同時に失することになる。 配偶者が日本に残っている場合、配偶者は日本に在住している以上、国民年金、国民健康保険に加入する必要がある。
⑥ 延長申請が不承認となってしまった赴任者は、日本の社会保険を脱退しなければならないが、この場合、将来の年金額の減少を少しでも補うための手段は何かあるか？	方法は以下の2つ。 ① 厚生年金保険の特例加入を行う。 　「厚生年金保険特例加入被保険者資格取得申出書」を提出・受理されることで、厚生年金保険に特例加入することができる。 　（上記書式は日本年金機構ウェブサイトから入手可能） ② 国民年金の任意加入を行う。 　赴任者は日本を離れているため、日本の年金制度への加入義務はないが、将来の年金額を少しでも確保するための手段として、国民年金に任意加入することができる。ただし、厚生年金と比べて国民年金の掛金は小さいため、将来受け取る年金額も当然少なくなる。

（出所）日本年金機構ウェブサイト及び各種ヒアリングに基づき作成

2 赴任中

 赴任国からの年金受給

以前、海外に赴任していた社員から「社会保障協定が発効した国については、その国での赴任期間が数年間であっても、年金通算措置により、年金の受給ができるようになったが本当か」と質問がありました。本書で取り上げる4か国中、社会保障協定が発効している国の年金制度の概要及び年金受給に当たっての留意点を教えてください。

1 概　要

1．社会保障協定発効国からの年金受給（アメリカ、カナダ、ブラジル）

本書で取り上げる4か国のうち、メキシコを除いては日本との間に社会保障協定が発効しています。

いずれの社会保障協定も年金の通算措置が適用されるため、社会保障協定が発効する以前などに相手国の年金制度に加入していた場合、その期間が数年程度の場合であっても年金の受給が可能になるケースがあります。

図表17-1 は3か国における老齢年金受給要件と年金受給方法ですが、社会保障協定の通算措置が適用されることで、図表17-1 で示す老齢年金の受給のための最低加入期間に満たない場合でも年金を受給できることになります。

図表17-1　老齢年金の受給要件と年金の受給方法（海外からの年金を日本に居住しながら受け取る場合）

老齢年金の受給要件		年金の受給	
受給開始年齢	最低加入期間	年金の支給方法	税務上の取扱い
アメリカ	66歳 (2017年までに受給開	10年	毎月1回、支払が行われ、以下のいずれかを選択。	アメリカから受け取る年金は、日米租税条約の適用を

	始年齢を67歳に段階的に引き上げ中)		1．日本円による、日本国内の銀行口座への振込み 2．米ドルによる、アメリカ国内の銀行口座への振込み	受ければ、日本でのみ課税され、アメリカでは免税となる。
カナダ	65歳	① 老齢年金（OAS） カナダ国内在住：10年 カナダ国外在住：20年 ② 退職年金（CPP）なし ※日加租税条約ではOASとCPPを対象にしているが、OASについては保険料ではなく税を財源としているため、日本の年金制度との間で適用調整をするのは、CPPのみ。	以下のいずれかを選択 ・日本円の小切手による日本の住居地への郵送 ・カナダ国内の銀行口座がある場合はその口座に振込み	カナダから受け取る年金は、日本で課税されるだけでなく、カナダでも課税される。
ブラジル	男性65歳 女性64歳	15年	レアル建てで計算され、毎月指定された日本の口座に円送金される。8月・11月の給付額には、1か月の支給額の50％が上乗せされる。（日本に居住している場合でも、ブラジルの銀行口座でブラジル年金を受け取ることが可能）	ブラジルから受け取る年金は、日本で課税されるだけでなく、ブラジルでも課税される。

（出所）日本年金機構「年金について―主要各国の年金制度」www.nenkin.go.jp

2 赴任中

2．年金受給のために最初に提出が必要な書類と書類提出先

　日本と締結した社会保障協定の適用を受け、年金を受給する場合は日本の年金事務所を通じて初回の申請を行うことになります。

　では日本に居住しながら海外の年金を受給するためにはどのような書類が必要になるのでしょうか。以下にまとめてみました。

図表17-2　年金受給に当たり、年金事務所を通じて提出が必要な書類

	申請書名称	申請が必要となる場合	注意事項	氏名、生年月日、住所等の個人情報以外に申請書への記載が必要な主な事項
アメリカ	合衆国年金の請求申出書	日本に在住している人が、アメリカ年金の請求申出をするとき	合衆国退職年金については、受給開始年齢の3か月前から申請可能となる。死亡一時金については、死亡後2年以内に請求する必要がある。	・合衆国社会保障番号（本人及び家族）等
カナダ	カナダ老齢保障年金、カナダ退職年金（CPP）又は遺族年金申請書（J/CAN1）及び記入要領	カナダの老齢年金（OAS、CPP）又は遺族年金を請求するとき	OAS年金は64歳から、CPP退職年金は受給権発生の6か月前から申請可（平成20年3月1日以降、請求受付可能）	・添付書類として出生証明書又は戸籍抄本、出国時のカナダ居住の法的身分の証明書（カナダ市民権カード、移民書類等）、カナダ出入国の証明（パスポート、ビザ、乗船券又は航空券等） ・申請書類はガイドライン部分も含めると39ページにわたりボリュームが多い。
	カナダ年金制度（CPP）障害年金申請書（J/CAN1.1）及び記入要領	カナダの障害年金を申請するとき	平成20年3月1日以降、請求受付ができる。	・健康状態に関する記載や医師による記載が必要な診断書に関する書類も存在する。

1 日本及び赴任国の社会保険

	児童手当申請書（J/CAN1.2）及び記入要領	カナダの障害年金又は遺族年金のほか児童手当を併せて申請するとき		・子のカナダの社会保障番号等の個人情報等
	社会保障に関する日本国とカナダとの間の協定保険期間確認請求書（CAN/J4）	カナダに在住している人が、日本の年金制度の加入期間があり、日・カナダ両国の年金加入期間を通算してカナダ年金を請求するとき	カナダ年金の申請書に添付すること	・日本の基礎年金番号（年金手帳の記号番号）、カナダ社会保険番号等 ・日本の保険加入期間に関する情報等
	カナダ給付受給周期申出書	日本に在住しており、小切手によりカナダ年金の受給者または申請者が、その支払周期を毎月以外としたいとき		・希望する支払周期（四半期、半年、1年等）
ブラジル	請求書（BR/JP-01）	ブラジルの老齢年金、障害年金、遺族年金を請求するとき	老齢年金については、受給権発生後に申請すること（平成24年3月1日以降請求受付ができます）	・CPF（納税者台帳番号）・ブラジル労働者識別番号、日本の基礎年金番号　等
	日本の保険期間確認請求書（JP/BR01C）	ブラジルに在住している人が、日本の年金制度の加入期間があり、日ブラジル両国の年金加入期間を通算してブラジルの年金を請求するとき	ブラジル国内の年金請求書（BR/JP01）に添付すること	・ブラジル労働者識別番号、日本の基礎年金番号・日本の保険加入期間に関する情報
	医師の意見書（BR/JP-03）	ブラジルの障害年金を請求するときなど	ブラジルの障害年金を請求する場合には、この意見書を添付すること	・現病歴、健康診断結果等

2 赴任中

社会保障委員会に不服申立て(BR/JP-05)	ブラジルの年金について不服を申し立てるとき		・不服事由　等
ブラジルの年金給付更新届(BR/JP-06)	日本に在住しているブラジル年金の受給者が、年金に関して各種の届出が必要になったとき		・ブラジル労働者識別番号 ・変更となる情報についての記載（氏名、住所、受取金融機関、受取者の死亡等）

（出所）日本年金機構「社会保障協定　各国との協定」
　　　　http://www.nenkin.go.jp/n/www/agreement/　をもとに作成

3．各国からの年金受給に際しての留意点

　アメリカ、カナダ、ブラジルからの年金受給について、海外からの年金受給に詳しい松岡三郎社会保険労務士にお話をお伺いしました。

(1)　アメリカからの年金受給

　アメリカからの年金受給に関する留意点は 図表17-3 のとおりです。

図表17-3　アメリカからの年金受給の留意点

- 年金額
  赴任1年につき、夫婦で月額80ドル程度（インフレ調整が行われるため、赴任時期が異なっていても、受給金額に大きな差が出にくく、受給額は赴任期間に依存する）
- 年金受給手続
  協定発効当初に比べてかなり簡略化されている。（以前はマニラを通じて手続を行う必要があり、各種書類のやり取りなどに時間を要したが、現状では、アメリカ合衆国年金の請求申出書を年金事務所に提出（仮申請）すると、後日、アメリカ大使館による電話インタビューが行われ、この電話インタビューによる審査に通過すると以前のような書類作成の必要はなく、手続を開始してから3か月～半年程度で年金受給が可能になるケースが多い。配偶者で合衆国社会保障番号を取得していない場合、電話インタビューの後に新規発行の手続をする必要がある。

(2)　カナダからの年金受給

　カナダからの年金受給に関する留意点は 図表17-4 のとおりです。

図表17-4 カナダからの年金受給の留意点

・年金額
　同程度の年金払込期間で比べた場合、年金受取額は他国よりも少ない傾向。
・カナダの年金制度は二階建てになっており、カナダ赴任経験者が受給できるのは2階部分（CPP）が中心となっており、1階部分（OAS）のカナダ年金を受け取るには、（変更）カナダでの居住要件にあたるパーマネントビザ取得者に限定されるため日本に居住しながら受給することは困難な場合が多い。
・ケベック州については、CPPではなくQPPという制度で運用されている。
・年金受取方法
　CPPの場合は小切手受取、QPPの場合は銀行振込みも可能。
　なお、年金受取は通常、毎月だが選択すればまとめて受取（3か月、6か月、12か月等）も可能であり、小切手取立手数料等を節約する際には都合がよい。

(3) ブラジルからの年金受給

ブラジルからの年金受給に関する留意点は 図表17-5 のとおりです。

図表17-5 ブラジルからの年金受給の留意点

・年金額
　同程度の年金払込期間で比べた場合、年金受取額は他国よりも少ない傾向。
・年金受取方法
　年金は海外送金により、年金受取者の日本国内口座に振り込みされるが、日本国内の金融機関で開いた口座を振込先とすると手数料が高くかかる。ブラジル銀行の日本国内の支店に口座を開設し、そこに振込みしてもらうと手数料が低くなる場合がある。
・ブラジル勤務が期間を空けて複数回存在する場合、全ての勤務期間が合算されずに年金が支給される場合がある。（受取年金額がブラジルでの年金加入期間に見合っているか確認が必要）
・日伯社会保障協定の適用を受けて年金を受給する場合、初回の手続は年金事務所所定の用紙であるため、日本語が併記されていて便利。その後、ブラジル側のやり取りの書類はポルトガル語での記載となる。

（出所） 図表17-3 ～ 図表17-5 は松岡三郎社会保険労務士へのヒアリングに基づき作成

2　赴任中

2 生活・教育・その他（アメリカ、カナダ、メキシコ、ブラジル）

Q18　駐在員向け住居

アメリカ・メキシコにおける駐在員向け住居の特徴や家賃相場について教えてください。

A

1　概要

1．住居選びのポイント

一般に日本から海外に赴任する場合、居住先として候補にできる物件の家賃は、日本と比較して高いのが一般的です。

また、慣れない地で住居を選ぶに当たっては、既に赴任している人や、日本人駐在員の取扱いに慣れた不動産業者等に依頼する方が、入居時から退去時までのトラブル等を少なく抑えられる傾向にあります。

たとえば日本でも関西と関東では、入居時に支払う一時金の名称や慣習が違います。

海外においても、同一国内であっても、それぞれの地域によって取決めが異なるため、「以前、ボストンに赴任させた社員の住居に対する取扱いも、今回、シカゴに赴任する社員の住居の取扱いも同一国内だから同じだろう」と考えていると、大きな間違いをすることになりますので、必ず赴任する都市又は州の情報を入手した上で検討を行う必要があるでしょう。

以下ではアメリカ（ニューヨーク、シカゴ、ボストン）及びメキシコにおける駐在員向けの不動産の賃貸事情についてご紹介します。

駐在員向け住居

アメリカ

2 各国別でみた違い
1 アメリカ／駐在員向け住居

1．ニューヨークの不動産事情

(1) **不動産（賃貸）市場の動向**

　ニューヨークの住宅事情について、同地区で不動産業を営んでいるタイチ不動産の大塚ゆうこ氏と扇浦しのぶ氏にお話を伺いました。

　大塚氏によりますと、ニューヨークにおける賃貸不動産の相場は昨年同時期と比較し約4.5％程度上昇し、今後も上昇が見込まれているため、「ニューヨークに赴任された方の中には、同僚の駐在員が居住中のアパートを借りようとしても、同僚の入居時に比べて家賃がかなり上がっているため、会社の定める家賃規定に収まらず、やむを得ず他の物件に居住するというケースも多くみられる」ようです。

　また、「日本人は非常に多くの物件を比較した上で検討する傾向にあるが、供給される物件数よりも借り手のほうが多いため、熟考して物件を選んだ頃には既にその物件は他の人に契約されてしまい、結果としてなかなか住居を決定できない」という事態になるようです。そのため、気に入った物件が見つかれば、まずは手付金を支払うなど、ある程度即断即決していく必要がありそうです。

　また最近は1年程度の契約の依頼も増えているようで、日本人に関しては企業の出張者・駐在員からの物件依頼は増える一方、日本からの留学生からの問い合わせや契約は減り、代わりに増えているのが中国からの留学生ということでした。

(2) **物件の種類と家賃相場**

　ニューヨークのマンハッタン地区において、駐在員がよく利用する賃貸物件の形態には 図表18-1-1 のとおり、「アパート」「コープ」「コンドミニアム」があります。また、子女を連れて赴任している場合はマンハッタン地区ではなく、ニューヨーク郊外ではあるもののマンハッタンにも比較

2 赴任中

的近い、ウェストチェスター郡の高級住宅街であるスカースデール、ライ、ブロンクスビル、ハリソン、アーズレイ、イーストチェスター等、所得層が高く、学区の良い地域に居住するケースが多くなっています。

これらの地域の家賃相場は、マンハッタンと比較するとやや安めでエリアによって若干異なりますが、「一軒家の場合＄3500～6500／月で夫婦と子供3人が余裕で生活できる環境が確保できます。また、一軒家ではなく、2階建あるいは平屋形式の2世帯住宅を選択する場合の価格相場は＄2500～3500／月程度（扇浦氏）」となっています。

図表18-1-1 マンハッタン地区における賃貸物件の形態

	概要	家賃帯（2015年6月）	割合
アパート	個人又は会社がビル一等を保有する賃貸アパート	マンハッタンの家賃相場は以下のとおり。 Studio：USD1,429～2,603／月 1 BR：USD1,647～3,997／月 2 BR：USD2,136～6,223／月 3 BR：USD2,342～8,995／月 ※最高値エリア：SOHO 　最安値エリア：Washington Heights	70%
コンドミニアム	分譲ビルの一室を買い取ったオーナーから賃貸する形式（いわゆる分譲貸し）		30%
コープ	ビルの各ユニットのオーナーがアパート所有権を株券として所有しているため、マンションの一室を買いとった形ではない。そのため、各オーナーの意思で勝手に貸すことはできないため、入居審査は、コープの株主で構成されるBoard（委員会）の承認を得る必要がある。		

（出所）　タイチ不動産ウェブサイト及び同社大塚氏へのインタビュー、Manhattan Residential Rental Market Report CITI HABITATS September 2013より作成

上記の**図表18-1-1**は賃貸物件の形態による分類ですが、これ以外に

も、物件のランクを表す分類として、「New Development w/DM（サービスアパートメントで家具やプール、スポーツジム、ロッククライミング等が共用設備として存在するアパート）」「Doorman（玄関にドアの開閉等を行ういわゆるドアマンが立つアパート）」「Elevator（エレベーターのあるアパート）」「Walkup（階段のみのアパート、タウンハウスも含む）」があり、それぞれの家賃相場は図表18-1-2のとおりとなっています。

図表18-1-2 ビルの設備別で見た家賃相場（マンハッタン全地区の平均値）

分類	Studio	1BR	2BR	3BR
New Development w/DM	USD3,493／月	USD4,891／月	USD7,293／月	USD8,357／月
Doorman	USD2,912／月	USD4,070／月	USD6,497／月	USD7,563／月
Elevator	USD2,399／月	USD3,361／月	USD4,444／月	USD5,676／月
Walkup	USD2,225／月	USD2,812／月	USD3,685／月	USD5,000／月

（出所）　タイチ不動産ウェブサイト及び同社大塚氏へのインタビュー、Manhattan Residential Rental Market Report CITI HABITATS MAY 2015より作成、タイチ不動産ウェブサイト：http://www.taichirealty.com/

(3) **物件選びの留意点**

ニューヨークにおける物件選びの留意点を前出の大塚氏にお伺いした内容を図表18-1-3にまとめました。

図表18-1-3 **ニューヨークにおける物件選びの留意点**

・住居選びの時期
　住居選びは物件数の少ない1～2月を避けた方が無難。
・住居の契約形態

2 赴任中

個人契約が多い。
・住居の契約期間
　通常1年又は2年、駐在員の場合、会社都合で急遽引越が必要になるため、中途解約条項等をよく確認しておくこと。
・学区の良い地域を選ぶ場合
　子女を帯同している場合、学区の良い地域への入居を希望される場合が多いが、人気のある学校はウェイティング等が生じている上、入学テスト等が課される場合もあるため、必ずしもその地域に居住したからその地区の学校に入れるわけではない（既に通学中の兄弟姉妹がいると優先的に入れるようになっている場合もある。）。入学したい学校に入れる見込みがあるかをよく確認した上で住居選びを行う必要がある。
・家具付物件は少ない
　東南アジア等と異なり、家具付物件は少ない。そのため、駐在員の場合はレンタルで家財をそろえたり、購入して後任者に引き渡すといった方法をとる場合が多い。
・クレジットヒストリーがないと住居を借りるのが難しい場合あり
　赴任したばかりでは、クレジットヒストリーがないため、住居を借りるのが困難な場合がある。（年間家賃の前払い、追加敷金、連帯保証会社の加入等が求められる場合あり）
・ペットの飼育について
　おおむね寛容。（ドアマンビルの場合は禁止されているケースはほとんどない。レンタルビルはまちまち。コープ、コンドだと不可が多い）
・退去時の敷金について
　退去時の敷金は、すぐに戻ってくるわけではなく、解約後、1～2か月後に戻ってくることになるため、退去時の敷金が戻ってくるのは日本帰国後だと思っておいた方がよい。

（出所）　タイチ不動産　大塚氏にヒアリング

2．シカゴ郊外の不動産事情

　シカゴ及びその近郊で働く日本人は、日本人学校や補習授業校、日系クリニックや日系スーパー等が集中するシカゴ北西郊外に集中しています。図表18-1-4のとおり、永住者はシカゴ市内に居住している人が多いで

[2] 生活・教育・その他

すが、長期滞在者についてはシカゴ市内よりも、郊外への居住しているケースが圧倒的に多いことがわかります。そこで以下ではシカゴ郊外の住居事情についてまとめてみました。

図表18-1-4 在シカゴ日本国領事館管轄地域における在留邦人上位10都市
（平成25年10月1日現在）　　　　　　　　　　　　（単位：人）

		総数	永住者	長期滞在者
1	Chicago（イリノイ）	2628	1151	1477
2	Schaumburg（イリノイ）	1377	346	1031
3	Hoffman Estates（イリノイ）	889	172	717
4	Arlington Heights（イリノイ）	877	186	619
5	Palatine（イリノイ）	720	128	592
6	Elk Grove Village（イリノイ）	585	193	392
7	Indianapolis（インディアナ）	577	231	346
8	Madison（ウィスコンシン）	556	192	364
9	St. Louis（ミズーリ）	552	183	369
10	Columbus（インディアナ）	548	74	474

（2〜6の長期滞在者 合計3,351人）

（出所）　シカゴ日本国総領事館ウェブサイトより作成
　　　　http://www.chicago.us.emb-japan.go.jp/con_jpnnum.htm
※なお、在シカゴ総領事館が管轄するのは以下10州です。イリノイ、インディアナ、アイオワ、カンザス、ミネソタ、ミズーリ、ネブラスカ、ノースダコタ、サウスダコタ、ウィスコンシン（上記10州の在留邦人数は32,295名、男女比率は、男性43.3％、女性56.7％）

(1) **物件タイプ**

シカゴ郊外には高層ビルやアパートは多くはなく、高層でも10階建までのオフィスビルが存在する程度です。そのため、東南アジア地域の駐在員が居住しているような高層のアパートではなく、駐在員の居住する住居は低層の一戸建て、タウンハウス等が一般的です。

2 赴任中

　鈴木不動産の鈴木三智子氏によりますと、「20～30年ほど前までは、ダウンタウンにオフィスがあり、Northshoreに住む日本人が多かったが、最近は日系企業のオフィス自体がシカゴ北西郊外に移る傾向がある上、郊外には日本人学校や日本人コミュニティもあることから、安全かつ値段も手ごろなシカゴ北西郊外に居住する日本人が非常に多い。」ということでした。また、リダック不動産の松野英昭氏によりますと、同地区物件タイプとその特徴は 図表18-1-5 のとおり分類できます。

図表18-1-5　物件タイプ比較

	アパート	コンドミニアム	タウンハウス	一軒家
特徴	一企業がビル全体を所有	個人のオーナーがそのユニットのみを保有している	同じような作りの物件が壁を介して隣接している	通常リビングがあり、独自の庭が付いている。
築年数	1970年～1990年	1970年～2007年	1968年～1998年	1960年～1985年
特別なコスト	申請費用：USD50～200	Move-in費用：USD0～200　入居デポジット：USD0～300	―	―
解約条項	60日前通知、家賃1～3か月の違約金で応じるアパートも多いが、ないところもある。	一般的には60日以上の事前通知とレント額1か月分のペナルティ	同左	同左
公共料金	全て個人払いとなるが、アパートが全てのBillを一括請求してくることが多い。	暖房費用や水道代が含まれているところもある。	全て個人払い	全て個人払い

芝刈り・雪かき	必要なし	必要なし	レントに込み	オーナーと交渉次第だが、雪かきは含まれないケースがほとんど

(出所) リダック不動産セミナー「シカゴ賃貸住宅・最新事情」2014年10月7日より転載

前出の松野氏によりますとシカゴ郊外は「横断歩道等もほとんどなく、自動車での生活を前提とした街並みのため、通勤には自動車が必須であり、配偶者も自動車がないと生活が非常に不便。そのため、配偶者が運転しない等、家庭用の自動車を保有していない世帯を除いては、『駅や学校、買物するのに近い』といった要素で住居決定するケースは少ない。特に子女を現地校に通学させる場合は、できるだけ校区のよい学校のある地域の住居に人気が集中する」そうです。

(2) 住居家賃相場

前出の松野氏によりますと、2013年度から2014年度の同地区での家賃上昇率は3％程度と、ゆるやかに上昇しています。

図表18-1-6　シカゴ北西郊外　地域別家賃価格帯

	1ベッドルーム	2ベッドルーム	3ベッドルーム	4ベッドルーム
	アパート	アパート、タウンハウス	タウンハウス、一軒家	一軒家
Buffalo Grove Arlington Heights	USD1,100～2,000	USD1,400～3,100	USD1,800～3,000	USD1,850～4,000
Schaumburg Elk Grove Village	USD1,000～1,700	USD1,200～2,300	USD1,700～2,800	USD1,850～3,500
Hoffman Estates Palatine	USD1,000～1,500	USD1,200～2,300	USD1,600～2,800	USD1,850～3,500

2 赴任中

| Northbrook Glenview | N/A | USD1,400～3,100 | USD1,900～3,000 | USD2,000～4,500 |

（出所）　リダック家賃レポート―シカゴ2014参照

(3) 入居から退去までにかかる費用

なお、入居から退去までにかかる費用は 図表18-1-7 のとおりです。

図表18-1-7　入居から退去までにかかる費用

入居時	・保証金：家賃の1カ月分 　ただし赴任したばかりで米国でのクレジットヒストリーがない場合、家賃の2か月分を要求されることもある。 　（不動産会社への手数料：一部の業者のみ）
入居中	・毎月の家賃 ・駐車場代（住居に駐車場がない場合のみ、通常は1住居当たり2台の駐車スペースがある場合が多い）：シカゴ郊外ならUSD70～150／月。 ・光熱費 ・テナント保険（ほとんどの物件では必須）：200ドル／年程度
退去時	・保証金から修繕費用が控除されて戻ってくる ・転勤等に伴う中途解約の場合、ペナルティが発生する。（中途解約条項をいれた方がよい）

（出所）　リダック不動産へのヒアリングなどをもとに作成

(4) 住居借入時に知っておきたいこと

前出の鈴木氏に住居借入れに当たり知っておきたいことをお伺いした内容が 図表18-1-8 です。鈴木氏によりますと「日本では賃貸住宅は転居の際、壁紙やカーペットの張替えを行うことも多いが、（個人差はあるが）こちらで多少の汚れは気にしない大家も多い。そのため、契約後、入居した際室内の状況をみて、多少戸惑うケースも存在する」ということでした。

図表18-1-8 住居選びに当たり知っておきたいこと

住居契約期間	最短で1年、1年後の更新の際、家賃上昇率に応じた家賃引上げが行われる。（以前は3年、4年といった長期契約も存在したが最近は1年、最大でも2年が大半）
契約形態	駐在員本人が家主と契約する個人契約がほとんど。（法人契約は非常に少ない。） ※企業は家賃を給与等に上乗せして支給されているケースが多い。
家具付物件の数	極めて少ない。※家財は購入または前任者より引き継ぎのケースが多い。
ペットの飼育	8～9割以上の物件がペット飼育を認めていない。 ※ペットを連れて赴任した場合、住居探しに苦労することになる。 ※ペット不可の物件でも、家賃上積み等の条件次第で、ペット飼育を認めてもらえる場合もあるが、そのようなケースは非常に少数。
トラブル事例	・大きなものは存在しないが、家主に修理を依頼しても対応してくれない、保証金が思ったほど戻ってこないといった事例は存在する。（大家さんによっては、全額戻してくれるケースもあれば、かなり細かくチェックをするケースもある。） ・住居周辺に塀等があるわけではなく、空き巣に侵入されやすい作りになっているが、凶悪犯罪はほとんどない。

（出所）　鈴木不動産へのヒアリングなどをもとに作成

3．ボストンの不動産事情

　ボストンはハーバード大学、マサチューセッツ工科大学等の有名大学をはじめ、有名な医療機関、研究所が集積している学術都市です。一方、工場等の大きな施設は存在しないため、当地には、これら大学や研究機関に2～3年程度の一定期間だけ居住する割合が非常に高く、人の入れ替わりが激しい街でもあります。そこで以下ではボストンの不動産事情について

2 赴任中

まとめてみました。

(1) 物件タイプ

　同地で不動産業を営んでいるリダック　ボストン／アーバン不動産の佐藤美保氏によりますと、ボストンにおける物件タイプとしてはアパートビル、コンドミニアム、デタッチハウス（壁と壁が密接した長屋のような建物）、一軒家（上階、下階で異なる人が住む場合も多い）等がありますが、日本からの駐在員についてはアパートビルに居住するケースが多くなっています。

　また 図表18-1-9 のとおり、日本人が住居に求める要件はある程度決まっていますから、ボストンにはニューヨークのように多数の日本人が住んでいるわけではないにもかかわらず、特定のアパートでは、日本人世帯が居住者の1割以上を占めるケースもあるようです。

図表18-1-9　日本人に人気のある物件

1980年代以降に建てられた、比較的新しい物件	ボストンは古い街並みが多いため、築100年以上という物件も珍しくない。 これらの古い物件は床の音が非常に響き、階下の人からクレームがでる場合も多いほか、1980年代以前に建てられた物件は、鉛ペンキを使って室内塗装をしているため、6歳以下の子供が住むには適していない。（法律により、家主は6歳以下の子供が入居した場合は、鉛ペンキの除去作業を行うことが義務付けられている。この作業を実施するには非常にコストがかかることから、古い物件のオーナーは、小さい子供がいる世帯の入居を実質的に敬遠する傾向がある）
アパートタイプの物件	一軒家は、冬場は雪かきなどの作業も必要になるとともに、暖房代も高くつく。そのため、手入れが楽で、治安の面でも一軒家より安心な、アパートタイプの物件が好まれる傾向が高い。
契約途中での退去の際のペナルティが少	ボストンの不動産契約においては、契約書に中途解約条項を入れられるケースはほとんどないと考えてよい。（特に冬場のように新規入居者がいない時期の中途解約は困難）

ない物件	特に個人オーナーはこの傾向が強いが、法人オーナーの場合、一定のペナルティのもと、条件付ながら中途解約を認める場合もあるため、中途解約条項を契約書に入れることを住居契約時の条件としている会社の駐在員は、結果として法人オーナーの物件に集中しがち。
近隣環境が便利な物件	車が保有していない場合、買物、医療機関、通勤等に近い物件であることが不可欠になる。
学区が良い物件	学齢期の子供がいる家庭では、学区のよいエリアかどうかが物件選びの大きなポイントになっている。 英語がネイティブレベルでない日本人子女の受入れを行っている公立小学校としてLawrence School、Lincoln Schoolがあるが、どちらもBrooklineに存在するため、同地域への居住希望者が多い。

(出所) リダック　ボストン／アーバン不動産等へのヒアリングをもとに作成

(2) 家賃相場

　家賃相場は物件や地域により大きく異なりますが、日本人が多く居住するような1980年代以降に建てられた、超高級物件を除いたアパートタイプの物件の場合、おおむね1 BED ROOMで1800～2500ドル前後、2 BED ROOMで2500ドル～3500ドル前後が多いようです。

　一般に家賃は景気動向に左右されることが多いですが、大学や研究機関の多いボストンについては、家賃相場が景気動向と反比例する傾向もあるようです。

　その理由としては「景気が悪くなると、仕事がなかなか見つからないため、大学や研究機関で勉強しようとする人が増える結果、ボストンに居所を求める人が増え、住宅需要が供給を上回るため、ボストンの家賃は上昇する。一方、景気が良い時は仕事が見つけやすいため、ボストンを離れる人が増え、家賃が下落する（前出の佐藤氏）」ということでした。

　なお、家賃には水道代が含まれている場合が多いですが、ボストンの場合、冬が長く、また大変寒いことから暖房代がかさみますので、家賃に暖

2 赴任中

房費用も含まれているかは、自己負担すべき金額に大きな影響が出ますので、確認が必要になります。

また、ボストンでの生活は比較的バス等の公共交通機関が整ってはいますが、買出しや子供の送迎等を考えると車があった方が生活は格段に便利です。そのため、車を保有する場合は、駐車場の確保も必要になります。

地域によっては自治体から配布される専用のステッカーを張れば、自治体内を含めた住居周辺に路上駐車が可能としている場合もあります。一方、日本人の家族帯同者が多く居住するブルックライン等においてはそのようなステッカー制度は存在しないため、おのずと駐車場の確保が必要になります。(駐車場代はガレージ式なら月額200ドル以上かかる場合もあります。)

(3) 入居から退去までにかかる費用

入居から退去までにかかる費用は 図表18-1-10 のとおりです。

図表18-1-10 入居から退去までにかかる費用

入居時	・保証金：家賃の最大3か月（※）分 （MA州の法律により家主は最大3か月分まで請求できる。ただし不動産市況次第では、3か月分も徴収されない場合もある） ※3か月分の内訳は以下のとおり。 ①契約開始月の家賃に充当する1か月分　②契約終了月の家賃に充当する1か月分　③契約期間中のセキュリティデポジットとして1か月分（Security Deposit） →このうち、①②は家賃に充当されるが、③は退去時に戻ってくるのが通常。 ※③の徴収をされる場合は、STATEMENT OF CONDITION（借入時の住居状態等を記載する資料）を用意してもらった方がよい。
入居中	①　毎月の家賃（水道代は含まれている場合が多いが、その他は物件により異なる ②　駐車場代
退去時	・保証金から修繕費用が控除されて戻ってくる

・中途解約の場合、ペナルティが発生する。
（中途解約条項は契約に入れられない場合が多い）
→そのため、中途解約時に少しでも損失を減らしたい場合、以下の方法をとる場合もある。
① Assumption Lease（又貸し）
契約期間中、自らが居住しない期間をテナントが他の人に又貸しする方法もある。ただし、テナントが又貸したことにより発生したトラブルはすべて又貸ししたテナント本人が負うことになる。また、大家としても又貸しは好まないため、あまりお勧めはできない。
② Assigning The Lease
契約期間満了前に退去したい場合、自らの契約期間を他のテナントで埋められるよう、次のテナント候補を探したり、大家にテナント探しを依頼する方法（次のテナントが借りるまではいずれにせよ、契約期間中の家賃は払わなければならない）

（出所） リダック ボストン／アーバン不動産等へのヒアリングなどをもとに作成

(4) 住居借入時に知っておきたいこと

前出の佐藤氏に住居借入に当たり知っておきたいことをお伺いした内容が 図表18-1-11 です。

図表18-1-11 住居選びにあたり知っておきたいこと

住居選び	ボストンは大学、研究機関に、ごく短期間の予定で留学・勤務・研究する人が多いことから、入居者の入れ替わりが激しく、その時期も決まっている。 入退去は①4月②6〜7月③9月のいずれかに集中し、よい物件はテナントの退去時期が決まった段階で、大家が次のテナントを探すため、退去時点には既に次のテナントが決まっている場合が多い。よい物件を確保したい場合は、ボストン到着前から住居選びを行い、到着と同時に居住できるように手配したほうが良い。（到着してから探していては、よい物件は既に借り手がついていたり、物件がみつかるまで長期でホテル住まいとなるリスクがある）

2 赴任中

住居契約期間	1年契約が一般的。 契約終了2か月前位に、住居利用を継続するかどうかの意思表示を行わないと、退去するものとみなされ、次のテナントが決まってしまい、強制的に出ていかなければならない場合もあるので注意が必要。
契約形態	駐在員本人が家主と契約する個人契約がほとんど。
家具付物件の数	極めて少ない。 ※家財は購入又は前任者より引継ぎや、中古家具を購入したり、リースするケースも多い。
ペットの飼育	大半の物件がペットの飼育は認めていない（猫や小型犬なら可の場合あり） ※ペットを連れて赴任した場合、住居探しに苦労することになる。 ※ペット不可の物件でも、家賃上積み等の条件次第で、ペット飼育を認めてもらえる場合もあるが、そのようなケースは非常に少数。
家電について	・MA州の法律により、冷蔵庫は備え付けになっているため、自分の好きな冷蔵庫を購入して据え付けすることは不可。 ・洗濯機が室内に置いてある物件は希少。部屋にないからと言って勝手に持ち込むことも、水漏れなどのリスクがあるため認められていない。（通常は、アパートの地下等にあるコインランドリーを利用する）

（出所）　リダック　ボストン／アーバン不動産等へのヒアリングより作成

2　メキシコ／駐在員向け住居

　メキシコシティ及び近年、自動車系企業の進出が盛んなイラポアト地域の不動産事情について、同地で不動産業を営んでいるジャパンクラブ及びリロ・リダック・メキシコの河上一弥氏にお話をお伺いしました。

　河上氏によりますと、「家主にとって日本人テナントはマナーもよく、家賃延滞や周辺への迷惑行為等も皆無であることから、非常に人気がある。そのため、日本人テナントとの契約を希望する家主も多く、そういった家主は日本人テナントとの継続的な契約を好むことから、目先の利益にとらわれて、日本人から敬遠させることを好まないため、デポジットの返還率も高いのが特徴」ということでした。

　前出の河上氏にお伺いしたメキシコシティ及びイラポアト地域の不動産事情の共通点は 図表18-2-1 のとおりです。

図表18-2-1　メキシコシティ及びイラポアト地域の不動産事情の共通点

住居契約形態	個人契約がほとんど ※法人契約しても税務上のメリットはない
契約時に必要な書類	①　契約者の身分証明書、FM3（滞在許可証）のコピー ②　保証人の身分証明書、保証人の会社の委任状（保証人の会社の定款を要求されることもある。） ※メキシコでは住居借入時に必ず保証人が必要になる。 　保証人はメキシコ国内に不動産を所有することが求められるため、メキシコ現地法人の社長が保証人となる場合が多い。なおテナントが現地法人社長の場合、保証人が借主と同一だが、やむを得ないとされる場合が多い。（日本本社が保証人になることは通常はない。） ※保証人なしで住居を借りることは困難。
保証金 （セキュリティデポジット）	家賃の1か月分必要。 ※退去時には修繕費などを差し引いて返還される。 　日本人が居住する物件に関してはセキュリティデポジットが返還されない等のトラブルは少ない。

2 赴任中

入居後、毎月家主に支払うべき費用（一例）	・家賃 ・共益費（マンテニミエント）が家賃の5％〜10％ ※共益費は家賃に含まれている場合もある。
中途解約	通常、最低でも1年居住することが必要だが、契約書に中途解約条項を含めることで、1年未満の中途解約の際も、1カ月分の家賃をペナルティとして支払うことで解約することが可能。
入居後のフォロー	入居時に不動産会社に一定額の手数料又は毎月、管理サポート費用を支払えば、不動産会社がフォローしてくれる場合がある。（詳細は不動産会社に要確認）
入居中の課題	・騒音 メキシコ人は一般に音に寛容であるため、夜中までパーティをするなどにぎやかなことが多い。そのため、駐在員の中には近隣の物音に悩まされる人もいる。 ・弱い水圧、電気が切れやすい等、日常生活面で日本と比較し、不便に感じることが多い。 ・空き巣 　日本人駐在員が居住する物件は24時間体制のセキュリティが整っているところがほとんどだが、それでも空き巣に入られることはある。
家具付物件	家具付きも家具なしも存在するが、日本人駐在員が利用する物件はそのほとんどが家具付。（逆に欧米や近隣諸国の駐在員は家具なし物件に入り、自ら家具を持ち込む場合が多い。）
光熱費の留意点	電気料金は利用すればするほど高くなる累進税率のような仕組みであるため、使い方次第では高額な電気代に驚くことになるので注意が必要。
ペットの飼育	ペット受け入れ可能な家主は少ない上、仮に飼育が認められても、フローリングに傷をつけたり、エレベーター内で人に吠えたりするなどでトラブルの原因になる場合が多いので注意が必要。

では両地域の相違点としてはどのようなものがあるでしょうか。図表18-2-2にまとめてみました。

2 生活・教育・その他

図表18-2-2 メキシコシティ及びイラポアト地域の相違点

	メキシコシティ	イラポアト
駐在員が利用する住居形態	高層アパートが多い	タウンハウスが多い（高層アパートはほとんど存在しない）
日本人が多い居住エリア	ポランコ地域	
家賃相場（家具付き、共益費込）	2BDの高層アパートでUSD2500〜3200／月が多い。	タウンハウス（3BD）の場合USD1000〜1800程度が多い。
家賃上昇率	比較的落ち着いている状況	3〜4年前と比較すると30%程高くなった印象。

（出所） 図表18-2-1 図表18-2-2 ともリロ・リダック・メキシコの河上氏へのヒアリングに基づき作成

2 赴任中

Q19 赴任地における日本人向け教育機関
（日本人学校）

赴任地の日本人学校の概要について教えてください。

A [1] 概　要
1．日本人学校とは

　日本人学校とは、国内の小中学校における教育と同等の教育を目的とする全日制の教育施設で、文部科学大臣から国内の小中学校の課程と同等の教育課程を有すると認定を受けている私立学校のことです。

※本書で取り上げる4か国のうち、カナダについては日本語補習授業校のみ存在し日本人学校は存在しません。

2．日本人学校の入学資格と編入学手続

(1) 入学資格

　一般的な日本人学校の入学資格者は 図表19-1 のとおりです。

　日本国籍を有していることが条件となっている学校と必ずしも日本国籍を保有していることが編入学の条件にはなっていない学校があります。最近は地域によっては二重国籍の子ども（一方の親が日本国籍を保有、もう一方の親が現地の国籍を保有）も少なからず存在します。

図表19-1　日本人学校の一般的な入学資格

- 日本国籍を有している（この条件がない日本人学校もある）
- 保護者と同居している
- その国に滞在するにあたり適切な居留許可証を有している
- 日本語能力、集団生活適応能力がある等

(2) 編入学手続

　日本人学校の編入学手続は、基本的にどの学校でも大きな違いはありませんが、詳細については学校により異なります。

2　生活・教育・その他

図表19-2 では一般的な日本人学校の手続方法についてまとめました。

図表19-2 日本人学校入学手続（日本からの編入学の場合）・出国までの手続

① 入学したい日本人学校のウェブサイトなどにある編入申込書に必要事項を記入し、学校に送付する。
② 現在在籍している学校に、日本人学校に転入する旨の連絡を行う。その際、在籍校に以下の転出書類を用意してもらう。
　転出書類：在学証明書、指導要領の写し、健康診断票（歯の検査票含む）、
　　　　　　教科書給与証明書（海外子女教育振興財団に提出）
③ 海外子女教育振興財団での手続を行う。
　手続内容：上記の「教科書給与証明書」と印鑑を持って、教科書を受け取る。
・現地到着後の手続
① 現地到着後、速やかに当該日本人学校にて手続を行う。手続に必要な書類は以下のとおり。
　必要書類：転出校よりの書類一式、パスポート、現地での居留証（本人・
　　　　　　保護者）、入学願書、児童生徒個人調査票、緊急連絡カード、
　　　　　　登下校届（PTA提出）、学校が指定した銀行支店で口座開設

3．全日制日本人学校入学・通学にかかる費用・児童生徒数
(1) 入学・通学にかかる費用
～各学校により費用は様々、中には企業寄附金が必要なケースも～

　一口に「日本人学校」といっても、入学金や授業料などの諸費用は、学校の財政状況によりさまざまです。また、学校によっては企業寄附金等が必要になるケースもあります。

2 赴任中

図表19-3-1 アメリカの全日制日本人学校の入学金・授業料・寄附金

(2015/4/1 ドル=120.04円)

		グアム日本人学校			シカゴ日本人学校		
		幼稚部	小学部	中学部	幼稚部	小学部	中学部
入学時負担経費(※1)		54,018	54,018	54,018	90,030	110,437	110,437
年度ごとの保護者負担経費(※2)		776,899	776,299	795,865	1,021,300	1,040,387	1,779,599
寄附金	対企業寄附金	―			―		
	対個人寄附金	―			―		
		ニュージャージー日本人学校			ニューヨーク日本人学校		
		幼稚部	小学部	中学部	幼稚部	小学部	中学部
入学時負担経費(※1)		―	96,032	96,032	―	96,032	96,032
年度ごとの保護者負担経費(※2)		―	1,142,301	1,296,792	―	1,418,993	1,576,365
寄附金	対企業寄附金	―			―		
	対個人寄附金	―			―		

(※) アメリカにおいて、全日制日本人学校として認可されているのは上記4校だが、この他の全日制日本語教育施設として西大和学園カリフォルニア校(カリフォルニア州ロミタ：幼稚部～中学3年生)、ニューヨーク育英学園(ニュージャージー州イングルウッド・クリフス、幼稚部～小6)、聖学院アトランタ国際学校(ジョージア州アトランタ)、駿台ミシガン国際学園　(ミシガン州ノバイ：幼稚園～小6)が存在する。

図表19-3-2 メキシコの日本人学校の入学金・授業料・寄附金

(2015/4/1 ペソ=7.85円)

		アグアスカリエンテス日本人学校			メキシコ日本人学校		
		幼稚部	小学部	中学部	幼稚部	小学部	中学部
入学時負担経費(※1)		―	47,100	47,100	―	157,000	314,000
年度ごとの保護者負担経費(※2)		―	521,083	530,503	―	887,364	952,362
寄附金	対企業寄附金	理事企業1社当たり90,000ペソに加えて児童生徒1人当たり28,800ペソ			―		
	対個人寄附金	理事企業に所属していない保護者を対象に入・編入学時に29,000ペソ／1口(最低1口以上)			―		

2 生活・教育・その他

図表19-3-3 ブラジルの日本人学校の入学金・授業料・寄附金

(2015/4/1 レアル=37.22円)

		サンパウロ日本人学校			マナウス日本人学校		
		幼稚部	小学部	中学部	幼稚部	小学部	中学部
入学時負担経費（※1）		—	127,069	127,069	—	96,772	96,772
年度ごとの保護者負担経費（※2）		—	932,919	964,891	—	748,271	751,993
寄附金	対企業寄附金	—			校舎施設負担金：入会金R＄15,000。運営負担金：R＄1,700／月、施設拡充協力金：R＄500／月（5年間のみ）この3項目は振興会に入会するときの入会金と運営負担金である。		
	対個人寄附金	—					

		リオ・デ・ジャネイロ日本人学校		
		幼稚部	小学部	中学部
入学時負担経費（※1）		—	66,996	66,996
年度ごとの保護者負担経費（※2）		—	1,085,186	1,085,186
寄附金	対企業寄附金	US＄10,000～US＄20,000（日本国在本社資本金により算定）		
	対個人寄附金	子弟教育入会金（個人会員の場合）：約4,200レアル（US＄2,000相当額）		

(※1)　入学金、学校債、施設負担金、バス負担金等
(※2)　授業料、施設設備費、スクールバス代、教材費、傷害保険料、PTA会費、学校行事参加費、会費・援助金等を含む。
(出所)　**図表19-3-1**～**図表19-3-3**は公益財団法人　海外子女教育振興財団の資料より作成

(2) 児童・生徒数

　アジアにおいては一般的な日本の小中公立校よりも児童・生徒数が多い日本人学校が多数存在します。

　一方、本書で取り上げる日本人学校は世界の日本人学校の中でも小中規模の学校が多いのが特徴です。

※また、前述のとおり、カナダには日本人学校は存在しません。

2 赴任中

図表19-4-1 3か国の日本人学校（小学部）における児童数

国	学校名	小1	小2	小3	小4	小5
アメリカ	グアム日本人学校	9	10	8	7	7
アメリカ	シカゴ日本人学校	23	18	23	13	35
アメリカ	ニュージャージー日本人学校	5	4	1	6	3
アメリカ	ニューヨーク日本人学校	16	25	13	20	14
メキシコ	アグアスカリエンテス日本人学校	9	13	16	7	9
メキシコ	メキシコ日本人学校	22	22	29	12	21
ブラジル	サンパウロ日本人学校	39	40	31	33	19
ブラジル	マナウス日本人学校	4	2	3	0	5
ブラジル	リオ・デ・ジャネイロ日本人学校	2	3	1	3	1

国	学校名	小6	特別支援学級	合計
アメリカ	グアム日本人学校	4	0	45
アメリカ	シカゴ日本人学校	22	0	134
アメリカ	ニュージャージー日本人学校	9	0	28
アメリカ	ニューヨーク日本人学校	17	2	107
メキシコ	アグアスカリエンテス日本人学校	9	0	63
メキシコ	メキシコ日本人学校	11	0	117
ブラジル	サンパウロ日本人学校	36	1	199
ブラジル	マナウス日本人学校	3	0	17
ブラジル	リオ・デ・ジャネイロ日本人学校	2	0	12

図表19-4-2 3か国の日本人学校（中等部）における生徒数

国	学校名	中1	中2	中3	特別支援学級	合計
アメリカ	グアム日本人学校	7	6	2	0	15
アメリカ	シカゴ日本人学校	23	12	11	0	46
アメリカ	ニュージャージー日本人学校	10	9	7	0	26
アメリカ	ニューヨーク日本人学校	12	17	7	1	37
メキシコ	アグアスカリエンテス日本人学校	12	11	3	0	26
メキシコ	メキシコ日本人学校	13	9	8	0	30
ブラジル	サンパウロ日本人学校	18	21	13	0	52
ブラジル	マナウス日本人学校	4	1	0	0	5
ブラジル	リオ・デ・ジャネイロ日本人学校	0	1	0	0	1

（出所）**図表19-4-1** **図表19-4-2** とも公益財団法人　海外子女教育振興財団の資料より作成

4．日本人学校に通う子どもたちの生活及び特徴
(1) 通学
　いずれの日本人学校も児童・生徒の住むアパートやコンドミニアム等までスクールバスで送迎しています。子どもだけで通学することは認められていません。(ただし、ヨーロッパ・東アジアのごく一部の日本人学校については、一定学年以上の子女は子どもだけの登校が認められています。)

(2) 昼食
　日本の公立小学校と異なり、給食はありません。そのためお弁当を持参することになります。

(3) 学習内容
　日本人学校として、文部科学省のカリキュラムに沿った内容での授業が行われており、その点では日本の公立の小・中学校と同じ学習内容になりますが、日本の小中学校以上に力を入れているのが、語学教育(特に英語)です。また、現地の小学校や近隣のインターナショナルスクールとの交流、現地文化との交流の機会、日本からの要人等が現地に訪問した際に、日本人学校で子どもたちに講演をしてくださるなど、各学校ならではのユニークな取組みが多数存在します。
　一口に日本人学校といっても学校により校舎の雰囲気、プログラム内容は様々で学校ごとに特色があります。

(4) 放課後の生活
　日本のカリキュラムに加えて上記の(3)のような取組みが行われているため、授業数は日本より長くなるケースも少なくありません。その上、スクールバスで片道1時間近くかけて通学している場合、自由な時間は日本の子どもたちに比べると少なくなります。しかし、その短い時間をやりくりして、色々なお稽古事に参加している子どもたちも多数存在します。

2 赴任中

(5) 海外生活を送る子どもたちの特徴

また、日本人学校に限らず、海外生活を送る子どもたちには 図表19-5 のような傾向があるようです。

図表19-5 日本在住の子どもたちと比較した日本人学校に通う子どもたちの特徴

- 平均的に学力は高く生活指導が必要な子どもたちが日本と比較して非常に少ない。
- 地理に強い。
  海外で生活し、色々なところに出かけているため、地理に関する知識が豊富で、そういった知識がひとつのフックとなって、将来勉強したときに役に立っていると考えられる。
- 社会に貢献する人材に育つ傾向がある。
  一部の児童・生徒とは卒業後も交流があるが、子ども時代に海外で暮らしたことがきっかけになっているのか、視野が広く、社会に貢献したいという思いが強いと感じられることがある。
- 同窓生の結びつきが強く、学校に対して愛着を持っている。
  一緒にすごした時間は短くても、異国で共に苦労してきたという思いが強い。
- 海外では子どもだけでの単独行動ができないことや必然的に親と過ごす時間が長く、反抗期が少ない。
- 子どもだけでの行動ができず、常に親の目が行き届いていることから、非行に走る機会が非常に少ない。(逆にいうと自立できる機会が少ないため、日本の同年齢の子どもたちに比べて素朴でやや幼い部分の残る子どももいる。)

(出所) 複数の日本人学校関係者等へのインタビューをもとに作成

Q20 日本人学校がない場合等の学校選択・インターナショナルスクール等

このたび、海外赴任したA氏は、小学生の子女の帯同を希望しています。A氏はせっかく海外に来ているのだから子女を日本人学校ではなく、外国語環境で過ごさせたいと考えているようです。地域特性からみた学校選びの考え方及び日本人学校以外に通学する場合のコスト負担の考え方、子女を外国語の教育環境におく場合の留意点について教えてください。

A 1. 地域特性からみた学校選びの考え方

欧米地域への赴任者の場合、子女を現地の公立校に入れることは珍しくありませんが、中南米・アジア地区において、子女を現地校に入れるケースは、両親(特に母親)が現地の出身でない限りは、あまり考えられません。図表20-1では帯同子女の学校選択の一般的考え方を掲載しました。

図表20-1 帯同子女の学校選択の一般的考え方

	中南米・アジア地域	欧米先進国地域(アメリカ・カナダ等)
幼稚園	・日本人学校幼稚部 ・日本語幼稚園 上記がなければ ・インターナショナルスクール幼稚部	・日本人学校幼稚部 ・現地幼稚園 ・インターナショナルスクール幼稚部 ⇒現地校に通わせるケースも少なくない。
小学校	・日本人学校 上記がなければ ・インターナショナルスクール	・現地校 ・インターナショナルスクール ⇒先進国英語圏においては子女を現地校に通学させることが珍しくない。そのため在留邦人数に比べ、全日制日本人学校が少ない。

2 赴任中

中学校	・日本人学校 上記がなければ ・インターナショナルスクール ・私立在外教育施設	・現地校 ・日本人学校 ・インターナショナルスクール ・私立在外教育施設 ⇒現地校に通わせるケースも少なくない。
高等学校	・インターナショナルスクール ・私立在外教育施設	・現地校 ・インターナショナルスクール ・私立在外教育施設 ⇒現地校に通わせるケースも少なくない。

2．赴任者の今後のキャリアの観点から見た帯同子女の学校選択

　たとえば、現在の赴任期間が終われば日本に帰国し、その後はずっと日本勤務（少なくとも現時点では、次の赴任の予定がない）の場合は、将来の日本での生活を考えると、日本人学校に入れるのが、言葉の面や進学の面からも一番妥当といえるでしょう。

　その一方、いわゆる「海外要員」として、現在の赴任が終われば、また別の国に赴任する可能性が高いなど、今後、継続的に海外で生活することが予想され、将来は海外の大学に進学することを検討している場合は、教育の一貫性の面から考えても現地校やインターナショナルスクールに入れて、英語力や英語圏の文化・習慣・考え方等を身につけた方が子女にとってはよいかもしれません。

図表20-2　赴任者の今後のキャリアから見た学校選択

数年の海外赴任の後は日本に帰国する場合	日本人学校に入れるのが、帰国後の子どもへの負担が一番軽いと思われる。
今回の赴任終了後も再び海外赴任する可能性が高い場合	将来的に海外生活が長いと予想される場合は、現地校やインターナショナルスクールに通うのも一つの考え方。
現在の赴任地で、長く留まる可能性が高い場合	現地の教育制度などにある程度納得できれば、現地校を選び、現地で大学等に入学することも考えられる。

2　生活・教育・その他

3．インターナショナルスクールの費用はどこまで会社が負担するか
〜全額負担するケースから、一部本人負担や、同地域にある日本人学校の費用までを会社負担とするケースまで様々〜

　インターナショナルスクールに通学させるためには通常、年間200万円以上の出費が必要です。そのため、「インターナショナルスクールの学費は、同地域に日本人学校がない場合のみ一部又は全部支給する」とする企業や「同地域に日本人学校がある場合は、日本人学校と同額の費用まで会社負担とし、残りは本人負担」とするケースまで様々です。

　なお、本書で取り上げる4か国には複数のインターナショナルスクールが存在し、それらの中には、日本人が多数存在する学校も存在します。また、アメリカにおいても日本人の数が多いニューヨーク等では現地公立校においても多数の日本人子女が存在することもあります。入学にあたり、日本人であるからという理由で入学に制限がかかるケースは、国籍ごとの入学定員を設けている学校以外では特にありませんが、ESLクラスを利用しながらでも、授業についていけるだけの程度の語学力は必要になります。

4．インターナショナルスクールに通う際に留意しておくこと

　上記のとおり、日本からの赴任の場合、帯同子女の教育費はインターナショナルスクールに通学する場合も会社が全額又はその大部分を負担するケースも存在します。そのため、そのような会社から赴任する方の中には「せっかく海外に赴任し、会社がインターナショナルスクールの学費も負担してくれるなら、帯同子女をインターナショナルスクールに通わせたい」という方も存在します。（日本でインターナショナルスクールに通う場合、当然自己負担ですから、海外赴任に伴いこれらの学費を会社が負担してくれるのであれば、行かせてみたいと思う方が存在するのも理解できます。また、居住する地域に全日制の日本語教育施設が存在しなかったり存在しても現地校の方がコストがかからないからという会社の方針によりやむを得ず現地校に通学される人も存在します。）

2 赴任中

では、帯同子女を現地校やインターナショナルスクールに通学させる場合、気をつけないといけない点はどのような点でしょうか。言語教育にも詳しい松田幸造先生からのコメントをまとめたのが 図表20-3 です。

松田先生いわく「子どもに2か国語を単なる生活言語ではなく、学習言語まできちんと理解させるのは非常に大変なことであり、そういった環境で過ごす子どもたちは、ある意味『特別な支援が必要な児童・生徒』である。その点をよく理解し、それぞれの子どもごとに、そのような環境に適応できるのかをよく見極め、仮に適応できると判断した場合、親もそれなりのサポートをすることが必要。また、幼稚園からインターナショナルスクールや現地校に入れてもその後、日本語環境に戻るとすぐに英語を忘れてしまう。よって一旦はじめたからには帰国後も継続的に学習を続けることが大切」ということでした。

図表20-3 インターナショナルスクール(現地校含む)を検討する場合の留意点

1．高等教育をどのような環境で受けさせるかについてあらかじめ考えておく

将来、海外の大学での教育を受けることを考える等、将来の学習環境が英語であるのか、それとも日本語で教育を受けさせたいのかをよく考えておく。

前者であればインターナショナルスクールに通学するのもよい選択だが、後者の場合、インターナショナルスクール通学中に、日本人学校や日本の学校に通う子どもが行う国語の学習（8～9時間／週）を、家庭内で実施する必要があるなど、親もそれなりの努力が必要。「英語環境に入れておけば自然に英語が身につくだろう」「自宅で日本語を話しているので、学習言語も問題ないだろう」というのは大きな間違い。親がそのような考えでは結果として英語も日本語もどちらも中途半端になり、少なくともどちらかの言語で、深く思考したり、論理的な文章が書くことが困難になり、結果的に勉強ができなくなってしまうなど、子どもにとってリスクが高い。（同じことは父親が日本人、母親が外国人で日本人学校に入れている場合にも言え、日本人学校に入れておけば自然と学習言語も身につくだろう、というのは現実的ではない。父親が家庭でサポートすることも必要）

⇒もちろん、インターナショナルスクールに通いながら、どちらの言語も学習言語レベルまで到達する子供も多数存在するが、その場合は本人の能力が相当高いか、家庭での英語、日本語のサポートをきちんと行っているかのどちらかのケースがほとんど。

2．日本語での生活言語、学習言語がある程度固まってから通わせる方がよい

インターナショナルスクールに通う場合、ある程度日本語の基礎ができあがってからの方が、本当の意味でバイリンガルになれる可能性が高い。
（親が確固たる理念もないまま、日本語が完成しない時期から英語環境に入れ、家庭で英語・日本語両方について相当なフォローをしない場合、結局どちらの言葉もマスターできないことになる。）

3．ある時期は日本語、ある時期は英語と座布団を重ねるように、子どもの言語環境を数年単位でころころ変えることは避けた方が賢明

一見するとどちらの言葉も流暢に操れるが、いざ筆記試験をさせると算数の応用問題の意味が理解できなかったり、論理的な文章が書くことが難しいなど、物事の本質を理解することが難しくなることがある。

4．兄弟姉妹の一方が、バイリンガル環境で成功したとしても、もう一方も同様に成功するとは限らない

一方は、バイリンガル環境で日本語、英語とも必要な能力を身につけられても、もう一方の兄弟姉妹も同じことができるとは限らない。「上の子ができたから」と下の子にも同じことを要求するのではなく、子どもの性格やその時点での家庭でのフォロー体制等をよく見極めて判断することが必要。

（出所）　松田幸造先生へのインタビューより作成

5．日本語補習授業校とは

　平日は現地校やインターナショナルスクールに通学する日本人子女にとって、主に週末に開校される日本語補習授業校は日本語及び日本語の教科書を使って国語や算数（数学）等を学ぶことができる貴重な学びの場です。

　特にアメリカにはたくさんの日本人子女が存在しますが、現地校に通学する子供たちの比率が高いことから週末に開校される日本語補習授業校のニーズが高いため、日本語補習授業校の数が多く、ニューヨーク等の一部地域では日本の公立小中学校の児童生徒数をしのぐ人数の子どもたちが通

2 赴任中

学しています。

なお一口に日本語補習授業校といっても午前中のみ開校する学校もあれば、6時間授業で日本の学校の受験指導まで行っている学校もあるなど、学校により様々な特徴があります。図表20-4は4か国における日本語補習授業校の一覧です。

図表20-4　4か国における日本語補習授業校

国名	都市名	学校名
アメリカ	アーモスト	アーモスト補習授業校
	アイオワシティ	アイオワシティ補習授業校
	アトランタ	アトランタ補習授業校
	テンピ	アリゾナ学園補習授業校
	アンカレッジ	アンカレッジ補習授業校
	メリビル	イーストテネシー補習授業校
	インディアナポリス	インディアナ補習授業校
	スコット・ディーポ	ウェストバージニア補習授業校
	エリザベスタウン	エリザベスタウン補習授業校
	エルパソ	エルパソ補習授業校
	オースチン	オースチン補習授業校
	オーランド	オーランド補習授業校
	トロイ	オハイオ西部補習授業校
	オマハ	オマハ補習授業校
	オーバーランドパーク	カンザスシティ補習授業校
	クリーブランド	クリーブランド補習授業校
	マンギラオ村	グアム補習授業校
	グランドラピッズ	グランドラピッズ補習授業校
	グリーンビル	グリーンビル補習授業校
	ニューアルバニー	グレータールイビル補習授業校
	パロアルト	グロスマン・アカデミー補習授業校
	アルバーダ	コロラド補習授業校
	コロンバス	コロンバス（GA）補習授業校
	ワージントン	コロンバス（OH）補習授業校
	サイパン	サイパン補習授業校
	コロンビア	サウスカロライナ補習授業校
	サンアントニオ	サンアントニオ補習授業校
	サンディエゴ	サンディエゴ補習授業校

サンノゼ	サンフランシスコ補習授業校（サンノゼ校）
サンフランシスコ	サンフランシスコ補習授業校
ベルビュー	シアトル補習授業校
アーリントンハイツ	シカゴ補習授業校
シャーロット	シャーロット補習授業校
ハイランドハイツ	シンシナティ補習授業校
ステート・カレッジ	セントラル・ペンシルベニア補習授業校
	セントラル・ケンタッキー補習授業校
クロビス	セントラルバレー補習授業校
セントルイス	セントルイス補習授業校
ダラス	ダラス補習授業校
ノバイ	デトロイト補習授業校
デンバー	デンバー補習授業校
トリド	トリド補習授業校
ニューオリンズ	ニューオリンズ補習授業校
パラマス	ニュージャージー補習授業校
ニューポートニューズ	ニューポートニューズ補習授業校
ニューヨーク	ニューヨーク補習授業校
	ノースミシシッピー補習授業校
ハートフォード	ハートフォード補習授業校
ハンツビル	ハンツビル補習授業校
バーミングハム	バーミングハム補習授業校
バッファロー	バッファロー補習授業校
バトルクリーク	バトルクリーク補習授業校
バトンルージュ	バトンルージュ補習授業校
ヒューストン	ヒューストン補習授業校
ピッツバーグ	ピッツバーグ補習授業校
フィラデルフィア	フィラデルフィア補習授業校
フォートウェイン	フォートウェイン補習授業校
ノーマル	ブルーミントン・ノーマル補習授業校
プリンストン	プリンストン補習授業校
ホノルル	ホノルル補習授業校
ボストン	ボストン補習授業校
サクラメント	ポート・オブ・サクラメント補習授業校
ポートランド	ポートランド補習授業校
マイアミ	マイアミ補習授業校
マッカーレン	マッカーレン補習授業校
マディソン	マディソン補習授業校

2 赴任中

	ジャクソン	ミシシッピ補習授業校
	ミネアポリス	ミネアポリス補習授業校
	リッチフィールド	ミネソタ補習授業校
	メンフィス	メンフィス補習授業校
	ラスベガス	ラスベガス補習授業校
	リッチモンド（IN）	リッチモンド（IN）補習授業校
	リッチモンド	リッチモンド（VA）補習授業校
	リトルロック	リトルロック補習授業校
	ローリー	ローリー補習授業校
	アーバイン	ロサンゼルス補習授業校（オレンジ校）
	トーランス	ロサンゼルス補習授業校（トーランス校）
	サンゲーブル	ロサンゼルス補習授業校（サンゲーブル校）
	ロサンゼルス	ロサンゼルス補習授業校（サンタモニカ校）
	ロチェスター	ロチェスター補習授業校
	ギャレットパーク	ワシントン補習授業校（A校・H校・S校）
	マーフリースボロ	中部テネシー補習授業校
	アーバイン	西大和学園カリフォルニア校（補習授業校）アーバイン校
	ロミタ	西大和学園カリフォルニア校（補習授業校）ロミタ校・パロスバーデス校
	エバンズビル	南インディアナ補習授業校
カナダ	エドモントン	エドモントン補習授業校
	オタワ	オタワ補習授業校
	カルガリー	カルガリー補習授業校
	サスカツーン	サスカツーン補習授業校
	トロント	トロント補習授業校
	ハリファックス	ハリファックス補習授業校
	バンクーバー	バンクーバー補習授業校
	モントリオール	モントリオール補習授業校
メキシコ	グアダラハラ	グアダラハラ補習授業校
	イラプアト	グアナファト補習授業校
	ガルサガルシア	モンテレー補習授業校
ブラジル	クリチバ	クリチバ補習授業校

（出所）　公益財団法人　海外子女教育振興財団の資料より作成

2 生活・教育・その他

 幼稚園の概要

このたび、海外駐在員となったA氏は、幼稚園児の子女を帯同します。赴任地には日本人学校は存在しますが、日本人学校には幼稚部はないようです。日本からの赴任者の子女が多く通う幼稚園として日本人向け幼稚園があると聞きましたがその内容及び会社負担の学費の考え方について教えてください。

 1．幼稚園について
(1) 概要

一般に就学児童については、非英語圏（メキシコ、ブラジル）で日本人学校が存在するエリアは日本人学校、英語圏（アメリカ、カナダ）で日本人学校が存在するエリアは現地校又は日本人学校、日本人学校がないエリアは現地校に通うことになります。

一方、最近は若手駐在員の増加や、平均出産年齢の上昇などから、以前よりも就学前児童を帯同するケースが増えていますが、海外で通園する幼稚園の形態をまとめたものが 図表21-1 です。

図表21-1 帯同子女の海外での幼稚園の選択肢

日本語幼稚園	大都市部に存在する場合がある。 日本語で文部科学省の指導要領等に基づき教育を実施するケースが多く教諭も日本人である場合も多いことから、数年で日本に帰国するため、日本語や日本の生活習慣になじんでいた方がよいと考える人や、海外に長期滞在するが、日本語や日本人としての考え方を幼稚園生活を通じて身につけたいと考える場合に選択するケースが多い。 国内の幼稚園と異なり、幼稚園運営に係る費用の政府補助がないことから、一般に日本の私立幼稚園よりも高額になる場合が多い。
現地幼稚園	英語圏であれば、現地の幼稚園を選択するケースも多い。

2 赴任中

	（特に地元の小学校に進むことを念頭に入れている場合は、英語を覚えるためにも現地幼稚園に通学させるのも一つの選択肢）費用は同じ国であっても州により異なるが、一般に日本の国公私立幼稚園よりも高い。 一方、非英語圏については、帯同子女本人はともかく、保護者のいずれか一方又は両方が現地語に堪能でないと、先生や保護者間のコミュニケーションがとれず、幼稚園生活に支障をきたす可能性があるため、あまり現実的な選択肢とはいえない。
インターナショナルスクールの幼稚部	日本語幼稚園も存在せず、かつ非英語圏であるため現地の幼稚園には通学できないからという理由で、通園させる場合がる。費用面では選択肢の中では最も高額であるため、非英語圏に幼稚園児を連れて行く場合、近隣に日本語幼稚園がないと、非常に高い学費の負担が必要になる。

(2) 幼稚園費用の負担

　前述のとおり、幼稚園の保育料等が日本と比較して高額になることも多いため、駐在員の子女が通う幼稚園費用を会社が一部又は全部負担するケースも存在します。中には「義務教育ではないのだから、幼稚園の費用までは負担しない」とする企業もありますが、小さい子供を持つ若手赴任者にとっては、家族帯同での赴任が事実上難しくなってしまいます（かわいい盛りの子供を置いて（本当は帯同したいのに）単身赴任しなければならない駐在員のストレスは相当なものがあります。）。幼稚園費用を会社が全額又は一部補助する場合、図表21-2 で記載した、日本の私立幼稚園でかかる金額を参考にするのも一案です。

図表21-2 幼稚園の学校教育費の支出構成　　　　　　　　　　（単位：円）

	公　立	私　立
学校教育費	131,624	340,464
授　業　料	74,428	236,526
修学旅行・遠足・見学費	2,054	3,474
学校納付金等	14,443	45,611
図書・学用品・実習材料等	9,942	12,362
教科外活動費	549	2,406
通学関係費	22,402	31,801
そ　の　他	7,806	8,284

（出所）　文部科学省「平成24年度　子どもの学習費調査」より作成

2 生活・教育・その他

 赴任地の祝祭日・労働時間の取扱い

海外駐在員から、「日本と比べて祝祭日が少ないので、その点を考慮して手当等を支給して欲しい。また土曜出勤についても考慮してほしい。」との意見が出ています。
赴任地の祝祭日・労働時間数と日本との違いについて教えてください。

[1] 概　要

海外駐在員からよく出る不満のひとつに、日本と赴任地の休日・祝祭日の日数差、労働時間差があります。一般に日本は祝祭日が多いため、海外に赴任すると「日本の祝祭日の日数と比較すると当地は休暇が少ない」と感じることが増えてきます。

また、任地によっては毎週又は隔週の土曜日出勤などもあるため、この点についても「日本であれば休日なのに、現地法人の就業規則に従うと、土曜日も出勤しなければならない。その点について休暇を増やすか時間外手当を支給して欲しい」といった声が出る場合もあります。

では、日本及び4か国（アメリカ、カナダ、メキシコ、ブラジル）との休日及び祝日の日数及び労働時間にはどのくらいの差があるのでしょうか。

[2] 国別で見た場合の祝祭日・労働時間
1．祝祭日

日本及び4か国の祝祭日スケジュールは以下のとおりです。赴任者からの不満のとおり、日本と比べると、どの国も祝祭日が少ないことがわかります。

2 赴任中

図表22-1 日本及び4か国の祝祭日（2015年）

	アメリカ	カナダ	メキシコ	ブラジル	日本
1月	1日：新年 19日：キング牧師誕生日	1日：新年	1日：新年	25日：サンパウロ市政記念日	1日：元旦 12日：成人の日
2月	16日：ワシントン誕生日（大統領記念日）		2日：憲法記念日	17日：カーニバル 18日：カーニバル（灰の水曜日）	11日：建国記念日
3月			16日：ベニートファレス生誕日		21日：春分の日
4月		3日：キリスト受難日 6日：復活祭の月曜日	2日：聖木曜日 3日：聖金曜日	3日：聖金曜日 5日：復活祭（イースター） 21日：チラデンテスの日	29日：昭和の日
5月	25日：戦没者記念日	18日：ビクトリア女王誕生日	1日：メーデー	1日：労働記念日（メーデー）	3日：憲法記念日 4日：みどりの日 5日：こどもの日 6日：振替休日
6月				4日：キリスト聖休祭	
7月	3日：独立記念日（振替休日）	1日：建国記念日		9日：護憲革命記念日	20日：海の日
8月		3日：市民の日			
9月	7日：労働感謝の日	7日：勤労感謝の日	16日：独立記念日	7日：独立記念日	21日：敬老の日 22日：国民の祝日 23日：秋分の日
10月	12日：コロンバス記念日	12日：感謝祭		12日：聖母の日	12日：体育の日
11月	11日：退役軍人の日 26日：感謝祭	11日：戦没者追悼日	2日：死者の日 16日：革命記念日	2日：万聖節 15日：共和制宣言記念日	3日：文化の日 23日：勤労感謝の日

2 生活・教育・その他

	アメリカ	カナダ	メキシコ	ブラジル	日本
12月	25日：クリスマス	25日：クリスマス 28日：ボクシング・デイ	12日：聖母グアダルーペの日 25日：クリスマス	20日：黒人意識の日 25日：クリスマス	23日：天皇誕生日

（出所）　日本貿易振興機構（ジェトロ）ウェブサイト「世界の祝祭日」より作成
　　　　http://www.jetro.go.jp/biznews/holiday.html

2．労働時間等

　各国の労働時間に関する規定は以下のとおりです。日本との時差が大きいため、日本の業務開始時間に合わせてテレビ会議などを行うと、深夜まで電話やメールの対応をしなければならなくなり、海外駐在員の健康に害を及ぼす可能性があることから注意が必要です。

図表22-2　日本及び4か国の週当たりの労働時間

アメリカ	14歳〜16歳未満：1日3時間以内、1週間18時間以内 16歳〜18歳未満：労働局が定める危険業種以外なら労働時間の制約なし
カナダ	1日8時間以内、1週間当たりの労働時間：40時間以内
メキシコ	昼間勤務の場合は1日8時間以内、夜間勤務の場合は1日7時間以内、1週間当たりの労働時間：ブルーカラー48時間以内、ホワイトカラー40時間以内
ブラジル	1日8時間以内 1週間当たりの労働時間：44時間以内
日本	1日に8時間以内、1週間に40時間以内

（出所）　海外職業訓練協会ウェブサイトより作成
　　　　http://www.ovta.or.jp/info/asia/index.html

2 赴任中

3 健康・リスク管理面（アメリカ、カナダ、メキシコ、ブラジル）

Q23 駐在員による自動車の運転

当社では海外駐在員については欧米については自動車の運転を認めていますが、それ以外の地域についての運転は認めていません。しかし中南米地域の駐在員から「現地の生活にも慣れてきたし、自動車の運転を認めて欲しい」という要望が出ています。アメリカ、カナダ、メキシコ、ブラジルについての自動車運転及び特にアメリカの自動車事情について他社状況を教えてください。

1．概　要

　一般に海外駐在員の自動車の運転は、許可制としている企業がほとんどです。

　一方、本書で取り上げた4か国のうちでは、アメリカとカナダについては、自動車の運転を認めているケースがほとんどです。

　一方、メキシコ、ブラジルについては図表23-1のとおり、交通事故による死者も日本と比較して非常に多く、運転により被害者又は加害者になるリスクも大きいため、日本人駐在員本人が運転するケースは稀で、通常は運転手付の自動車が貸与されているケースが多く見られます。

3 健康・リスク管理面

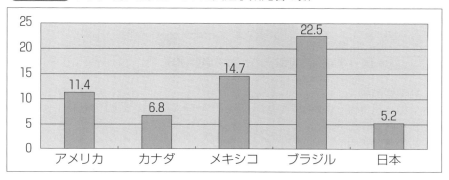

図表23-1 人口10万人当たりでみた交通事故死者の数

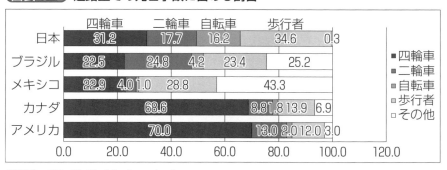

図表23-2 道路上での死亡事故に占める割合

(出所) World Health Organization
「GLOBAL STATUS REPORT ON ROAD SAFETY 2013」より作成

なお、本書で取り上げた4か国のうち、アメリカとカナダについてはジュネーブ条約加盟国であることから、国外運転免許証を保有すれば現地で自動車の運転が可能です。

※ジュネーブ条約では国外運転免許証の有効期間を最大1年間としているため、数年の赴任が予定されている場合はいずれにしろ任地の運転免許への切替えが必要です。また、ジュネーブ条約で有効期間が最大1年間とされていても実際に国外運転免許証の有効期間や国外運転免許証の利用そのものを認めるか否かは各州ごとで判断されるため、必ずしも利用

2 赴任中

できるとは限りません。よって必ず赴任する州の取決めを確認する必要があります。

国外運転免許証の取得に当たっては 図表23-3 の書類が必要になります。

図表23-3　国外運転免許証取得のための必要書類

- ・運転免許証
- ・写真１枚（縦５cm×横４cm）・パスポート等渡航を証明するもの
- ・古い国外運転免許証
  ※国外運転免許証は、発行から１年以内。
  　日本の免許証が有効期限内であれば何度海外に行っても利用可能だが、有効期間が短くなり、新たに申請するときは古い国外運転免許証をいったん返納する必要がある。

２．自動車事情（シカゴ編）

アメリカの郊外での生活には自動車が不可欠です。そこでシカゴ及びその近郊の自動車事情について、ガリバーUSAシカゴ支店にお話をお伺いしたところ、「日本に比べて自動車の必要性が高いこともあり、中古車価格も総じて高い傾向にある。ただし買値も高い代わりに売値も高く、自動車の大きさや排気量による維持費の違いはそれほど大きな差がないため、燃費や税金を意識して小型車にする意義は日本よりは少ない」ということでした。シカゴ近郊の自動車市場についてまとめたのが 図表23-4 です。

図表23-4　シカゴ周辺の自動車（中古車）市場の特徴

１．総じて中古車価格は高い
- ・生活レベルに関係なく、自動車は日常生活に必要なアイテムであるため、自動車価格は下げ止まり傾向にある。高級車の値段は日本と大きく変わらないが、中古車価格の下限値は日本に比べて非常に高い。（逆に売る時も日本よりも高く売れる傾向にある。）
- ・上記の理由から、予算が１万ドル程度の場合、選択の幅が非常に狭いが、予算を1.5万ドル以上にすると選択肢が飛躍的に拡がる傾向にある。
- ・中古車市場で売買されている車の走行距離は２～３万マイルから10万マイルまで様々。日本であれば車種によってはあまり価値がないといわれる10万キロ（６万マイル）以上走行した車も、中古車市場においては問題なく売買さ

れている。（日本と異なり信号待ちなどで頻繁にエンジンを止めたり動かしたり、といった動作がアメリカでは少なくて済むことから、エンジンへの負荷が少なく、結果として走行距離が長くても、日本よりも車が傷まない傾向が強い。よって、アメリカで走行距離を見るときは、1万マイル＝1万キロのイメージで考えるとよい。）

2．車の大小にかかわらず維持費は日本ほど大きく変わらない
・特に家族車の場合、住居近隣を走るだけなので走行距離はそれほど多くはならないうえ、ガソリン代が安いため、燃費にこだわっても日本ほど大きな差異は生じない。
・自動車にかかる税は車の大きさにかかわらず一律。

3．日本車は壊れにくいという点で人気が高く値崩れもしにくい
・日本車の中古は買う時も高めだが売る時も高めで売れる傾向にある。よって日本車がコストパフォーマンスに優れていることは間違いない。

4．州ごとに加入すべき保険の最低ラインが決められている
・たとえばイリノイ州の場合、対人賠償は2万ドル、1事故につき4万ドル、対物賠償5万ドル（日本のように対人無制限といった保険はない。）

（出所）　ガリバーUSAシカゴ支店店長　三間嶺斗氏（当時）へのヒアリングより作成

なお、自動車保有のコストは図表23-5のとおりです。

図表23-5　自動車取得、維持、売却に係るコスト

購入時	自動車本体の価格以外に、各種コスト（消費税：ILの場合7.25%〜9.5%、車検証発行費100ドル、自動車税100ドル等）が自動車本体価格の10〜15%程度かかると考えた方が良い。 ※購入価格帯は駐在員本人の場合はUSD15,000〜25,000。家族車はUSD12,000〜25,000が多い。 ※駐在期間中、故障せずに乗れること、リセール価格が良いこと等から圧倒的に日本車の人気が高い。（雪が降る地域については4駆も人気） ※駐在してからすぐ購入することになるのが一般的だが、駐在時点ではアメリカにおけるクレジットヒストリーがないため、ローンを組むのが難しいことから現金購入が多い。中には会社の貸付金制度で購入されるケースもある。

2 赴任中

	※アメリカでは国際免許の利用期間が3か月間と短い。また国際免許利用者の自動車保険は取扱保険会社も限定されるうえ、通常の免許保有者の保険よりも割高になる。よって、アメリカの自動車運転免許は赴任後早い段階で取得した方が費用の面でもおすすめ。
維持費	使用頻度にもよるが、ガソリン代を含めて年間2,000ドル前後。
売却時	・メンテナンス状況により異なるが、中古車を購入してから5年後に売却する場合、購入価格の約半額前後の売値となる場合が多い。 ・ディーラーによっては、自動車買取費用を小切手で支払うケースがほとんどだが、既に銀行口座をクローズしていると、売却代金の受取方法に困ることもある。

（出所）　ガリバーUSAシカゴ支店店長　三間嶺斗氏（当時）へのヒアリングより作成

3 健康・リスク管理面

Q24 駐在員に関する危機管理・安全管理

海外ではデモや暴動なども発生しますし、現地の駐在員に万一のことが生じないよう、会社としても必要な対策をとりたいと考えています。社員の安全確保のために最低限、会社が行うべきことを教えてください。

1. 本書で取り上げる4か国の治安状況

本書で取り上げる4か国の治安状況について、海外における医療アシスタンスやリスクマネジメント等を手掛けるインターナショナルSOSジャパン株式会社にお聞きした内容をまとめたものが 図表24-1 です。この表からわかるとおり、特にメキシコ、ブラジルにおいては治安状況に問題が多いエリアが多く、駐在員の安全管理にも特に配慮を行う必要があるといえるでしょう。

図表24-1 本書で取り上げる4か国の治安状況

アメリカ 治安レベルには地域毎に著しい差異があり、低所得者居住地区での犯罪発生率は特に高くなっている。『知っていれば避けられた』事件も多く、立ち入り禁止地域などのリスク情報の周知徹底が重要である。2001年9月の同時多発テロ以降、テロ・リスク軽減のために政府主導による様々な対策がなされているが、イスラム過激派のシンパによる低強度テロが散発的に、しかし継続して発生している。銃器が身近に存在する環境のため、発砲事件に従業員や家族が巻き込まれる可能性は常にあり、予防と緊急対応の備え強化は重要である。
カナダ 軽犯罪が主なリスクだが、一部では殺人・強盗といった路上犯罪も発生している。2014年10月に発生した2件のテロ事件によって、カナダのような安全と考えられがちな国でもイスラム過激派によるテロの脅威があることが改めて証明された。イスラム過激派の思想に共鳴したいわゆる『ホーム　グロウン』テロリストによる低強度の銃撃や爆破事件はカナダのみならず先進国のどこでも発生し得る。巻き込まれた場合のとるべき対応策を知っているか否かが生死を分けることもあるため、それらの教育を含む基本的な安全対策の徹底が推奨さ

2 赴任中

れる。
メキシコ
　州によって治安情勢は異なるものの、犯罪対策が重要である。銃器の蔓延に加え、麻薬カルテル絡みの暴力犯罪が発生し、警察官の汚職・腐敗問題がある。また、世界で最も誘拐率の高い国でもあり、企業は危機への備えと同時に、十分な予防対策を取る必要がある。これには、従業員・家族への教育、各種安全ルールの策定、オフィス・住居の物理的対策の見直しや、通勤等の移動時の安全管理が含まれる。
ブラジル
　治安問題が深刻なブラジルでは、企業には十分な安全対策の実施が強く推奨される。殺人事件はファベーラと呼ばれる貧困街で特に多いが、武装強盗や路上犯罪は都市中心部や駐在員の多い地域でも発生している。防弾車を導入している企業もあるが、乗降時に狙われた事例も発生しており、運用ルールの策定や、運転手への訓練も含めて対策が虫食い状態にならぬよう留意すべきである。従業員と家族には渡航先に固有のリスクについてしっかりと周知・教育し、誘拐・カージャック・家屋侵入強盗等への包括的な対策と改善を行うべきである。

（出所）　インターナショナルSOSジャパン株式会社より情報提供

２．社員の安全確保のために最低限、会社が行うべきこと

　会社は、危険地域に赴任する社員の安全確保のためにどのようなことを行うべきでしょうか。以下にまとめてみました。

⑴　**駐在・出張させる地域にどのようなリスクがあるかを把握する**

①　**外務省・日本大使館からの情報収集**

　社員を駐在・出張させる地域にどのようなリスクがあるかを把握するには、有料で配信されている海外危険情報を購入するのもひとつですが、外務省の海外安全ホームページ、海外邦人安全協会のホームページや駐在地・出張地を管轄する日本大使館・領事館のホームページを参照するのが最も手軽で確実な方法です。また、在外公館のホームページでは、日本語の通じる医療機関の情報やそれぞれの地域の安全対策についての冊子もダウンロードできますので、駐在予定者にもこれら資料を渡し、しっかり読んでおくように指導することも重要です。このようにインターネットを利用し、無料でも信頼できる医療機関や赴任地のさまざまな安全・医療情報を検索することが可能です。

なお、外務省ホームページに発表されている情報として「渡航情報」があります。この渡航情報とは、「渡航・滞在にあたって特に注意が必要な場合に発出される情報で、最新の現地治安情勢と安全対策の目安を示す『危険情報』と、限定された期間、場所、事項について安全対策の観点から速報的に発出される『スポット情報』」から構成されています。この渡航情報は、海外に渡航・滞在する方が自分自身で安全を確保するための参考情報であり、法的な強制力や、渡航を禁止したり、退避を命令したりするものではありません。しかしながら、企業が社員の渡航の是非を判断する上での最も重要な判断基準のひとつとして活用されています。なお、この渡航情報では、海外安全の目安を図表24-2のとおり分類しています。

図表24-2 渡航情報における海外安全の目安

1	十分注意してください	当該国（地域）への渡航、滞在に当たって特別な注意が必要であることを示し、危険を避けるようすすめるもの。
2	渡航の是非を検討してください	当該国（地域）への渡航に関し、渡航の是非を含めた検討を真剣に行っていただき、渡航する場合は、十分な安全措置を講じることをすすめるもの。
3	渡航の延期をおすすめします	当該国（地域）への渡航は、どのような目的であれ延期をすすめるもの。また現地に滞在している邦人については退避の可能税や準備を促すもの。
4	退避を勧告します。渡航は延期してください	現地に滞在している全ての邦人に対して、当該国（地域）から安全な国（地域）への退避（日本への帰国も含む）を勧告するもの。

（出所）　外務省「海外安全ホームページ」の「渡航情報とは」より転載

②　出張者、一時帰国者からの情報収集

上記①のほかに、当地の生の情報を得るために、当地に出張したことがある社員等から情報収集を行うことも重要です。また、すでに当地に駐在員がいる場合は、駐在員から情報を収集するのも有効です。

2 赴任中

図表24-3 出張者、一時帰国者からの情報収集の一例

一時帰国中の社員	一時帰国時は必ず総務部に立ち寄ることになっているので、その際、インタビューを行うこと。現地での些細な事故等についても、できるだけ提供してもらうこと。
海外からの帰任者	帰任後必ず行う人事面談の際に、安全担当者からのインタビュー時間を30分設けているので、その際、必ず情報収集すること。（インタビュー可能時間帯については人事部長より適宜連絡がある）
出張者からの情報収集	出張者については、出張地の安全情報等についての簡単なアンケートの提出が海外旅費精算の条件となっている。 経理部が回収したアンケートは海外安全担当者に送付されるため、当該内容をよく読み、必要であれば、アンケート回答者に質問し、情報分析に努めること。

③ 海外安全関連セミナー等への参加による情報収集

自社ルートだけでの情報収集では限界がありますので、他社や専門機関からの情報収集の一環として、日本在外企業協会や海外邦人安全協会が主催するセミナー等に参加し、専門家から話を聞いたり、参加者同士で情報交換することも有効です。

(2) 具体的なリスクについて海外駐在員に情報提供する

収集した情報は積極的に海外駐在員にも積極的に提供していくことが重要です。そうすることで、駐在員からも情報を発信してくれるようになり、その結果、会社としてとるべき対応策が明確になります。**図表24-4**は情報収集・提供のイメージをまとめたものです。

3 健康・リスク管理面

図表24-4 各拠点責任者及び各駐在員への情報提供のイメージ図

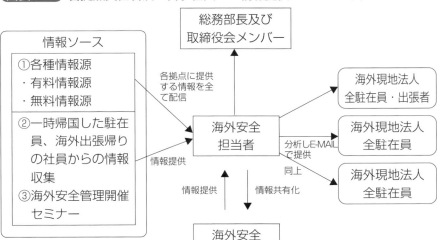

(3) 海外駐在員との連絡手段を確立する

多数の大手企業においては専任の海外安全担当者が存在し、当該海外安全担当者は、海外駐在員からいつ何度、緊急事態等の連絡が入ってもよいように、24時間体制で携帯電話を持ち歩いています。また、有事の際に、海外駐在員とすぐ連絡がとれるように、赴任中に保有する携帯電話の番号及びメールアドレスを本社に届け出てもらうとともに、変更がある場合は速やかに報告するよう指示されています。

また、緊急時に備えた連絡網の作成はぜひ行っていただきたいのはもちろんですが、作成した連絡網が機能するかを確認するため、定期的に連絡網を回してみるなどの予行演習も、いざというときに備えて必要になります。

2 赴 任 中

3．海外危機管理マニュアルの作成

　上記2．が実施できれば、次は有事の際の対応を明記した海外危機管理マニュアルの作成も検討する方がよいでしょう。

　一般にグローバル企業では、海外で発生した危機についての本社側での業務内容や予防策をまとめた規程を作成しています。しかしその内容やボリュームは企業によって様々で、これといったヒナガタというものはありません。

　そもそも規程は完成させることだけが目的ではなく、むしろ作成する過程に意味があります。どんな危機が想定されるのか、発生した時点ではどのような事態が起こりえるのか、さらにそれらの事態を処理するに当ってどんな問題が出てくるのか等を議論することが重要です。

　海外駐在員に万が一の事態が発生した場合、焦点となるのは「企業の危機管理体制は万全だったか否か」です。事実上、無策の状態で事故が起きれば、被害者・遺族から賠償責任を問われ、マスコミからも激しく批判され、企業の存亡にも関わる事態にもつながります。海外駐在員にかかる危機管理は、駐在員個人を守るだけでなく、企業そのものも守ることにつながります。

③ 健康・リスク管理面

Q25 海外駐在中における日本の健康保険の利用方法

海外駐在中にＡ氏が、海外で医療行為を受けた場合は、その際に要した費用の一部が、日本の健康保険から払い戻されると聞きました。この制度の概要と、実際の手続方法について教えてください。

 海外で治療を受けた場合も、健康保険組合等から治療費が一部支給されますが、支給される療養費の範囲は、日本において保険診療の対象となるものに限られるため、実際に支払った金額ではなく、日本の医療機関で受診した場合の保険診療料金を基準とした金額が支給されます。

１．海外での治療費も健康保険でカバーされる
〜海外では「療養費」扱いに〜

　日本国内で使用している「健康保険被保険者証」を海外で使用することはできませんが、健康保険組合の被保険者・被扶養者が海外の医療機関で治療や投薬を受けた場合は、日本の健康保険から一部医療費の補助が受けられます。

　ただし、海外では「療養費」扱いとなるため、海外でかかった医療費（療養費）の全額を、いったん本人が立て替えた後、療養を受けた海外の病院にて「診療内容明細書」と「領収明細書」をもらい、これらに日本語の翻訳文を添付し、保険者の内容チェックを受け、特に問題がなければ療養費の一部が払い戻されます。（図表25-1 参照）

2 赴任中

図表25-1　健康保険の場合の療養費の払戻しに必要な書類

海外療養費の支給申請には、次の書類が必要になる。
- (1) 療養費支給申請書
- (2) 診療内容証明書（医科用、歯科用）
- (3) 領収明細書（診療明細書）
- (4) 領収書（原本）

　提出書類が外国語で記載されている場合は、翻訳者の氏名及び住所を明記した日本語の翻訳文を添付しなければならない。
　(1)、(2)、(3)は、所轄年金事務所又は加入している健康保険組合に用意されているので、海外赴任時には、申請書類一式を持参するとよい。

2．健康保険の対象となる療養費
〜支払った医療費全額が支払われるわけではない〜

　しかし、療養費が支給される場合でも、費用の全額が払い戻されるわけではありません。日本国内で保険診療を受けたとして、保険診療報酬の点数に直して計算した額から被保険者や被扶養者の自己負担額（医療費の3割）を差し引いた額が支給されます。そのため、海外で治療を受けた場合は、支払った費用の7割が払い戻されるとは限りません。

　海外での健康保険の手続の流れは 図表25-2 のとおりです。

図表25-2　海外での健康保険利用の手続

〈海外〉	〈日本〉
①　海外の医療機関でかかった医療費をいったん本人が全額立替え（その際、病院側で診療内容明細書、領収明細書などを記載してもらう） ↓ ②　上記明細書等を日本語に翻訳　→→→→　保険組合に提出	③　健保組合等が当該診療内容を日本の保険診療報酬の点数に直して、本人への還付額を計算 ↓ ④　本人の口座に振込み

3．健康保険で海外での医療費を賄う場合の留意点
～日本の健保システムを熟知している病院を利用するのがベター～

　いくら海外での医療費の一部が日本の健康保険から支給されるといっても、支給に当たっては、所定の条件が必要です。たとえば海外の病院で、日本の健康保険の対象外となる医療行為や処方箋が出された場合は当然、健康保険からの還付はありません。そのため、健康保険の海外療養費制度を利用するのであれば、日本の健康保険システムを熟知した病院（日本の医療機関が出資した日本人医師による日系クリニック等）を利用する方が、スムーズといえるでしょう。

　また、歯科治療については海外旅行保険の対象外となるケースも多いため、健康保険の役割はその分、大きくなります。また、この場合も日本の保険診療に沿うような形で治療が行われないと、健康保険が適用できなくなるので注意が必要です。（治療の各段階で、一度でも日本の保険診療から外れる治療が行われると、その治療にかかった医療費すべてが保険診療の対象外とされ、健康保険からの還付の対象外となります。）

2 赴任中

 駐在中の健康上の留意点(医療レベル・医療保険・医療搬送事例)

社員をアメリカ・カナダ・メキシコ・ブラジルにそれぞれ赴任させます。
その際の医療面、健康面で留意すべき点を教えてください。

1 概 要

(1) 医療保険事情

本書で取り上げる4か国における医療保険事情はどのようになっているでしょうか。各国の医療保険利用事例を 図表26-1 にまとめてみました。

図表26-1 本書で取り上げる4か国における駐在員の医療保険利用事情

アメリカ	一般的な日本人駐在員の所得・年齢であればアメリカ公的医療保険の対象にはならない。 ※なお、医療保険制度改革法のもと、アメリカ税法上の居住者(駐在員も含む)は医療保険制度改革法で定める条件を満たした医療保険に加入しなければ確定申告の際、罰金(shared responsibility payment(SRP))を支払わなければならない。 ※ただし日米社会保障協定に基づき、日本の年金・医療保険に加入している等、一定の条件を満たしている場合は、上記罰金の対象にはならない。
カナダ	公的医療保険制度として州政府が運営するMedicareが存在し、日本からの駐在員も加入義務あり。(ただし待ち時間が長い等、利便性が高くないので駐在員の場合は、公的医療保険を利用せず、民間医療保険を利用する場合も少なくない。)
メキシコ	公的医療保険制度としてIMSS(INSTITUTO MEXICANO SEGURO SOCIAL)が存在し、日本からの駐在員も加入義務あり。(ただし待ち時間が長いなど、利便性は高くないので駐在員の場合

	は公的医療保険を利用せず、民間医療保険の利用する場合が多い。)
ブラジル	公的医療保険制度としてSUS（Sistema Unico de Saude）が存在し、公立の病院やSUSと契約を結んだ民間病院に行けば公的負担で医療行為を受けることができる。なお、SUSは日本からの駐在員も加入義務あり。（ただし公的医療を利用した場合、待ち時間が長いなど、利便性は高くないので駐在員の場合は公的医療保険を利用せず、民間医療保険の利用する場合が多い。） ※日本とブラジルは社会保障協定が発効しているが、医療保険は社会保障協定の対象になっていない。

(2) 医療水準

先進国であるアメリカ・カナダ、これから大きく発展すると考えられるメキシコ・ブラジルで医療水準は 図表26-2 のとおり異なります。

図表26-2　医療水準に関する特徴

国	特　徴
アメリカ・カナダ	ともに先進国であるため、病気や事故にあった際も、救急車が手配され速やかに病院に搬送される。ただし、医療費が高額であるため、海外旅行保険は必ず購入することを勧める。また提示された例のように、治療自体は高い水準でできても、本人の希望で母国に帰国する際に医療搬送となることもある。
メキシコ・ブラジル	一部の大都市には高水準の病院があるが、地方都市の病院は、あまり水準が高くなく、医薬品や医療機器もそろっていない。このため、手術や精密検査が必要な場合は、アメリカ合衆国へ搬送されたり、あるいは大都市の総合病院に搬送される。ブラジルは広大で熱帯雨林の地域もあるため、このような地域に行く際はマラリアや黄熱病といった病気に対する注意も必要。

（出所）　インターナショナルSOSジャパン株式会社からの情報提供に基づき作成

医療レベル・医療保険・医療搬送事例

アメリカ

2 各国別でみた違い

1 アメリカ／医療レベル・医療保険・医療搬送事例

1．アメリカ駐在中に利用する医療保険

　アメリカでは医療保険制度改革（通称；オバマケア）が2010年より施行され、順次、改革が実施されています。2014年からは、個人の医療保険加入義務化が導入され、原則、ほぼ全ての米国国民及び合法的に居住している外国人（駐在員を含む）は、一定レベルの給付水準を満たす医療保険（※）に加入しなければならなくなりました。罰金免除の対象とならない医療保険未加入者は課徴金の対象となり、確定申告上で課徴金の支払を行うこととなります。（なお、日本からの駐在員は、日米社会保障協定に基づき、日本の健康保険制度に加入していれば、オバマケアで定める一定レベルの給付水準を満たす医療保険に加入しなくても課徴金の支払の必要はありません。）

※個人保険、企業が提供する団体保険、メディケア、メディケイド、CHIP（子供向け公的医療保険制度）、TRICARE（軍人・退役軍人及びその家族のための保険）等がこれに含まれます。

(1) **日本人駐在員にとっての民間医療保険とは**

　では日本人駐在員にとって「民間医療保険」とは何を意味するでしょうか。大きく分けるとアメリカの現地法人経由で加入する団体医療保険と、日本を出発までに加入する海外旅行保険の二つが挙げられます。

　両者の違いは 図表26-1-1 のとおりで、金額面では海外旅行保険が魅力的ですが、海外旅行保険の場合、持病や歯の治療が保険給付の対象外になっているため、保険の対象となる医療行為が上述の団体医療保険と比較すると少なくなります。

3 健康・リスク管理面

図表26-1-1 アメリカ民間医療保険と海外旅行保険の相違点

	アメリカの団体医療保険	海外旅行保険
保険料	年間50～100万円／人程度	年間15～25万円／人程度
自己負担	一定額まで自己負担が必要（負担額は保険内容による）	自己負担なし
保険給付の対象とならない医療行為	なし ※歯科については、別途歯科保険への加入が必要 ※医療行為であっても医学的に必要な処置と認められなければ給付対象にならない。（例：必要回数以上のカイロプラクティック）	持病（※）、歯の治療（※）、妊娠、出産、乳幼児健診、予防接種 ※ただし短期の旅行保険等については保険給付の対象となる場合もある。
利用者にとってのメリット	・保険給付の対象になる医療行為が相対的に多い。	・保険料が安い。 ・保険会社と提携している医療機関であれば現金不要で治療が受けられ、自己負担が生じない。（それ以外はいったん本人の立替が必要だが、後日保険会社に請求すれば医療費全額が戻るため、自己負担なし）
利用者にとってのデメリット	・保険料が高い。 ・自己負担が発生する。（ただし自己負担額が一定額以上になると保険会社が全額負担）	・本来、旅行時の突発的なトラブルに対処する保険のため、保険給付の対象とならない医療行為が多い。 ・オバマケアで認められた医療保険には該当しないため、米国居住者（海外駐在員も通常含まれる）の場合、海外旅行保険のみの加入だと、罰金徴収されることになる。（2015年度の罰金額は世帯全体の所得の2％又は1名当たりUSD325（18歳未満

133

2 赴任中

の子供はUSD162.5のどちらか高い額。年を追うごとに罰金額は高くなる。）
⇨ただし、日本人駐在員の場合、日米社会保障協定に基づき日本の健康保険に加入している場合は罰金の対象外となる。

なお、日本からの赴任者は、アメリカの現地法人経由で加入する団体医療保険を利用するケースが圧倒的に多いことから、その団体医療保険がオバマケアで求める一定水準を満たしている限り、上述の罰金の対象とはならないようです。とはいえ、実際に自らが加入している保険の内容を理解している人は少なく、いざ、病院に行くときに初めて保険の内容を知ることになる場合が多いようです。

(2) **アメリカの民間医療保険の類型**

アメリカの民間医療保険にはいくつかの類型がありますが、そのうち最もメジャーな保険類型としてPPO（Preferred Provider Organization）とHMO（Health Maintenance Organization）があります。

PPOはどの医療機関を利用しても保険給付を行う一方で、医療費を割引する契約を結んだ提携医療機関をネットワーク化し、保険加入者の当該医療機関利用を促進するために保険給付内容を優遇するのが特徴です。そのため保険料は高めですが、医療機関利用時の選択肢は多くなります。

一方、HMOは保険加入者ごとに設定された主治医が無駄な医療費を排除するために、保険給付の対象となる医療を厳格に管理するのが特徴です。そのため、保険料は安めですが、医療機関利用時の選択肢が前出のPPOより少なくなります。

(3) **医療保険と歯科保険**

日本では、医療の内容にかかわらず健康保険証一枚で、保険診療を受けることができます。一方、アメリカでは医療保険と歯科保険はある程度の類似性があるとは言えますが、異なる保険給付設計がなされており、保険

契約としても別途のものとなることが多いです。

そのため、歯科治療を受ける際にも保険の適用を受けたい場合は、医療保険に加えて歯科保険にも別途加入することが多いです。

また、一般的な医療保険の場合は、「自己負担上限額（Out of Pocket Maximum）」として加入者の自己負担額に上限があり、これに到達すると以後は無制限に保険給付がなされます。

さらに、日本であれば妊娠や出産は「病気ではない」ため、健康保険の対象外として取り扱われますが、アメリカでは妊娠・出産等も通常の医療行為と同様にみなされることから、医療保険に加入している場合、保険給付の対象となります。アメリカでは、医療保険に加入していない場合、地域や入院期間により大きな差が発生するが、通常の出産費用に1万ドル〜2万ドル程の費用がかかる場合がある中、医療保険の適用を受けることで、大きな自己負担を気にすることなく出産することができます（もちろん、加入している医療保険の内容により自己負担額は変わります）。

一方、歯科保険の場合は、治療を予防治療、基礎治療、高額治療の3つに分類し、それぞれに異なる保険給付割合（Co-insurance）を適用しています。

また、医療保険における自己負担上限額（Out of Pocket Maximum）とは逆の発想であり、「保険会社給付上限額（Maximum Benefits）」として保険給付に上限があります（保険加入者側の負担には制限がありません。）。

(4) 予防医療に対する考え方

アメリカでは健康診断や人間ドック等の予防医療は日本ほど一般化されていませんが、簡易な健康診断等に関する医療費であれば保険対象範囲となっています。

一方、歯科保険の場合は、図表26-1-2のとおり、予防治療にかかる費用のほとんどが保険でカバーされます。このように日本とアメリカでは予防医療に対する考え方が医療と歯科で大きく異なっています。

2 赴任中

図表26-1-2 予防医療に対する日米の考え方の違い

	メディカル	デンタル（歯科）
日本	◎人間ドックや健康診断等が当たり前に行われている。	△予防医療も以前よりも盛んであるが、事後治療が中心。
アメリカ	△予防治療も行われつつあるが、人間ドック的な検査が従業員全体に行われることはまれ。（エグゼクティブ等一部に限られる。）	◎予防医療が非常に発達している。（治療が必要になると高コストになることから予防を徹底するという考え方）

（出所）　複数の医療関係者への取材をもとに作成

2．医療事情について

(1) 医療事情（ニューヨーク）

　ニューヨークでの医療事情について、ニューヨークで日本人向けのクリニックを開設しているマンハッタンウェルネスメディカルの中釜知則先生と栄養士である宮下麻子先生にお話を伺いました。

　アメリカで医療行為を受ける際に、日本人がよく戸惑う点についてお伺いしたところ「日本に比べて薬をあまり出さない点」「医療費が病院によって大きく異なり、その料金が日本と比較すると非常に高い点」が挙がりました。

　前者については、「アメリカでは日本と比べて薬をあまり多く出さない傾向にあるため、日本で病院帰りにたくさんの薬を受け取ることに慣れている方の中には、アメリカでの薬の量の少なさに拍子抜けされる場合もある。」ということでした。ちなみにアメリカでは製薬会社が医師に対してプロモーション活動を行うことも禁止されているということです。

　また、後者については「アメリカでは貧困層や高齢者を除き、日本のような国民皆保険制度はないため、日本的に言えば基本的には全て「自由診療」であることから、医療費は病院によって大きく異なる。そのため、医療行為や地域毎に、どのくらいの医療費が相場かを把握しておくと医療行為を受ける際の目安になる（中釜先生）」ということでした。

日本では健康保険制度の下、医療行為やアドバイスを受けても支払う金額は非常に小さいですが、アメリカの場合は異なります。よって、日本の感覚でアメリカで医療行為を受けようとすると非常にコストがかかるという感覚を抱くことになります。（実際、アメリカでは自己破産の半数以上が高額な医療費が原因とも言われています。）

　また、アメリカにおける治療内容ごとの医療費はインターネット上でも簡単に調べることが可能です。（医療行為を受けようとする地域の郵便番号を入力すると、該当地域の医療行為の相場を把握できるウェブサイトも存在しますので、余裕があれば医療行為を受ける際に事前にチェックしておくのも一案です。）

　さらにアメリカでは「予防治療」という概念が日本ほど進んでいません。たとえば日本では当たり前の人間ドック等は「エグゼクティブクラスが会社経費で行うのみで、一般従業員に対して会社経費で提供されるケースはあまりない（宮下先生）」ようです。

　よって、人間ドックを受診する場合は、日本に戻るか、人間ドックを行っている日系のクリニックで実施することになります。

　先生方にアメリカで生活する際の医療面での留意点をお伺いした内容が 図表26-1-3 です。

図表26-1-3　アメリカで医療行為を受ける際の留意点

１．食べすぎ、飲みすぎ、運動不足による生活習慣病に注意
　赴任当初は量が多く脂っこいと感じていたアメリカの食事にも次第になれてくるため、赴任生活に慣れてくると、食べすぎや飲みすぎ傾向がある。
　また、車での移動が中心の場合、運動不足になることから生活習慣病にかかるリスクが高く、日本以上に自己管理が求められる。（但しニューヨークをはじめとした都心部においては近年、「自らの健康を管理できない人は仕事もできない人」という烙印を押される傾向があるため、以前よりはかなり健康志向になりつつある）
　特に海外赴任者は健康面のトラブルが表面化しやすい40代以降の年代が多いため、上記のような海外生活での不摂生が重なると、健康悪化リスクが非

常に高まる。

２．健康診断の結果をよく確認し、結果に応じた対応策を講じる

　健康診断（又は人間ドック）を受けるだけで、その結果について関心がない人が非常に多い。特に遠方から健康診断を受けに来る場合、結果を聞くために来院する時間がとれず、健康診断（又は人間ドック）を受けただけで終わっているケースもある。

　健康診断は、受けることそのものよりも、受けた結果に基づき必要な対応を取ることが重要であり、対応が後手に回るとその分、治療に時間やお金もかかってしまう。忙しくても自らの健康のために、必ず健康診断の結果を聞きに行くようにするべき。

３．安いからというだけで、保険給付内容を吟味しないで保険の種類を変更すると、医療保険を利用しても結果として保険が下りない場合もある

　アメリカの医療保険は非常に高く、家族帯同であれば１か月あたりの保険料が10万円を超えることも少なくない。そのため、医療保険の負担が重いと感じる企業の中には、保険ブローカーの勧めるまま、安易に安い保険に切り替えることがあるが、そのような場合、医療行為を受けた際、医療費のほとんどが保険給付の対象から外れてしまうという場合もあり、保険に加入した意味がない、ということも起こりえる。保険の内容が費用対効果に見合うかよく勉強することが必要であるし、会社の保険で足りない場合は自己防衛のため、治療費無制限の海外旅行保険に加入するのも一案。

４．永住権やアメリカ市民権保有者は日本の海外旅行保険の対象にならない場合がある

　海外旅行保険はあくまで、「日本を出発地点とし、期間限定で海外に滞在する場合の保険」であるため、アメリカ永住権を有していたり、市民権を保有している場合は、本来は海外旅行保険の対象にはならないはず。よって、これらのステイタスを保有する方は、保険請求を行っても保険金が下りない可能性や、詐欺行為を行っているとみなされる可能性もあるので注意が必要。また、永住権やアメリカ市民権を持っていない場合は問題なく旅行保険は利用できるが、旅行保険は持病等は対象外になる上、治療開始から180日までしか保障されないため、アメリカに旅行ではなく長期で滞在する場合は、アメリカの民間医療保険に加入することも検討する必要がある。

５．アメリカで病気になったり事故に遭った場合に備え、ケーススタディを行っておく

　救急車、緊急医療、医療費等、医療事情は日本とアメリカでは事情がまっ

> たく異なる。いざというときに適切な対応が取れるよう、「こういう場合はどのように対応するか」というケーススタディを会社として赴任者に行わせておくことも重要。

(出所) マンハッタンウェルネスメディカル　中釜先生、宮下先生へのインタビューを中心に作成

(2) 歯科治療について

　医療費が高いと有名なアメリカですが、歯の治療費もまた、日本と比較すると高額になる場合が多くなります。たとえば一般的な医療費は、海外旅行保険でカバーされますが、歯の治療は特約を付けない限り、旅行保険では対応しません。また、アメリカの民間医療保険に加入していても、歯の治療は別途、歯科保険を契約しないと対象外になってしまいます。

　そのため、赴任する前に日本で歯の治療を行うことが、日本本社からの要請もあり、駐在員の中では一種の慣習となっていますが、実際に、アメリカで歯科治療を受ける局面に立った場合、どのようなことを知っておくべきでしょうか。

　シカゴ郊外で20年以上、日本人向けの歯科医院を開設されている上村総合歯科の上村富男先生にお話をお伺いしました。

① 歯に対する意識の違い

　上述の上村先生に、日本とアメリカにおける歯に対する意識の違いについてお伺いした内容をまとめたものが 図表26-1-4 です。

図表26-1-4　日本と比較したアメリカにおける歯に対する意識の違い

> 1．予防に力を入れている
> 　悪いところがあれば治療するという事後対応が中心の日本に比べ、虫歯などのトラブルを発生させないための事前対応（予防医療）に力を入れているのが特徴。（そのため、歯科保険についても治療よりも予防にかかる費用についての保険カバー率の方が高くなっている。）
> 2．歯に対する意識が高い
> 　歯に対する意識が世界の中で最も高いといってよく、歯列矯正も盛ん。(歯列矯正のメリットは単に審美的な要素だけでなく、歯並びを良くし、歯茎の

2 赴任中

状態をよくすることで虫歯や歯のトラブルを減らし、将来にわたり、入れ歯やインプラントといった人工的な処置を行うリスクを減らすことにもつながる。アメリカでは歯列矯正はごく当たり前の行為となっている。)
➡ アメリカに長く滞在していると周囲の人たちと比べた自分の歯並びの悪さが気になりだし、歯列矯正を始める人もいる。

3．予算に応じた治療
　自身の予算や保険支給限度額の上限があるため、治療を行う前に見積もりを依頼し、医師と相談の上、治療を行うことが望ましい。

（出所）　上村総合歯科へのヒアリングにもとづき作成

図表26-1-5　歯科治療を受ける前に確認しておくべきこと

【歯科保険を保有している場合】
1．保険内容の詳細を確認すること
・歯科保険も千差万別。勤務先が同じでも、いくつかのプランを選択できる会社の場合、人により保障内容が異なることもある。
・通院予定の歯科医院が自らの歯科保険が利用できる医療機関に該当するか確認すること。(行きたい歯科医が保険ネットワークの対象外であれば、全額自己負担となる場合もある。)
・歯科保険の保障内容について詳細を確認しておくこと。(利用する医療機関に問い合わせても、保険プランは非常に様々であるため、医療機関から保険会社への問い合わせは、契約者以外からの問い合わせとなるため、対応してくれない場合がある。)
・適用開始日を確認すること。保険加入の手続きをしたからといって、すぐに保険が適用されるわけではない。うっかりと適用開始日の前日に治療を受けて全く保険が下りないというケースもある。
・待機期間が設けられている場合、加入してから〇年以内は保険が適用される医療行為が限定されていることもあるので確認することが望ましい。
※日本であれば健康保険証で通常の医療も歯科治療もどちらも対応できるが、アメリカにおいて歯科治療はDentalの保険のみが対応可能で、通常のMedicalの保険では、歯科治療は対象外となる。
2．問題が見つければ、躊躇せず、早めに治療を受けること
・治療すべき箇所が大きいほど、治療費が高くなる上、歯科保険のカバー率

も低くなり、結果として自己負担額が非常に大きくなる。（歯科保険では予防医療へのカバー率は非常に高いが、治療の程度が重くなるほど保険のカバー率が低くなる。）

3．治療費支払のタイミングを確認すること
・加入している歯科保険や、医療行為を受けた歯科医院によって、支払のタイミングが異なることがある。（当日全額を自己負担後、後日保険会社から保険金が下りるケースや、当日は医療機関での支払はなく、後日、保険金との差額について請求書が届くケース等様々。）

【歯科保険を保有していない場合】

1．健康保険の海外療養費請求を行うことを検討している場合、必要書類を用意しておくこと
・日本の健康保険に加入していれば、海外療養費請求を行うことで、医療費の一部が健康保険より還付される。加入している健康保険組合等により、歯科医で記入してもらう様式が若干異なる場合があるため、事前に用紙を準備しておくこと。
・健康保険の療養費請求を行いたい場合、治療を受ける際、その旨を事前に伝えること。日本の歯科医療システムを把握している先生であれば、それに応じた治療をしてくれる。

2．治療を受けたら早めに日本本社又は健康保険組合にて海外療養費請求を行うこと

（出所）上村総合歯科へのヒアリングにもとづき作成

② 帯同子女が現地校に通学する場合

帯同子女が現地校に通学する場合、入学に当たって米国内の歯科医による歯科検診済の証明書が必要となります。また、この歯科検診で虫歯が見つかった場合は、虫歯の治療が適切に実施されたことの証明になります。

そのため、現地校に通う場合は、一度はアメリカの歯科医院を訪れることになるということでした。

2 赴任中

3．緊急医療搬送ケース

アメリカにおける緊急医療搬送ケースの一例は 図表26-1-6 のとおりです。

図表26-1-6　アメリカでの医療事例

> **4歳　日本人駐在員家族**
> サンフランシスコでプールに転落。意識は失っていなかったが、顔色は不良で救急病院に搬送。水を大量に飲んだことによる肺炎と診断された。酸素、抗生物質、点滴などの投与を受け5日目に退院。
>
> **58歳　ロスアンジェルス滞在の日本人駐在員**
> 発熱と腹痛、嘔吐のために入院。検査の結果、多発転移を伴う胃がんと診断された。本人の病状は日毎に悪化し、食事はとれずに、高流量の酸素吸入も必要な状態。本人及び家族の帰国の意思が強く、勤務先も帰国を支持したので、医師及び看護師が付き添い、医療専用機で帰国し日本の病院に入院。

（出所）　インターナショナルSOSジャパン株式会社提供資料より作成

3　健康・リスク管理面

2　カナダ／医療レベル・医療保険・医療搬送事例

1．カナダ駐在中に利用する医療保険

　日本からの赴任者はカナダで医療機関を利用する際、どのような保険を使用しているのでしょうか。図表26-2-1からもわかるとおり、カナダでは公的医療保険制度が州ごとに運営されており、日本からの駐在員も加入義務があります。医療のレベルは高いため、駐在員も公的医療保険を利用するケースは多いですが、他国の公的医療保険と同様、緊急性の高い医療行為が優先されるため、相対的に緊急性の低い医療行為に対しては待ち時間が長いのが難点であり、必ずしも十分な設備が備えられていない場合もあること等から利便性は決して高いとはいえません。

　また、公的医療保険制度はカナダに赴任した直後から利用できるわけではなく、3か月程度の待機期間が必要になります。そのため、公的医療保険が利用できるまでの数か月間、無保険になってしまわないよう少なくとも公的医療保険の利用が可能になるまでの期間については日本にいる間に忘れずに海外旅行保険に加入した方がよいでしょう。

　なお、海外旅行保険の仕組みについては**Q11**をご参照ください。

図表26-2-1　カナダ駐在中に知っておきたい医療保険の種類

カナダで加入する保険	カナダ公的医療保険（州政府が運営）	主に税収で賄われている州政府が運営する公的医療保険制度に加入することになる。 ※たとえばオンタリオ州の場合、OHIP（Ontario Health Insurance Plan）を提供している。 日本からの赴任者もカナダの医療保険制度に加入するため、カナダの公的医療保険の保険料も支払っている。そのため、公的医療保険利用資格は保有しており、無料で診療を受けられる場合も多い。しかし待ち時間が非常に長い等、利便性に課題もある。
	カナダ民間医療保険	カナダ現地法人で加入し、雇用している従業員向けに提供されている場合、日本からの赴任者もカナダの民間医療保険に加入している場合もある。

2 赴任中

日本で加入する保険	海外旅行保険（日本の損害保険会社等が提供）	日本からの赴任者が多く利用している。 保険会社により、キャッシュレス対応となる医療機関が異なるので、医療費の立替をしたくないのであれば、加入している旅行保険でキャッシュレス対応となる医療機関がどこになるのかの確認が必要。
	日本の公的健康保険	既往症など、海外旅行保険の対象にならない医療費は、日本の健康保険に「海外療養費請求」を行うケースが多い。 この場合、医療機関での領収書が必要になる。

2．医療事情
(1) 医療機関の利用について

カナダの公的医療保険制度を利用して医療行為を受ける場合にお世話になるであろう医療機関の種類は以下のとおりです。

図表26-2-2 カナダ公的医療保険制度を利用できる医療機関の一例

家庭医（ファミリードクター）	医療機関利用時には、地域の家庭医の受診が必要だが、家庭医の数は多くはないこと等から、新規の患者を受け入れていない場合もある。また、運よく家庭医を持てることになった場合も、1日当たりの診察人数を制限している家庭医もいるため、傷病の際、すぐに家庭医に診察してもらえるとは限らない。
専門医	原則として家庭医の紹介が必要となる上、専門医の少ない科については数か月単位の待ち時間を覚悟する必要がある場合がある。
ウォークインクリニック	家庭医を持っていない人が利用する。ただし待ち時間が非常に長い場合がある。

（出所） 外務省「在外公館医務官情報」及び現地でのヒアリングに基づき作成

上記のとおりいずれのケースも待ち時間が非常に長いことが特徴です。もちろん、緊急性の高い傷病については優先的に対応してもらえるとはいうものの、カナダの公的医療保険だけをあてにして駐在生活を送るのはやや不安かもしれません。よって、海外旅行保険や現地の民間医療保険への

加入を検討した方がよいでしょう。

(2) 気をつけた方がよい病気等

　先進国であり、特に気をつける疾病はありませんが、外務省の在外公館医務官情報によると、図表26-2-3 の感染症や冬の寒さ等には注意が必要です。

図表26-2-3　カナダにおける健康面の留意点

```
１．気をつけた方がよい感染症
　以下の感染症には注意が必要。
　①狂犬病　②ハンタウイルス肺症候群　③ウェストナイル熱　④アタマジ
　ラミ　⑤ツタウルシ
２．健康上心がけること
　春：花粉症、夏：紫外線対策　冬：寒さ対策と乾燥
```

３．緊急医療搬送ケース

　カナダにおける緊急医療搬送ケースの一例は図表26-2-4 のとおりです。

図表26-2-4　カナダでの医療事例

```
25歳　日本人観光客
ウィスラーでスノーボード中に木に激突、診療所で大腿骨の骨折と診断。救
急車でバンクーバーまで搬送され入院した後、翌日整復手術。松葉杖歩行が
可能な状態まで回復したため7日間の入院後、看護師が付き添い定期便で日
本へ帰国。
```

（出所）インターナショナル SOS ジャパン株式会社提供資料より作成

2 赴任中

3 メキシコ／医療レベル・医療保険・医療搬送事例

1．メキシコ駐在中に利用する医療保険

　日本からの赴任者がメキシコで医療機関を利用する際、どのような保険を使用しているのでしょうか。 図表26-3-1 からもわかるとおり、メキシコではIMSS（INSTITUTO MEXICANO SEGURO SOCIAL）が運営する公的医療保険制度が存在し、日本からの駐在員も加入義務があります。ただしIMSSを利用できる医療機関は、待ち時間が長い、必ずしも十分な設備が備えられていない場合もあること等から利便性は決して高いとはいえません。そのため駐在員は公的医療保険を利用せず、日本で加入した海外旅行保険等の民間医療保険を利用する場合が多くなっています。

　なお、海外旅行保険の仕組みについては**Q11**をご参照ください。

図表26-3-1　メキシコ駐在中に知っておきたい医療保険の種類

メキシコで加入する保険	メキシコ医療保険（IMSS）	日本からの赴任者もメキシコの医療保険制度に加入するため、メキシコの公的医療保険の保険料も支払っている。そのため、公的医療保険利用資格は保有しており、無料で診療を受けられる場合も多い。しかし待ち時間が非常に長い、設備が十分でない場合がある等、様々な問題があり、日本人駐在員については公的医療保険を利用して医療行為を受けることはまず見かけられない。
	メキシコ民間医療保険	メキシコ現地法人で加入し、雇用している従業員向けに提供されていることが多いため、日本からの赴任者もメキシコの民間医療保険に加入している場合もある。
日本で加入する保険	海外旅行保険（日本の損害保険会社等が提供）	日本からの赴任者が一番多く利用している。保険会社により、キャッシュレス対応となる医療機関が異なるので、医療費の立替をしたくないのであれば、加入している旅行保険でキャッシュレス対応となる医療機関がどこになるのかの確認が必要。

日本の公的健康保険	既往症など、海外旅行保険の対象にならない医療費は、日本の健康保険に「海外療養費請求」を行うケースが多い。 この場合、医療機関での領収書が必要になる。

2．メキシコにおける健康上の留意点

　メキシコでの健康上の留意点は、外務省の在外医務官医療情報によりますと、図表26-3-2のとおりです。図表26-3-2のとおり、健康面では留意が必要な点が多いことがわかります。

　メキシコシティにおいても医療面での課題は多いものの、首都であるため医療面でのレベルも高く、医療体制もメキシコ国内においては整っていること、日系の医師も多いことなどから、医療面で大きな心配は少ない一方、近年、日系企業が多数進出している地方都市等においては、医療面のインフラが十分でないため、スペイン語や現地事情に精通していない方が、病気や事故に遭遇した際、対応に困る場合も存在します。

　メキシコで活躍されている日本人医師によりますと、「メキシコには公的医療保険制度が存在するが、当該制度は様々な課題もあり、必ずしも日本人にとっては使い勝手の良いものではない。また、命にかかわる事故や病気の際でも、治療に必要なお金が用意できない場合、適切な治療を受けることができず、医療搬送も不可能になることから、メキシコに出張・駐在する場合は必ず十分な補償額の旅行保険に加入しておくことが不可欠。また、クレジットカード付帯の旅行保険の中には、海外での疾病治療費用が負担されないものもあるので、付保内容を事前に確認しておくことが必要」ということでした。

　また歯科医療についても「メキシコでの歯科治療レベルは比較的高く、歯に対する意識もアメリカ同様に非常に高い。そのため、医療費の高いアメリカからメキシコに治療に来るケースも少なくない」ようです。

　なお、海外旅行保険は通常、歯科治療費は保険給付の対象外ですが、事

2 赴任中

故等による歯の損傷は対象になります。そのため、強盗に殴られる等で歯を損傷し、治療にやってくるケースもあるようで治安について課題が多いことが伺えます。

図表26-3-2　メキシコにおける健康上の留意点

〈かかりやすい病気・けが〉
(1) 　高山病
　　標高2,240メートルのメキシコシティでは、軽症の高山病に悩まされることがあります。高地適応については年齢因子よりも個人差がありますので元気な若者でも症状が出ます。頭痛、吐き気、腹部膨満、動悸、息切れ、倦怠感、不眠等の症状が見られます。対策は無理に動き回らないこと、アルコール摂取を控えることや水分を多めに摂取することです。
(2) 　感染性胃腸炎
　　ウイルス、細菌などが原因で腹痛、嘔吐、下痢、発熱などの症状を起こします。1年を通して多くみられます。強い腹痛、高熱、血便、脱水等の症状が出た時には早期に病院を受診し、便検査や血液検査等で原因を明らかにした上で治療を開始することをおすすめします。
(3) 　原虫・寄生虫による消化管疾患
　　内服治療が必要になります。寄生虫（蟯虫、回虫、条虫）は全国的に見られます。
(4) 　呼吸器感染症
　　メキシコシティは年間を通じて空気が乾燥しており、特に乾期では湿度が20％を下回ることもあります。このため呼吸器感染症にかかると長引く傾向にあり、ときに咳が1か月以上も続くことがあります。喘息等の慢性呼吸器疾患を持つ人はメキシコ渡航前に主治医とよく相談する必要があります。
(5) 　デング熱
　　デングウイルスを保有する蚊に刺されることによって感染します。メキシコの低地や海岸地域で見られます。
(6) 　マラリア
　　当国では三日熱マラリアがほとんどです。マラリア原虫を保有する蚊に刺されることにより感染します。
(7) 　サソリ
　　メキシコ市内でも散見されます。刺されたら可能であればサソリを捕獲して救急外来に受診してください。

(8) 交通事故

完全な車優先社会ですので、たとえ青信号でも注意して道路を横断する必要があります。運転時には他者の無謀運転の巻き添えにならないよう十分に注意してください。また、道路は陥没していたりマンホールの蓋がないまま放置されていることがあります。歩道も同様に穴があいていたり基礎工事の金属棒が飛び出していたりしますので注意してください。

〈健康上心がけること〉

(1) 屋台のタコスやアイスクリームなどは温度管理が悪いと病原菌が急激に増加します。加熱調理されたものは熱いうちに食べ、生ものは避けましょう。
(2) 飲料水は市販のボトルに入ったものを使用しましょう。
(3) 旅行中に体調をくずし急死される高齢者の方や、ロスカボス、カンクンなどで水の事故に遭われる人がいます。時差ボケだけでなく、メキシコは国土が広いため、気候も多種多様で疲労が蓄積します。余裕を持った旅行スケジュールで行動してください。
(4) スーパーの野菜コーナーで生野菜用の消毒液を売っています。
(5) メキシコシティでは一時期より改善したとはいえ大気汚染は深刻です。交通量の多い地域を長時間歩くことは避けましょう。また、帰宅後はうがいや手洗いをしてください
(6) 高地では紫外線が強いので注意が必要です。皮膚炎、色素沈着、皮膚癌、結膜炎や白内障の原因になります。外出時は日焼け止めを塗り、帽子やサングラスを着用しましょう。

(出所) 外務省「在外公館医務官情報　メキシコ」より転載

3．緊急医療搬送ケース

メキシコにおける緊急医療搬送ケースの一例は 図表26-3-3 のとおりです。

2 赴任中

図表26-3-3 メキシコでの医療事例

34歳　日本人長期出張者男性
アグアスカリエンテスにて自転車走行中に自動車に接触し転倒、胸と頭を打撲した。救急車で町の救急病院に搬送され、血気胸を伴う肋骨骨折及び脳出血を伴う脳挫傷と診断され入院。血気胸に対して胸腔ドレーン（チューブ）が挿入され呼吸状態は改善したが、意識は朦朧としている状態であった。翌朝、医師が付き添い医療専用機で米国ダラスの病院へ転院しICUに5日間入院、その後一般病棟に8日間入院し症状は改善、20日目までダラスにて静養した後、日本に家族とともに帰国。

（出所）　インターナショナルSOSジャパン株式会社提供資料より作成

4　ブラジル／医療レベル・医療保険・医療搬送事例

1．ブラジル駐在中に利用する医療保険

　日本からの赴任者はブラジルで医療機関を利用する際、どのような保険を使用しているのでしょうか。図表26-4-1からもわかるとおり、ブラジルは国民皆保険制度を保有しているため、公的医療保険を利用した場合、医療行為を受ける際に費用がかかることはありません。またサンパウロ等の都心部の医療水準は比較的高いことから、一見すると医療費や医療レベルの面で心配する必要はなさそうです。しかし、公的医療保険制度を利用して医療行為を受けるためには非常に長い待ち時間がかかること、公的医療保険制度が利用できる病院は必ずしも清潔ではないことや、駐在員の生活圏にないこと、言葉（ポルトガル語）の問題等、公的医療保険制度を利用して医療行為を受けるには様々な制約が生じることになります。

　サンパウロで一般内科医として開業している秋山一誠先生によりますと、日本からの赴任者は、日本で加入した海外旅行保険を利用したり、自由診療（後に保険や会社に払戻請求をされている）医療行為を受けている場合が多くなります。なお、海外旅行保険の仕組みについてはQ11をご参照ください。

図表26-4-1　ブラジル駐在中に知っておきたい医療保険の種類

ブラジルで加入する保険		
	ブラジル公的医療保険 (SUS：Sistema Único de Saúde)	日本からの赴任者もブラジル社会保険制度に加入するため、ブラジル公的医療保険の保険料も支払っている。そのため、公的医療保険利用資格は保有しており、薬代を除き（一部慢性病用薬や高額な薬は公的機関から無料の供給がある）、基本的に無料で診察が受けられる。ただし、待ち時間が非常に長い等、様々な問題があり、日本人駐在員については公的医療保険を利用して医療行為を受けることはまず見かけられない。
	ブラジル民間医療保険	ブラジル現地法人で加入し、雇用している従業員向けに提供されていることが多いため、日本から

2 赴任中

日本で加入する保険		の赴任者もブラジルの民間医療保険に加入しているケースはみられる。ただし、利用できる医療機関や医療行為は自らが加入する医療保険の内容次第となるため、使い勝手がよくないこともあり、入院等、多額の金銭が必要になる場合を除いては、通常の通院時に利用されるケースは多いとはいえない。 （下記の海外旅行保険や日本の健康保険に対する海外療養費請求の方が多い。）
	海外旅行保険 （日本の損害保険会社等が提供）	日本からの赴任者が一番多く利用している。 保険会社により、キャッシュレス対応となる医療機関が異なるので、医療費の立替をしたくないのであれば、加入している旅行保険でキャッシュレス対応となる医療機関がどこになるのかの確認が必要。
	日本の公的健康保険	既往症など、海外旅行保険の対象にならない医療費は、日本の健康保険に「海外療養費請求」を行うケースが多い。 この場合、医療機関での領収書が必要になる。

（出所）　秋山一誠先生へのヒアリングに基づき作成

2．ブラジルの医療事情
(1) 医療機関利用時の留意点

　前出の秋山先生に医療機関利用時の留意点について、医療機関の選び方から入院まで、様々な局面で知っておいた方がよいことをお伺いした内容をまとめたものが 図表26-4-2 です。

図表26-4-2　医療機関利用時の留意点

ポイント	概　要
医療機関の選び方	・医療機関により質にばらつきがある。 　日本であれば、どの病院であっても一定以上の医療レベルがあると考えて問題ないが、ブラジルでは必ずしもそうとは限らない。

	病気に応じて適切な医療機関は異なるし、どの医療機関が適切かを判断するのは、インターネット等を通じて情報収集が可能になったとはいえ、素人が判断することは困難。 →症状に合わせた適切な医療機関選びには、医療のプロの力を借りる必要がある。 ※ブラジルには医師国家試験は存在せず、医学部を卒業して医師評議会に登録すれば医師になることができるなど、日本ほど厳格なシステムではない。 ・専門医療機関に行くほど日本語が通じなくなる。 　クリニックであれば日本語が話せる先生もいるが、専門医療機関では日本語対応可能が難しい場合も多いため、医療通訳が必要になる。
かかりつけ医の必要性	・健康上の問題があった時、相談できる医師の存在が必要 　上述のとおり、症状に応じた適切な医療機関選びに当たり、医療のプロの助けが不可欠。何かあった際、適切な方向に導いてくれる存在の医師であれば、（ブラジル人の場合、一般にかかりつけ医は小児科か婦人科が多いが）何科の専門であるかはそれほど大きな問題ではない。
診察の受け方	・検査結果は病院ではなく本人が管理する 　日本であれば検査結果は病院が保有し、患者は病院に任せきりだが、ブラジルでは検査結果は本人が管理するもの。そのため、以前受けた検査結果を診察時に持参することで、より効果的なアドバイスが得られる可能性がある。 ・診察時間に余裕があるので納得いくまで話をすることが必要 　診察時間は自由診療の場合、通常、30分はかかる。納得いくまで医師と話をすることが重要。
院外薬局の利用の仕方	・薬局は医療システムの一部ではなく、完全な商業 　そのため、患者の健康状態よりも、薬局側の利益を考慮した薬剤を推奨される場合もあるので注意が必要。 ・「先発品」「類似品」「ジェネリック（一般品）」の違いを理解する 　「先発品」とは初めて薬物の認可になったものである一方、「類似品」は「先発品と同じである」旨を厚生省に申告すれば認可が

2 赴任中

	下りるため、審査が緩いと考えられる。一方、「ジェネリック（ブラジル名：GENERICO）」は審査も厳格である。これらの違いを理解した上で薬剤を選ぶ必要がある。 ・薬局選びは上記のようなリスクが低いと考えられる大手薬局が安心。
検査の受け方	・検査は日本は内製型である一方、ブラジルは総合病院を除き、検査は外注が一般的診察を受けた医師の指示に基づき検査を受けることになるが、検査を受けるためには検査機関等に予約が必要。検査結果を持って、医師の改めて診察を受けることになる。
支払の仕方	・検査費、診療費等は別々に支払う 　日本であれば一括して病院に支払う。一方、ブラジルは診察は医師が行うが、検査は検査機関、入院費用は病院に支払う等、支出項目により支払い先が異なる。（ただし海外旅行保険を利用する場合は一括で支払うことができる場合もある） ※ブラジル以外の国も上記のようなシステムが多く、日本のシステムの方が珍しいことを理解する必要あり。 ・日本の健康保険に海外療養費請求する場合は領収書を取っておくこと
入院する場合	・入院にあたり、保証小切手が必要な場合も 　1万レアル程度の小切手を要求される場合がある。 　（医療保険を利用する場合は小切手要求は不法だが、入院費の取り立て漏れを防ぐため、要求されるケースは少なくない） ・日系の病院であっても日本語が通じるとは限らない。看護師などのスタッフが日本語ができるとは限らず、ポルトガル語でのコミュニケーションが必要になるため、医療通訳が必要になることが予想される。 ・医療機関のホスピタリティは高い。 　ブラジルの医療機関はホスピタリティ（医療以外のホテル機能）が一般的に高い。そのため、ブラジルでの出産を選択する日本人も少なからず存在する。

（出所）　秋山一誠診療所提供資料及び秋山一誠先生へのヒアリングに基づき作成

(2) 気をつけた方がよい感染症と必要になる予防接種

　ブラジルで気をつけた方がよい感染症としてはどのようなものがあるでしょうか。

　前出の秋山先生によりますと、「ブラジルからペルー等、周辺国に入国する際に黄熱の予防接種証明書を求められることがあるが、実際にブラジルで黄熱の罹患者を見たことはほとんどない。アマゾンに近いマナウスや、ブラジリア等は別として、サンパウロなどの都心部への赴任に当たっては黄熱の予防接種は必ずしも必要ではない」ということでした。（黄熱の予防接種はＡ型肝炎、Ｂ型肝炎といった予防接種と比較して、副反応が出やすい等、接種に伴うリスクもあります）

　むしろ、黄熱より気をつけた方がよい感染症としては、デング熱やチクングニア熱です。いずれも蚊により媒介される出血熱ですが、両者の見分けは難しいそうです。デング熱はリオや海岸線の都市においてよく見られる一方、チクングニア熱の感染経路はカリブ海で、今年に関してはデング熱が大流行しています。

　ブラジル赴任に当たり日本で接種しておいた方が望ましい予防接種は図表26-4-3のとおりです。

図表26-4-3　赴任前に日本で接種した方がよい予防接種

大人	受けることが推奨される予防接種	・Ａ型肝炎 ・破傷風又はDPT（三種混合） ・MMR（接種歴のない人は2回）
	上記ほどではないが受けた方がよいと思われる予防接種	・Ｂ型肝炎 ・インフルエンザウィルス ※黄熱はサンパウロやリオの都市部に居住予定であれば必要ない。
乳幼児	子どもの任意接種は右の種類が一般的	・インフルエンザ（季節、毎年） ・水痘（12か月歳に1回、2歳になるまでに2回目） ・Ａ型肝炎（12か月歳、18か月歳の2回）

2 赴任中

		・DT（2種混合、14歳時） ・IPV（不活性化ポリオ、15か月歳と4歳で追加接種） ・B型髄膜炎菌（C型髄膜炎菌と同時に） ・ACWY型髄膜炎菌（12か月歳時に1回）

（出所）　秋山一誠先生ご提供資料をもとに作成

なお、ブラジルにおける乳幼児の公式予防接種スケジュールは以下のとおりです。

図表26-4-4　ブラジルの公式予防接種スケジュール（2015年6月現在）

年齢	ワクチン名 日本語	ワクチン名 ポルトガル語	回数目	備考
出生時	BCG	BCG	1回のみ	
	B型肝炎	Hepatite B	1回目	
2か月	DPT＋Hib＋B型肝炎	pentavalente	1回目	DPT＝3種混合 Hib＝インフルエンザ菌b型
	IPV（不活性化ポリオ）	VIP vacina inativada poliomielite		
	ロタウイルス	rotavirus		
3か月	C型髄膜炎菌	meningocócica C	1回目	
	肺炎球菌（10価結合型）	pneumocócica 10		
4か月	DPT＋Hib＋B型肝炎	pentavalente	2回目	
	IPV（不活性化ポリオ）	VIP vacina inativada poliomielite		
	ロタウイルス	rotavirus		
5か月	C型髄膜炎菌	meningocócica C	2回目	
	肺炎球菌（10価結合型）	pneumocócica 10		

③ 健康・リスク管理面

6か月	経口（生）ポリオ	VOP vacina oral poliomielite	3回目	経口ポリオは公共機関のみ
	DPT＋Hib＋B型肝炎	pentavalente		
	肺炎球菌（10価結合型）	pneumocócica 10		
	インフルエンザ	influenza（gripe）	1回目	6か月歳以上、冬期シーズンに実施、初回は1か月空け、2回接種。以降1年おきに2歳まで
7か月	肺炎球菌（10価結合型）	pneumocócica 10	3回目	
	インフルエンザ	influenza（gripe）	2回目	
9か月	黄熱	febre amarela	第1期	黄熱予防勧告地域のみ
12か月	MMR	SCR tríplice viral	第1期	MMR＝麻疹、おたふくかぜ、風疹混合
	肺炎球菌（10価結合型）	pneumocócica 10	追加	
15か月	DPT　3種混合	DTP tríplice bacteriana	追加	経口ポリオは5歳まで毎年追加が望ましい
	経口ポリオ	pólio oral		
	C型髄膜炎菌	meningocócica C		
	MMR＋水痘	tetra viral	第2期	
4歳	DPT　3種混合	DTP tríplice bacteriana	追加	
	経口ポリオ	pólio oral	追加	
	黄熱	febre amarela	第2期	黄熱予防勧告地域のみ

157

2 赴任中

| 9歳 | ヒトパピロマウイルス | HPV | | 1回目 | 2回目と3回目の時期は初回使用のワクチンによる |

（出所）　秋山一誠先生より情報提供

3．歯科医療事情（サンパウロ）

　サンパウロの歯科医療事情について、サンパウロ日本人学校の校医でもあり、SAKURADA DENTAL CLINICの院長である桜田ローザ先生にお話をお伺いしました。

(1) **日本人赴任者によくみられる症状**
　～予防よりも、悪化してから通院するケースが大半

　桜田先生によりますと、「日本人は歯に対する意識の高い一部の方を除いては、痛くならないと治療に来られないため、来院される時点では、神経の炎症、古い詰めものの欠損、歯槽膿漏の重篤な症状に至っているケースが多い」ようです。

　また、日本で治療をした上で赴任される人も少なくありませんが、赴任が決まってから赴任するまでの短期間では、治療が完了していない場合もあり、赴任後、体も疲れてストレスもたまった状態の抵抗力が落ちた状況で、一気に歯のトラブルが噴出するケースもみられるようです。

(2) **甘いものには注意**
　～砂糖の使用料が非常に多いので注意。ヘッドの小さい子供用歯ブラシは日本から持参を！

　甘いものが歯によくないことは周知の事実ですが、ブラジルでは飲食料に含まれている砂糖の量が日本とは比較にならないほど多くなります。また、子供を喜ばせようと、周囲の大人が子供達にキャンディを与える光景もよく見られるため、日本よりも虫歯になりやすい環境といえるでしょう。そのため、手間がかかるものの、子供の虫歯予防には「おやつは手作りすることが一番（桜田先生）」です。

3 健康・リスク管理面

　また、前出の桜田先生によりますと、「ブラジルの都会（サンパウロ等）の水道水は虫歯予防のため、フッ素が含まれていることから、煮沸する等のひと手間加えた水道水を利用することで、（成分が不明な）ミネラルウォーターを利用するよりも虫歯予防ができる点が特徴」ということでした。

　なお、「日本では薬局などで多数販売されている、子供用のヘッドの小さい歯ブラシは、ブラジルでは入手することが困難（桜田先生）」です。よって、子女を帯同して赴任する場合は、子供用の歯ブラシは日本から多めに持参した方がよさそうです。

(3) **歯並びや歯の健康に対する意識の高さ**
　　～日本とは比較にならないほど高く、アメリカ並み～

　上述のとおり、砂糖が多く含まれた食生活により、虫歯が発生しやすい環境にはありますが、歯並びや歯の美しさに対する意識は日本とは比較にならないほど高く、アメリカ並みと考えた方がよいでしょう。

　ブラジルでは「歯並びは健康管理、社会的地位のバロメーター」として位置付けられており、歯列矯正、ホワイトニング、歯の再生治療等のレベルは非常に高いことから、医療費の高いアメリカから、ブラジルまで歯の治療を受けにくるアメリカ人等もいるほどです。また、日本からの赴任者の中にも、ブラジル赴任中に審美的な歯科治療を希望される人も少なくありません。

(4) **歯科に適用される保険**
　　～日本の健康保険の海外療養費請求がベター～

　ブラジルにも公的医療保険制度が存在します。日本人駐在員も社会保険料の一部としてブラジルの公的医療保険の保険料を支払っているため、公的医療保険を利用することは可能です。しかし、公的医療保険で可能な歯の治療は非常に限定されているため、ブラジル人でも一定以上の生活レベルの方については、民間医療保険に加入されています。

　しかし、ブラジルの民間医療保険も決して使い勝手が良いとはいえず、

2 赴任中

歯科医療についても、予約をしてから実際に診察を受けられるまでに2週間以上かかったり、高い保険料を支払っていたとしても、保険給付水準は決して高くありません。

そのため、民間の医療保険を扱う歯科医院は限定的であり、事実上、ブラジル国内の公的・民間医療保険を利用して歯科治療費を賄うのは一般的ではありません。では、歯科治療費はどのようにカバーしているのでしょうか。

桜田先生によりますと、「ブラジルと日本の歯科医療費はほとんど差がないことから、多くの日本からの赴任者は、健康保険で海外療養費の請求を行える制度を用い、後から歯科治療費の還付を受けていることが多い」ということでした。また、健康保険への海外療養費請求を行う場合、赴任者はブラジルでの歯科治療費をいったん自己負担する必要があるため、一時的に手持ち資金が少なくなることになります。そのため、企業によっては、赴任者の利便性に配慮し、海外での医療費の立替え・請求を代行する会社を活用することで、赴任者が医療費の立替えをしなくてよいようなプログラムを利用している場合もあります。

4．緊急医療搬送ケース

ブラジルにおける緊急医療搬送ケースの一例は 図表26-4-4 のとおりです。

図表26-4-4 ブラジルでの医療事例

44歳　サンパウロ滞在の日本人駐在員
マナウスに観光旅行に行ったところ発熱あり、現地の病院に入院、マラリアと診断された。腎機能障害を伴う重症のマラリア（熱帯熱マラリア）であり、医師が付き添い医療専用機でサンパウロの病院へ搬送された。マラリアの治療及び血液透析が行われ、13日目に退院。

（出所）インターナショナルSOSジャパン株式会社提供資料より作成

4 駐在員への人事評価・権限委譲

Q27 駐在員の人事評価

人事評価の時期になり、海外駐在員の評価について悩んでいます。人事評価については、駐在員からも「正当に評価されていない」と不満が出ています。海外駐在員の人事評価がうまくいかない理由を教えてください。

1．駐在員の人事評価がうまくいかない理由

海外駐在員の人事評価については、上記のとおり海外赴任者からの不満はもちろん、本社人事担当者からも、今後検討しなければならない重要事項の一つとして捉えられています。ではなぜ、駐在員の人事評価制度がうまくいかないのでしょうか。考えられる主な理由を以下にまとめてみました。

(1) **はっきりとしたミッションがない**

駐在に際して、「3年以内に自分の後継者を育てること」「3年以内に黒字にすること」など、きちんとしたミッションを提示する企業もありますが、日本本社で従事していた業務と現地法人で担う業務が全く異なる場合も少なくないうえ、現実には「赴任してみないとどのような業務を行うかわからない」という状況である場合も多いといえます（事前にミッションを決めることができません。）。よって、きちんとしたミッションを与えて赴任させることができる企業は少数派であり、「とりあえず3年間」というような形で送り出している企業も少なくありません。

このような状況でも、自らミッションを考え、そのミッションを完遂するために業務にまい進する赴任者も少なくありませんが、必ずしも「駐在

2 赴任中

員の考えるミッションの達成＝会社の評価」とはならず、結果として人事評価に結びついていないというケースも見られます。

(2) 具体的にどのような業務をしているか把握できていない

前述のとおり、駐在員の業務内容を本社側がきちんと把握できていないというケースも少なくないため評価がはっきりとしていません。現地法人全体としての月報の提出などは行っている会社であっても各個人が日々どのような業務を行っているかまで把握していない例が多くみられます。

(3) よって、評価のしようがない

そのため、「何をもって評価するか」という軸がないため、結果として日本勤務時の役職に基づいた評価シートを送ったり、全員一律の評価になってしまうという事例も見受けられます。また、このような状態での人事評価なので、評価のフィードバックもできず、駐在員としても「なぜこの評価なのか」について納得がいかないという悪循環に陥ります。

図表27-1 海外駐在員の人事評価がうまくいかない構図 （よくあるパターン）

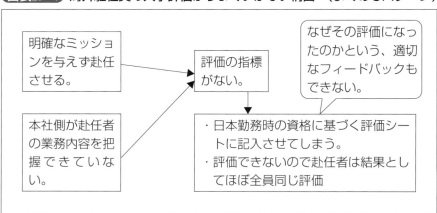

2．評価シートの作成

国内勤務者とは別に海外駐在員用の評価シートを作ると、国内勤務者の評価シートとの整合性の問題が出てきます。しかし、国内勤務者と同様の評価制度では海外駐在員の評価はできないという判断になれば、駐在員向

けの評価制度を構築する必要があります。

　評価シート作成の方法のひとつとしては、「駐在員の職務内容の確認」→「職務記述書の作成」→「職務記述書に基づき、本社の人事評価シートも参考にしながら海外駐在員用評価シートを作成する」という流れが考えられます。

(1) **海外駐在員からの意見聴取**

　海外駐在員が、駐在中の人事制度にどのような不満や要望・意見を持っているかを把握するために、インタビューもしくはアンケートを行うのもひとつです。また、海外駐在員だけでなく、すでに帰国している赴任経験者にも実施すると、より客観性のある意見を聞くことができます。

(2) **駐在員の職務内容の確認**

　前述のとおり、本社側が駐在員の任地での業務内容をしっかり把握しているケースは少なく、「忙しいことは知っているが、具体的に何をやっているかよくわからない」とおっしゃる本社のご担当者もいらっしゃいます。実際、駐在員の業務内容や各業務に投入している時間数等を記述してもらうと、本社側で想定している以上にかなり幅広い業務を行っているとともに、日本のように物事が効率的に進まないこともあり、本来行ってもらいたい業務に全力投球できない環境にあることがわかるなど、会社側として改善すべき点が見つかることも少なくありません。

　職務内容が把握できないと、きちんとした評価もできませんから、人事評価に対する意見聴取とともに、業務内容の把握を行うこともお勧めします。

　また駐在員の職務内容を正確に把握することは、赴任者に万一の事態が生じるなど、現地法人の中核となる駐在員の業務が滞ってしまった場合等の危機管理上も重要であり、現地法人の事業継続計画作成のための貴重な資料のひとつとして活用できます。

2 赴任中

図表27-2 駐在員の職務内容列挙（評価シート）

業務内容		難易度	頻度に応じて投入時間を記入			当該業務の代替者
大分類	小分類		毎日	毎月	不定期	

　上記のように、駐在員からの意見及び赴任者の職務内容等に基づき、現状の評価制度の問題点及び駐在員からの要望、今後の方向性を社内全体で共有できる資料を作成します。

(3) **駐在員向け評価シートの作成**
　上記業務内容に基づき国内の評価シートも参考にしながら、海外駐在員向けの評価シートを作成していきます。

3．評価シート以外を使った評価
(1) **現地スタッフによる評価**
　日本では非管理職であっても、海外駐在員になれば一般には管理職として部下を指導することが求められます。よって、部下の育成を行っているかも、評価の重要なポイントとなります。その判断基準のひとつとして、現地スタッフに上司としての駐在員に関するアンケートを行うのも一つの方法として考えられます。現地スタッフは日本人駐在員を驚くほどよく観察しています。優秀な現地スタッフほどその傾向は顕著であり、赴任してきた駐在員を、「この人は尊敬するに値する人材か」「この人の下で働くことが自分にとって得か否か」を非常に冷静に判断し、自分がその会社に留まるべきかどうかの判断材料の一つとしています。よって、優れた人材を現地法人内に定着させることができるかどうかは、日本人駐在員の質にか

かっているといっても過言ではありません（日本人駐在員の質を超えた現地人材がその会社に定着することはない、と言い切る人もいます。）。

図表27-3では、現地スタッフからみた「評価できる駐在員、評価できない駐在員」をまとめてみました。このような観点から現地スタッフの駐在員に対するアンケートをメールなどを使い本社に集約し、評価の一材料とするのも有効です（とはいえ、上司に当たる日本人駐在員を評価するのは現地スタッフ自身の将来にも影響が出る可能性があるため、これといったインセンティブなしでは、評価は集まらない可能性が十分あります。そこで、駐在員に対する評価を行った現地スタッフには、本社から何らかの金銭的報酬を支払うというのも一つの方法です）。

ただし、現地スタッフに駐在員を評価させる仕組みを作ると、現地スタッフの中には、当該評価制度を自分の気に入らない上司を帰任させるための手段として利用する恐れもあります。よって現地スタッフからアンケートをとることについては賛否両論あり、当然ながらこれを過信するのは禁物ですが、駐在員が現地スタッフからどの程度信頼されているかを知るための一つの参考資料としては有効といえます。

図表27-3 現地スタッフから評価される駐在員・評価されない駐在員

	評価される駐在員	評価されない駐在員
大前提	駐在するに当たって、しっかりとした志がある。	特に志がなく、本社の命令だからと仕方なく赴任している。
業務面	現地法人の業務や人事等の決定権限を持っている。	決定権限がなく、全て本社にお伺いを立てなければならない。
	技術やノウハウを伝授してくれ、自分たちのキャリア形成の手助けをしてくれる。	責任ある仕事は任せてもらえず、現地スタッフを使い走り的にしか活用しない。
	出来る限り会社方針等の情報を開示し、重要事項決定に際して、現地スタッフを巻き込んでくれる。	何事も日本人だけで決めてしまい、現地スタッフに必要な情報は教えてくれない。

2 赴任中

モラル面	現地の慣習や考え方を尊重する。	「だから××国は・・・」と、何かと批判的な発言をする。
	現地スタッフを尊重する。	現地スタッフを見下す(「あいつら」「こいつら」呼ばわりする)等 ※無意識に行っているケースも多い。
	公私の区別をきちんとつけている。	職場でカラオケの女性の話をする等。

(2) 任地業績に基づく評価

駐在先の業績だけで駐在員を評価することはできませんが、ひとつの判断指標としては有効です。また、赴任中に熱心に人材育成を行ったり、販路開拓に尽力したことにより、当該駐在員が帰任後にその成果が表れたというケースも往々にしてありますので、帰任後一定期間内の旧任地の業績を人事評価に反映させることも検討に値します。

図表27-4 任地業績に基づく判断

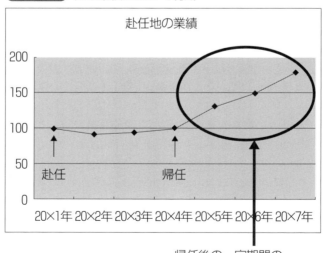

帰任後の一定期間の
任地業績も
人事評価に反映

(3) 経験値等の文書化状況

　海外駐在員が赴任中に業務を通じて得た知識や経験をいかに後任の赴任者や、他の拠点の駐在員に伝えられているか、という点も現地法人が永続的に発展するために重要な要素です。よって、駐在員が得た知識や経験を文書として残し、その内容も人事評価の対象にするのも一案です。

　企業の中には諸般の事情から、十分な引継ぎ期間もないまま（中には引継ぎ期間もないまま）、駐在員を交代させるケースも見られます。そのような場合、後任の駐在員は、前任の駐在員が得た知識や経験を学ぶ機会もなく、ゼロからの積上げを行うという作業が必要になってしまいます。

　つまり、以前の駐在員が現地法人で得てきた貴重な知識や経験は当該赴任者一代限りのものとなってしまい、会社にとっても貴重な無形資産を失うという大きな損失になります。

　よって、歴代の駐在員が赴任経験を通じて培ったノウハウ等を文書として残すことは非常に重要です。この文書化内容の充実度、後任の赴任者にもわかりやすい形で記録されているかなども人事評価のひとつのポイントとして活用できます。

(4) 駐在員によるプレゼンテーション

　たとえば任地で経営に携わる駐在員については、任地で抱える問題点の抽出とその解決策、及び解決に当たって駐在員自身が行うべき事項についてのプレゼンテーションを行ってもらうことで、どれだけ現地法人の経営に心血を注いでいるか、また経営者として必要なプレゼンテーション能力を持っているかを測ることができます。
（駐在員は日本では非管理職者であっても、現地では経営に携わる立場となるとともに、将来の本社での経営者候補というケースも多いのではないでしょうか。）

　よって、現地法人の抱える問題やその解決策を考えることは、現地での業務を遂行する上で不可欠です。

2 赴任中

　これらのプレゼンテーションが駐在員自身の成長にもつながるだけでなく、本社が現地法人の抱える課題を早期に把握するきっかけにもつながること、また他の拠点の駐在員にとっても参考となるなど、グループ全体にとっての非常に重要な意思決定資料のひとつとして活用することもできます。

図表27-5　プレゼンテーションのテーマ例

・出向先現地法人が抱える問題点及び当該問題点及びその解決策
・駐在地における当社の海外戦略について
・駐在地における同業他社動向
・駐在地でのマーケティング手法について

[4] 駐在員への人事評価・権限委譲

 帰任時の不安と会社に求めるサポート体制

海外駐在を始めてから3年が経ち、そろそろ帰任命令が出るようです。帰任に当たって赴任者からよく聞かれる不安と、会社に求めるサポート体制について教えてください。

 1．駐在員からの声
　帰任に伴う不安としては 図表28-1 のような声が挙げられます。

図表28-1　帰任時の不安に対する駐在員からの声

- 国内勤務に関するスキル陳腐化への不安
「長期間赴任させられた挙句、いまさら日本に戻ってどんな仕事ができるのか」
「技術職だが赴任地では、これまで蓄積したノウハウの吐き出しで、最先端のことを学べていない。帰国して最前線でやっていけるか不安」
「国内勤務者よりOAスキルが極端に低いと思う」
- 配属先への不安
「海外での経験が全く生かせない業務では非常に虚しい」
「早めに帰任先を教えてほしい」
- 逆カルチャーショックへの不安
「何事もゆっくりとした赴任地のペースに慣れてしまい、日本に戻ってついていけるか」
- 帯同している子女の教育への不安
- 国内勤務者との人間関係構築への不安
- 現地に残す部下や仕事に関する不安
- 住居への不安

「帰任に当たり、何ら不安はない」と言い切る人も中にはいらっしゃいますが、 図表28-1 からもわかるように、帰任に伴いさまざまな不安を抱

2 赴任中

えている方は少なくありません。

2．帰任後及び帰任に向けて会社に求めるサポート体制

　では、海外駐在員は自らの帰任に際して会社に対し、どのようなサポート体制を求めているのでしょうか。図表28-2にまとめました。

図表28-2　帰任に際して会社に求めるサポート体制

1. **駐在員相談窓口**
   - 赴任期間が長くなると、日本の業務、生活のことがわからなくなるので、それらについて相談に乗ってくれる窓口の設置。
   - 赴任中の国内業務、方針等の変更点についてのオリエンテーション
2. **帰任後の配属先に関する面談**
   - 帰任に当たっての本人の意見や希望を聞く機会を設けてほしい。
   - 帰任後のポジションについて本人の意見を聞く機会の設置
3. **次回の海外赴任の可能性とそのタイミング**
   - いったん海外赴任を経験すると、帰任後もまた他国に赴任を命じられることが多い。よって、次回の赴任が予定されている場合、その時期がいつごろになるのか、どの地域に赴任になるのか可能性だけでも心の準備のために聞かせてほしい。
4. **リハビリ期間の設置**
   - いきなりライン業務に戻すのではなく、会社全体の動きがわかる本部機能などで、国内での感覚を取り戻す時期がほしい。
5. **十分な引継期間の設置**
   - 引継期間が短すぎ、赴任地及び現地社員に関する情報など、必要なことが十分に伝えらない状況は組織としても好ましくないと思う。もう少し計画的な人事異動を考えてほしい。
6. **子女教育に対するサポート**
   - アメリカ、カナダ等の先進国英語圏の子女は当地に全日制日本人学校が存在しない場合も多いため、平日は現地校に通学し、週末のみ日本語補習校に通うケースも多い。一般に海外滞在期間が長くなるほど、現地語は堪能になるが、その分日本語力が衰えてくる場合も多い。そのため、帰国後日本語での教育についていけなくなる可能性もある。帰国後イン

> ターナショナルスクールに通うことも検討しているので、学費補助の検討もしてほしい。

　たとえば上記の要望の中にある、「赴任中の国内業務、方針等の変更点についてのオリエンテーション」については、日ごろから赴任者にそれらの情報を発信したり、帰任の際に一時面談の機会を作り、その際に国内業務や本社における変更事項等を説明することで対応されている企業もあります。

　一方、帰任後の配属先については「海外駐在経験者には、その経験を活かすポジションについてほしい」と思っていても、すでにそのようなポジションは過去の駐在経験者で埋められているため、結果的に駐在経験が直接的に活かせないポジションに配属させざるを得ない状況に、歯がゆい思いをされている人事担当者も存在します。

3

帰任時

Q29〜30

3 帰 任 時

1 本社側の手続事項

Q29 帰任者受入れのための準備事項

このたび、3年間海外に駐在していたＡ氏が任務を終え、日本に帰国することになりました。帰任者受入れに当たって、本社側で行うべき事項について教えてください。

A 給与関連では「帰任手当・支度金の支給」「給与調整」「帰任時旅費精算」について、社会保険関連では、「労災保険特別加入変更届」提出や、帰任後健康診断の手配、海外旅行保険の契約解消など様々な手続が必要になります。

１．海外駐在員帰国に当たって行うべきこと
〜帰任支度金の支給、海外給与から国内給与への変更、帰任後健康診断の手配など〜

海外駐在員の帰国に当たり、日本本社側が行うべき事項について 図表29-1 にまとめました。

図表29-1 海外駐在員帰任に際して本社側が行うべき手続

給与関係	帰任手当・支度金の支給	会社の規定で帰国後の生活設営資金のため帰任手当等が定められている場合の支給手続を行う。 帰任手当・支度金支払時の税務上の考え方については、図表14-1 参照。
	給与調整	帰国に伴って、給与が海外給与体系から国内給与体系に変更になるのに伴い、通常は日割り計算による給与調整が必要になる。
	帰任関連費用精算	帰任に伴って本人が負担した交通費等の費用を会社の規定に従って精算
	有給休暇取得可能日数の設定	赴任期間中も通算で取得日数を管理していない場合は、一定ルールで帰国時に付与日数を定める必要がある。
社会保険関係	帰国後健康診断受診手配	社員を6か月以上海外赴任させた場合は、帰国後健康診断を受診させることが法律で義務付けられている。 (本人だけでなく、帯同家族の健康診断も行う会社も多い)
	海外旅行保険の契約解消	企業包括契約の場合、保険会社に保険対象者からはずすよう手配。
	被保険者報酬月額変更届の提出	帰任したことで、国内払給与額が帰任前と大きく変動した場合(固定的賃金が変動し、継続した3か月の平均報酬額が、従前の等級に比し、2等級以上の差が生じた場合)に提出
	労災保険特別加入者変更届の提出	本人が帰国後、速やかに「特別加入に関する変更届」を提出。(「特別加入者の異動(特別加入者でなくなった者)」欄に帰国者の名前を記載し提出)
その他	倉庫保管荷物の引取り	赴任期間中のトランクルームを会社が提供している場合、帰国後速やかに出国させるよう手配すること。

3 帰任時

連絡すべき事項 帰任者本人に手続しておくよう	帰任後のポジション確保	海外での経験を生かすことができるポジションに帰任させることが望ましい。
	在外公館への転居届	帰国前に行うことだが、届出を忘れていないか本人に確認すること。
	日本で転入届提出	転入届とあわせて、印鑑証明登録も行うこと。
	運転免許証の切換え・復活	赴任期間中に日本の運転免許が失効した場合でも、帰国後1か月以内に手続すれば適性試験と講習のみで新規発行を受けられる。
	納税管理人廃止届提出	赴任中に、納税管理人を立てている場合は、帰任に伴い納税管理人は不要になるので、速やかに廃止届を提出。
	住宅借入金等特別控除再適用手続	帰国後に住宅借入金等特別控除の再適用を受けた場合は、帰国した年に確定申告を行うこと。(「再び居住することとなる旨の届出書」添付)

1 本社側の手続事項

30 帰任後に追加納付となった赴任国の個人所得税を本社が負担した場合

このたび、3年間海外に駐在していたA氏が任務を終え、日本に帰国しましたが、帰国後に、海外での個人所得税の納税もれが発覚したため、赴任国で追加納税を行うことになりました。追加納税分は、A氏ではなく、日本本社が負担することになりました。これに際し、税務上、留意すべきことはあるのでしょうか。

A　本来、A氏が支払うべき赴任国での個人所得税を、日本本社が負担すると、当該負担金は、本人の給与としてみなされます。よって、当該負担金はA氏の国外源泉所得として所得税の課税対象となります。よって、できるだけ帰国前に納税は完了しておく方がよいでしょう。

■帰国後に支払った赴任国の個人所得税
～会社が負担した場合、当該負担額は帰任者の給与扱いに～

　無事、駐在員を日本に帰国させ、ほっとしたのも束の間、赴任国での個人所得税納税もれが発覚し、赴任国で個人所得税を追加納税しなければならなくなる、ということも十分に考えられます。

　当該追加納税額は、通常、帰任者本人ではなく会社が負担するケースが多いですが、この場合、追加納税額相当額は、理論的には帰任者本人の国外源泉所得として、日本で課税対象となります。（帰任した時点で日本の居住者ですから、国内源泉所得のみならず、国外源泉所得も日本で課税対象となります。）

　よって、赴任国で追加納税する場合、当該追加納税額をグロスアップした金額を給与として支給したという形をとる必要が出てきます。

　このように帰国後、現地で追加納税等が発生した場合は、日本の所得税額増加につながるだけでなく、翌年度の住民税・社会保険料にも影響が出

3 帰任時

てきますので注意が必要です。

　(よって、できるだけ帰国後に追加納税が発生しないように、赴任国出国前に必ず、全ての納税を済ませておく必要があります。)

※赴任国での帰任時の税務手続は、「**Q46　帰任する年の課税上の取扱い**」
　をご参照ください。

4

駐在員にまつわる日本及び赴任地国での税務問題

Q31〜57

1 赴任地の個人所得税
（アメリカ・カナダ・メキシコ・ブラジル）

Q31 個人所得税関連法規及び特徴

各国（アメリカ・カナダ・メキシコ・ブラジル）の個人所得税関連法規及び特徴を教えてください。

A

1 概　要

4か国の個人所得税は、いずれの国においても「地方税」ではなく、「国税」としての位置づけであり、個人の所得に対し、所得税以外にかかる税としては、アメリカの州税、カナダの州税が存在します。

また、課税年度については、いずれの国も暦年（1月1日～12月31日）であり、フリンジベネフィットについては大半が給与として課税される点が共通しています。

以下ではアメリカ、カナダ、メキシコ、ブラジルの個人所得税関連法規及びその特徴について順番に見ていきましょう。

個人所得税関連
法規及び特徴

アメリカ

2 各国別でみた違い
1 アメリカ／個人所得税関連法規及び特徴

1．個人所得税関連法規
アメリカにおける個人所得税に関連する法規は 図表31-1-1 のとおりです。

図表31-1-1 個人所得税関連法規

・米国連邦税法
・各州の州税法　等

2．課税年度
アメリカの課税年度は暦年（1／1～12／31）です。

3．個人の所得にかかるその他の税
アメリカでは国税である連邦税のほかに、地方税として州税、市税（例；ニューヨーク市）がかかります（地方税については **Q48** をご参照ください。）。

4．アメリカ個人所得税を理解するうえでの留意点
アメリカ個人所得税を理解するうえでの留意点は 図表31-1-2 のとおりです。

図表31-1-2 アメリカ個人所得税を理解するうえでの留意点

・日本では既婚者でもそうでなくても、所得税の申告は個人単位で行います。一方、アメリカでは既婚者については所得税申告にあたり、夫婦合算申告又は夫婦個別申告のいずれかが選択できます。
・日本では日本国籍や永住の在留資格を保有している場合でも、1年以上の予定で日本を離れると税務上、日本の非居住者となりますが、アメリカでは、アメリカ国籍やアメリカの永住権を保有している場合については、アメリカを1年以上の予定で離れていたとしても、アメリカの居住者となります。よって、アメリカ国外に長期で滞在している場合も、アメリカの所得税の申告が必要になります。

4 駐在員にまつわる日本及び赴任地国での税務問題

5．納税者番号制度について

　アメリカ人及び適切な就労ビザを保有している外国人は、社会保障番号（Social Security Number）の取得が可能です。この社会保障番号は単に社会保障だけでなく、身分証明番号として納税者番号としても利用されます。また、社会保障番号を保有できない者（就労の資格のビザを保有していない者）については、社会保障番号に代わって納税者番号（ITIN：Individual Taxpayer Identification Number）の取得が可能です。

図表31-1-3　社会保障番号と納税者番号

種　類	内　容	書　式	対象者
社会保障番号 (SSN: Social Security Number)	アメリカ国民及び適切な就労資格を保有した外国人は取得が可能。社会保障の整理番号としてだけではなく、納税者番号など、個人を識別する際の番号として様々な面で利用されている。	FORM SS-5 SOCIAL SECURITY ADMINISTRATION Application for a Social Security Card	就労許可証を取得している場合及びL、Eビザの配偶者
納税者番号 (ITIN: Individual Taxpayer Identification Number)	SSNが取得できないが、アメリカで税務申告が必要な場合に取得が必要。 （例：アメリカに出張し納税義務が生じる場合・日米租税条約に基づく所得税の減免を受ける場合）	FORM W-7 (Application For IRS Individual Taxpayer Identification Number)	上記以外（日本に残す配偶者を配偶者控除の対象にしたい場合、配偶者についてもITIN取得が必要）

1　赴任地の個人所得税（アメリカ・カナダ・メキシコ・ブラジル）

2　カナダ／個人所得税関連法規及び特徴

1．個人所得税関連法規

カナダにおける個人所得税に関連する法規は 図表31-2-1 のとおりです。

図表31-2-1　個人所得税関連法規

```
Income Tax Act (Canada)（※1）
Income Tax Regulations (C.R.C., c. 945)
※1：個人所得税だけではなく法人税についても規定されています。
※2：上記法規は以下のウェブサイト上でも確認することができますが、Income Tax Act については英語、フランス語併記でA4サイズ3000ページ以上、Income Tax Regulations については英語、フランス語併記で1500ページ以上となります。
URL：http://laws-lois.justice.gc.ca/eng/acts/I-3.3/
※3：個人所得税に関し、法律ではないものの、実務上の取扱いについては CRA 発行の Publication や Information Circlular 等が存在します。
```

また、カナダ個人所得税の申告にあたり、必要な情報はカナダ歳入庁（CRA：Canada Revenue Agency）のウェブサイトにもあります。資料名をインターネットで検索すれば PDF ファイル等で閲覧が可能です。

図表31-2-2　カナダ個人所得税を理解するために役立つRCAによる説明資料（一部）

資料名称	内容
Newcomers To Canada	カナダに入国した人向けの説明資料です。
Emigrants To Canada	カナダを出国する人向けの説明資料です。
General Income Tax and Benefit Guide	カナダ個人所得税の概要が書かれた説明資料です。個人所得申告にあたり、必要な事項が包括的に記載されています。

2．課税年度

カナダの課税年度は暦年（1／1～12／31）です。

3．個人の所得にかかるその他の税

州ごとに定められた州税がかかります。州税については**Q48**をご参照ください。

4 駐在員にまつわる日本及び赴任地国での税務問題

4．カナダ個人所得税を理解するうえでの留意点

　日本とカナダでは所得税における所得控除や税額控除の種類、控除額の算定方法等がかなり異なるため、カナダ個人所得税の概要を把握するためには、特に以下の点を理解しておく必要があります。

図表31-2-3 カナダ個人所得税を理解するうえでの留意点

- 日本では所得税（国税）は自己申告納税制度、住民税（地方税）は賦課納税制度を採用しています。
  →一方、カナダは連邦税（国税）、州税（地方税）ともに自己申告納税制度を採用しています。
- 日本では給与所得者は給与以外の所得や損失が生じる場合を除いては、会社が年末に行う年末調整で課税関係が終了するため、個人の所得について、自分で計算する機会が少なく、結果として所得税に対する関心や節税意識が低いのが特徴です（日本のような国はどちらかというと特殊です。）。
  →一方、カナダでは給与は雇用主から毎月源泉徴収されている場合でも、必ず本人が確定申告を行う必要があります。よって、自分の税金は自分で計算するため、税に対する関心や節税意識が高いのが特徴です（カナダ以外の国でも同じことが言えます。）。
- 日本では個人の所得に対しては、国税である所得税のほかに地方税である住民税がかかりますが、住民税額は地域によってそれほど大きな違いはありません。
  →一方、カナダでも個人の所得に対して、連邦所得税（国税）のほかに州税がかかりますが、日本の地方税と異なり、州税額は各州によりかなり差があります。また、税額控除等の額も州により異なる上、連邦税、州税それぞれについて個別の税額控除が存在し、税率の低い州と高い州では連邦税・州税をあわせた個人所得税の実効税率が10％以上異なります。
- 日本では配偶者控除や扶養控除は所得控除として取り扱われます。
  →一方、カナダでは配偶者控除や扶養控除は税額控除として取り扱われます。
- 日本では給与所得者は給与以外の所得がない場合等は、会社が実施する年末調整ですべての課税関係が終了します。
  →一方、カナダでは年末調整制度がない為、納税者は必ず確定申告を行う必要があります。
- 日本では給与所得者については、所得から控除できるものとしては、所得ごとに決められた給与所得控除等しかなく、本人の工夫により節税できる額が限られています。
  →一方、カナダでは、様々な種類の所得控除、税額控除等が存在するため、それらを駆使することで、工夫次第で税額を多少引き下げることも可能です。（ただし、日本からの駐在員の場合、個人の所得にかかるカナダ所得税相当額は、会社が負担するため、駐在員本人に節税インセンティブが働かないことから、節税の工夫が行われない傾向にあります。）

5．納税者番号制度について

　実質的な納税者番号である SIN（Social Insurance Number）が存在します。この社会保障番号は労働ビザ取得にあわせて申請を行うことになります。

　また、カナダに赴任しているのではなく、出張で業務している場合は、社会保障番号の取得はできませんので、ITN（Individual Tax Number）を取得することになります。カナダで業務を行う意図で出張する場合、原則的には事前に ITN の取得が必要になります。

4 駐在員にまつわる日本及び赴任地国での税務問題

3 メキシコ／個人所得税関連法規及び特徴

1．個人所得税関連法規

メキシコにおける個人所得税に関連する法規は 図表31-3-1 のとおりです。

図表31-3-1 個人所得税関連法規

Federal Fiscal Code (Código Fiscal de la Federación, CFF);
Income Tax Law (Ley del Impuesto sobre la Renta, LISR);
Value Added Tax Law (Ley del Impuesto al Valor Agregado, LIVA);
Excise Tax Law (Ley del Impuesto Especial sobre Producción y Servicios, LIEPS);
Customs Law (Ley Aduanera, LA); and
Local tax codes (códigos financieros de los estados).

2．課税年度

メキシコの課税年度は暦年（1／1～12／31）です。

3．個人の所得にかかるその他の税

ありません。

※ただし、給与を支給する法人側に係る税として、総所得に対して2～3％（州ごとに異なる）の税率でSTATE PAYROLL TAX（impuesto sobre nominas：従業員給与税）が徴収されます。

4．メキシコ個人所得税を理解するうえでの留意点

メキシコ個人所得税を理解するうえでの留意点は 図表31-3-2 のとおりです。

① 赴任地の個人所得税（アメリカ・カナダ・メキシコ・ブラジル）

図表31-3-2　メキシコ個人所得税を理解するうえでの留意点

・居住者と非居住者で適用される累進税率表が異なる。居住者については11段階の税率表が、非居住者については3段階の税率表が適用されます。
・個人にかかるその他の税はないが、法人側にかかる税が存在する。給与を支給する法人側にかかる税として、総所得に対して2～3％（州ごとに異なる）の税率でSTATE PAYROOL TAX（従業員給与税）が存在する。
・メキシコ赴任を終え、出国する場合等、メキシコでの居住形態に変更が生じる場合は、変更日までに居住形態変更通知書を提出する必要がある。

5．納税者番号制度について

　メキシコでは納税者番号（RFC）が採用されています。銀行口座開設に当たっては、納税者番号が必要で、納税者番号は国民登録番号（CURP）をもとに発行されます。

　なお、個人については2015年1月1日から（法人については2014年6月から）、税務関連の通知受領、申請、文書提出、問い合わせなどは、税務当局（SAT）に用意された個人別アカウントから電子形式で行うことが義務化されています。そのため、税務当局からの連絡を見逃さないようにするために、逐次、Eメールの確認が必要になります。

4 駐在員にまつわる日本及び赴任地国での税務問題

4 ブラジル／個人所得税関連法規及び特徴

1．個人所得税関連法規

ブラジルにおける個人所得税に関連する法規は 図表31-4-1 のとおりです。

図表31-4-1 個人所得税関連法規

> Income Tax Regulation (Regulamento do Imposto de Renda, RIR), Decree 3,000/1999, as amended ; Decree law 2,303/1986. as a, emded by Law 9,430/1996 Law 11,033/2004 等
> 社会負担金や法人に関する税なども含めると、税の種類は60種類以上にも及び、税負担も重い。改正も頻繁に行われる。

2．課税年度

ブラジルの課税年度は暦年（1／1〜12／31）です。

3．個人の所得にかかるその他の税

ありません。

4．ブラジル個人所得税を理解するうえでの留意点

ブラジル個人所得税を理解するうえでの留意点は 図表31-4-2 のとおりです。

図表31-4-2 ブラジル個人所得税を理解するうえでの留意点

> 1．査証の種類によりブラジル居住者となるタイミングが異なる。
>   →永住査証と一般査証、一般査証でもブラジル国内での雇用主の存在有無により、ブラジル居住者となるタイミングが異なる。
> 2．ブラジル国外に10万ドル相当以上の資産を保有している場合、中央銀行への申告が必要となる。
>   →申告しないと罰金の対象になるため、必ず申告を行う必要がある。
> 3．ブラジル赴任を終える際には必ず手続を行う必要がある。
>   →帰任時は Saida Definitiva（帰任時の確定申告書類）を提出する必要がある。（提出していないと最終納税をしていないことになり、罰金対象となるとともに、ブラジル出国後も12か月間はブラジル居住者として取り扱われることになる。）

5．納税者番号制度について

　ブラジルでは納税者番号制度（CPF-Cadastro de Pessoas Fisicas）が採用されており、日本からの赴任者も必ず取得する必要があります。なお、仮に所得がなくても、銀行口座等を開設したり、社会保険への任意加入を行う場合等も、納税者番号の取得が必要です。また、全てのブラジル人及びブラジルで居住する外国人は赴任者だけでなく配偶者も含め、納税者番号だけでなく、Identity Card（RNE）を取得する必要があります。

4 駐在員にまつわる日本及び赴任地国での税務問題

Q32 日本の所得税との相違点

4か国（アメリカ・カナダ・メキシコ・ブラジル）と日本における個人所得税の相違点を教えてください。

1 概　要

図表32-1 は4か国及び日本にける居住者・非居住者の定義と課税所得の範囲の概要をまとめたものです。

図表32-1 各国別で見た日本の所得税法との相違点

	アメリカ	カナダ	メキシコ	ブラジル	日本
国税？地方税？	国税（連邦税）	国税	国税	国税	国税
個人所得にかかるその他の税	州税	州税	なし	なし	住民税
課税年度	暦年（1／1～12／31）	暦年（1／1～12／31）	暦年（1／1～12／31）	暦年（1／1～12／31）	暦年（1／1～12／31）
居住者課税方式	一部を除き総合課税	一部を除き総合課税	一部を除き総合課税	一部を除き総合課税	一部を除き総合課税
居住者の税率	～39.6%	～29%	～35%	～27.5%	～45%
現物給与の取扱	大半が課税	大半が課税	大半が課税	大半が課税	大半が課税
所得控除の種類	概算額控除か個別控除のいずれか選択	様々な種類の控除あり	医療費控除、医療保険料控除、学費控除等	簡易所得控除か標準所得控除のいずれか選択	基礎控除、配偶者控除、扶養控除等
給与にかかる年末調整	なし	なし	なし	なし	あり
給与所得者の確定申告	あり（4月中旬までに確定申告）	あり（4月末までに確定申告）	あり（4月末までに確定申告）	あり（4月最終営業日までに確定申告）	2箇所給与等があれば必要あり（～3／15）

190

2 各国別でみた違い
1 アメリカ／日本の所得税との相違点

アメリカと日本における個人所得税の相違点をまとめたのが 図表32-1-1 です。このようにアメリカと日本では居住者の定義や、所得控除の種類など、様々な点が異なっています。

図表32-1-1 アメリカと日本における個人所得税の相違点

	アメリカ	日本
国税？地方税？	国税	国税
個人の所得にかかるその他の税	州税、市税	地方税（住民税）
課税年度	暦年（1／1～12／31）	暦年（1／1～12／31）
居住者の定義	1．アメリカ市民(アメリカ国籍保有者)、アメリカ永住権保有者 2．一定の条件（※）を満たす外国人（詳細は**Q33**参照） ※アメリカでの滞在日数の有無等で判断される。	1年以上日本を離れる予定の場合は非居住者、それ以外は居住者
居住者の課税方式	一部を除き総合課税方式	一部を除き総合課税方式
居住者に対する税率	一部を除き累進税率 ※申告形態（夫婦合算申告、夫婦個別申告等）	一部を除き、累進税率
非課税手当	各条件を満たした転勤費用、教育費用、通勤費用等	旅費等
所得控除の種類	・概算額控除（STANDARD DEDUCTIONS）又は項目別控除（ITEMIZED DEDUCTIONS）のいずれか一方 ・人的控除・扶養控除（PERSONAL EXEMPTION） ・条件を満たした転勤費用、個人年金（IRA）拠出金、定期預金解約違反金等	基礎控除、配偶者控除、社会保険料控除等様々な控除が存在。 ※外国で払っている社会保険料は、フランスとの社会保険料以外は、日本の所得税法、所得控除の対象とならない。

4 駐在員にまつわる日本及び赴任地国での税務問題

税額控除の種類	外国税額控除(FOREIGN TAX CREDIT)、教育費控除(EDUCATION CREDIT)、子供税額控除(CHILD TAX CREDIT) 等	・配当控除 ・住宅借入金等特別控除
給与の納税方式	駐在員の場合アメリカ国内払分は支払者により源泉徴収、アメリカ国外払分についても雇用主により源泉徴収。（給与の支払元にかかわらず、本人の受け取る給与全額について、アメリカの雇用主の元で源泉徴収されることが一般的）	日本国内払分は支払者により源泉徴収 日本国外払分は確定申告
給与支払者による年末調整制度	なし	あり
確定申告	あり（4／15までに確定申告、延長申請すると10／15）	年末調整できない所得がある場合は2／16〜3／15に確定申告

① 赴任地の個人所得税（アメリカ・カナダ・メキシコ・ブラジル）

2　カナダ／日本の個人所得税との相違点

カナダと日本における個人所得税の相違点をまとめたのが 図表32-2-1 です。このようにカナダと日本では居住者の定義や、所得控除の種類など、様々な点が異なっています。

図表32-2-1　カナダと日本における個人所得税の相違点

	カナダ	日本
国税？ 地方税？	国税	国税
個人の所得にかかるその他の税	州税（州税については**Q48**を参照）	地方税（住民税）
課税年度	暦年（1／1～12／31）	暦年（1／1～12／31）
居住者の定義	①　通年居住者 　　年間を通じてカナダに居住する者 ②　中途居住者 　　年の途中から（まで）居住者である者 ③　みなし居住者 　　年間183日超カナダに滞在する者	1年以上日本を離れる予定の場合は非居住者、それ以外は居住者
居住者の課税方式	総合課税方式	一部を除き総合課税方式
居住者に対する税率	累進税率	一部を除き、累進税率
非課税手当	原則としてなし。ただしカナダ滞在期間が3年程度の場合は、カナダまでの引越費用実費やカナダでの住宅の家賃実費のうち、CRAにより、妥当（Reasonable）とみなされる部分については申告しなくて差し支えない。（いわゆる「非課税」）とされている。（詳細はINCOME Tax Act 6(6)(a)Employment at special work site or remote location をご参照ください。） http://laws-lois.justice.gc.ca/eng/acts/i-3.3/page-3.html#h-8	旅費等
所得控除の種類	・登録制退職貯蓄基金控除 ・託児関連費用控除	基礎控除、配偶者控除、社会保険料控除等様々な控除

4 駐在員にまつわる日本及び赴任地国での税務問題

	・引越費用控除　等	が存在。 ※外国で払っている社会保険料は、フランスとの社会保険料以外は、日本の所得税法、所得控除の対象とならない
税額控除の種類	・個人控除 ・配偶者控除 ・子供控除 ・医療費控除 ・カナダ年金基金控除 ・雇用保険料控除 ・外国税額控除　等	・配当控除 ・住宅借入金等特別控除
給与の納税方式	カナダ払分は支払者により源泉徴収。日本払分はカナダでの源泉徴収ができないため、赴任翌年度以降は、予定納税を行う。	日本国内払分は支払者により源泉徴収
給与支払者による年末調整制度	あり	あり
確定申告	居住者については4／30（※）までに、確定申告及び納付を行う。 ※事業所得（Self Employment Income）等については申告は6／30までですが、納付については4／30までに行う必要があります。	年末調整できない所得がある場合は2／16〜3／15に確定申告

3 メキシコ／日本の個人所得税との相違点

メキシコと日本における個人所得税の相違点をまとめたのが図表32-3-1です。このようにメキシコと日本では居住者の定義や、所得控除の種類など、様々な点が異なっています。

図表32-3-1 メキシコと日本における個人所得税の相違点

	メキシコ	日本
国税？地方税？	国税	国税
個人の所得にかかるその他の税	なし	地方税（住民税）
課税年度	暦年（1／1～12／31）	暦年（1／1～12／31）
居住者の定義	・メキシコ国内に恒久的な居所が存在すること。ただし海外にも居所を有する場合、当該個人の居住性の判定は、どちらの国に重要な利害関係があるかによって決定される。 　なお、以下に該当する場合は「重要な利害関係のある国」はメキシコとされるため、メキシコ居住者であると判断される。 ①メキシコ国内での一暦年中の所得が本人の所得の50％を超えている。 ②主たる職業活動をメキシコ国内で行っている。 ※なお、上記のような証拠がない場合については、メキシコ国籍保有者はメキシコ居住者であると判断する。また、メキシコ居住者でなくなる場合は居住性を変更する旨の届け出を居住性変更予定日の15日前に行わなければならない。この手続を行わないと罰金の対象になる。	1年以上日本を離れる予定の場合は非居住者、それ以外は居住者
居住者の課税方式	総合課税方式	一部を除き総合課税方式
居住者に対する税率	累進税率	一部を除き、累進税率
非課税手当	会社が負担した医療費等	旅費等

4 駐在員にまつわる日本及び赴任地国での税務問題

所得控除の種類	医療費控除、医療保険料控除、学費控除	基礎控除、配偶者控除、社会保険料控除等様々な控除が存在。 ※外国で払っている社会保険料は、フランスとの社会保険料以外は、日本の所得税法、所得控除の対象とならない。
税額控除の種類	・外国税額控除等	・配当控除 ・住宅借入金等特別控除
給与の納税方式	メキシコ払給与：毎月源泉徴収 日本払給与：メキシコ法人に付替えしている場合はメキシコ法人で源泉徴収、付替えしていない場合は本人が毎月申告	日本国内払分は支払者により源泉徴収
給与支払者による年末調整制度	なし	あり
確定申告	4／30までに確定申告	年末調整できない所得がある場合は2／16〜3／15に確定申告

4 ブラジル／日本の個人所得税との相違点

ブラジルと日本における個人所得税の相違点をまとめたのが 図表32-4-1 です。このようにブラジルと日本では居住者の定義や、所得控除の種類など、様々な点が異なっています。

図表32-4-1 ブラジルと日本における個人所得税の相違点

	ブラジル	日本
国税？地方税？	国税	国税
個人の所得にかかるその他の税	なし	地方税（住民税）
課税年度	暦年（1／1～12／31）	暦年（1／1～12／31）
居住者の定義	① 永住査証保有者 査証取得後、最初の入国日からブラジル居住者となる。 ② 一時滞在査証 ブラジル居住者との雇用関係の有無により異なる。（詳細は 図表33-4-1 参照） ③ ブラジル国籍者 ブラジル到着日からブラジル居住者	1年以上日本を離れる予定の場合は非居住者、それ以外は居住者
居住者の課税方式	一部を除き総合課税方式	一部を除き総合課税方式
居住者に対する税率	0％、7.5%、15%、22.5%、27.5%	一部を除き、累進税率
非課税手当	引越費用 （その他は課税対象となる場合がほとんど）	旅費等
所得控除の種類	以下のいずれかを選択する。 ① 簡易所得控除 年間15880.89（2014年）レアルを上限として、課税所得の20%を所得控除項目として取り扱う。ただし簡易所得控除を利用する場合、海外での納税額の控除や各種税額控除の利用はできない。 ② 原則的な所得控除 ・公的社会保険料（月次）	基礎控除、配偶者控除、社会保険料控除等様々な控除が存在。 ※外国で払っている社会保険料は、フランスとの社会保険料以外は、日本の所得税法、所得控除の対象とならない。

4 駐在員にまつわる日本及び赴任地国での税務問題

	・私的年金保険料（月次） ・扶養控除（月次） ・離婚扶養料 ・65歳超の年金収入（月次） ・医療費控除（年次） ・教育費控除・弁護士・離婚訴訟費用	
税額控除の種類	・青少年保護基金・老齢者基金 ・文化振興・映画活動申告 ・スポーツ振興・家事ヘルパーの社会保険料・障害者の健康のための国家プログラム ・がん患者等への国家プログラム ・外国税額控除 ※所得控除において「簡易所得控除」を選択した場合、税額控除を利用することはできない。	・配当控除 ・住宅借入金等特別控除
給与の納税方式	現地払給与は源泉徴収、日本払給与は本人が毎月申告・納税する。	日本国内払分は支払者により源泉徴収
給与支払者による年末調整制度	なし	あり
確定申告	課税年度翌年4月の最終営業日まで	年末調整できない所得がある場合は2／16〜3／15に確定申告

① 赴任地の個人所得税(アメリカ・カナダ・メキシコ・ブラジル)

居住者・非居住者の定義と課税所得の範囲

4か国(アメリカ・カナダ・メキシコ・ブラジル)における居住者・非居住者の定義と課税所得の範囲について教えてください。

1 概　要

たとえば貴社の社員A氏を海外で勤務させる場合、その国で個人所得税を納めなければならないか、また納める場合どのような計算方法を用いているのかを考える上で、まず初めに考えなければならないのは、A氏がその国の居住者に該当するのか、非居住者に該当するのかという点です。

以下では、アメリカ、カナダ、メキシコ、ブラジルの居住者・非居住者の定義及び課税所得の範囲について順番にみていきましょう。

居住者・非居住者の定義と課税所得の範囲

アメリカ

2 各国別でみた違い
1 アメリカ／居住者・非居住者の定義と課税所得の範囲

1．居住者・非居住者の定義

たとえば貴社の社員A氏をアメリカで勤務させる場合、アメリカで個人所得税を納めなければならないか否かについて、まず初めに考えなければならないのは、A氏がアメリカの「居住者」に該当するのか、「非居住者」に該当するのかという点です。

以下はアメリカにおける居住者・非居住者の定義であり、日本の所得税法と大きく異なるのは、アメリカ市民（アメリカ国籍保有者）、グリーンカードホルダーの人については、たとえアメリカに居住していない場合でも、常に「アメリカ居住者」として取り扱われるため、アメリカで申告が必要になります。（グリーンカードホルダーの税務については**Q50**をご参照ください。）

図表33-1-1　アメリカにおける居住者・非居住者の定義

区分		定義
居住者	アメリカ市民	アメリカ国籍を持つ個人
	右記の条件「1」又は「2」のいずれかを満たす外国人（※1）	1．アメリカ永住権を保有する外国人 (Green Card Test) 2．永住権、A・F・G・J・M・P・Qビザ以外のビザで実質的滞在テストの条件を満たす外国人（注） (Substantial Presence Test) 以下の条件の①②の両方を満たす外国人。 ①　その年の米国滞在日数が累計31日（※1）以上 ②　以下のa＋b＋c≧183日以上（※1） 　　a：その年の米国滞在日数、 　　b：前年の米国滞在日数の1／3の日数、 　　c：「前々年の米国滞在日数の1／6の日数
非居住者		上記以外の外国人 (アメリカ国民は、アメリカでの居住の有無にかかわらず、原則としてアメリカ居住者となる。)

（※1）　ただし実質滞在テストの条件が適用されないFビザ、Jビザ、Qビザ、Mビザ等の保有者及び病気でアメリカを出国できない場合については、FORM8843「Statement for Exempt Individuals and Individuals With a Medical Condition」を提出し、当該ビザでの滞在期間や病気でのアメリカ滞在期間は、実質滞在テストの日数計算の対象にはなりません。
（※2）　滞在日数のカウントは、入国日、出国日とも1日としてカウントします。
　　　　（短期滞在者免税の183日の計算方法も入国日、出国日とも1日としてカウントします。）

① 赴任地の個人所得税（アメリカ・カナダ・メキシコ・ブラジル）

2　カナダ／居住者・非居住者の定義と課税所得の範囲

1．居住者・非居住者の定義

　たとえば貴社の社員Ａ氏をカナダで勤務させる場合、カナダで個人所得税を納めなければならないか否かについて、まず初めに考えなければならないのは、Ａ氏がカナダの「居住者」に該当するのか、「非居住者」に該当するのかという点です。

　カナダでは図表33-2-1のとおり、カナダでの居住形態に応じて、居住者を、その居住状況に応じて「通年居住者」「中途年度居住者」「みなし通年居住者」に分類しています。

※このような区分はコモンローにおいて判断されているため、カナダ所得税法において、居住者の明確な定義が行われているわけではありません（カナダ歳入庁のウェブサイトによると、カナダで居住者として認定されるのは、「カナダに恒久的住居があること」「カナダに配偶者またはコモンローで認められたパートナーがいること」「カナダでの社会的・経済的つながりがあること」等があげられています。また、そのほかにも「カナダの運転免許証を保有していること」「カナダでの銀行口座やクレジットカードを保有していること」「カナダ州政府の健康保険に加入していること」等も居住者であるか否かの判断基準のひとつとなりますが、実務的には上述のとおり、図表33-2-1のとおりです。）

図表33-2-1　カナダにおける居住者・非居住者の定義

区　分		定　義
居住者	通年居住者	1課税年度を通じてカナダに居住している
	中途年度居住者	1課税年度中、途中からカナダに居住又は途中からカナダを出国（カナダに赴任した年度及びカナダから日本に帰任した年度が、この「中途年度居住者」に該当します。）
	みなし通年居住者	カナダ国外に居住しているが、1課税年度中、カナダ滞在日数が累計183日を超えている
非居住者（※）		上記いずれにも該当しない（カナダ滞在日数が暦年で183日以下） ※カナダ居住者に該当するものの、日本カナダ租

4 駐在員にまつわる日本及び赴任地国での税務問題

	税条約の居住者条項により、カナダ非居住者と判断される者も、いわゆるみなし非居住者として、非居住者扱いが適用されます。

※日本からカナダに年間183日以内で出張する場合で、出張中の給与がカナダ居住者等から支払われていない限りは、日本とカナダとの租税条約の短期滞在者免税の規定により、カナダでの所得税は免除となります。詳細は**Q58**をご参照ください。

2．居住者・非居住者で異なる課税所得の範囲

では居住者と非居住者で課税される所得の範囲がどのように異なるのでしょうか。図表33-2-2にまとめました。

図表33-2-2　カナダの居住者・非居住者の定義

		課税対象所得	税額計算方法（給与所得）	申告・納税方法
居住者	通年居住者 FULL YEAR RESIDNT	全世界所得	（所得－所得控除）×税率－税額控除	4月末日までに確定申告
	中途年度居住者 PART YEAR RESIDENT	カナダ居住期間：全世界所得 カナダに居住していない期間（非居住者期間）：カナダ源泉所得	（所得－所得控除）×税率－税額控除	同上
	みなし通年居住者 DEEMED FULL YEAR RESIDNT	カナダ源泉所得	（所得－所得控除）×税率－税額控除	同上
非居住者 NON RESIDENT		カナダ源泉所得	（所得－所得控除）×税率－税額控除 ※ただし所得控除、税額控除ともに適用に制限が設けられている場合がある。	同上（ただし、すでに源泉徴収等で納税が完了している場合は確定申告の義務はない。）

1 赴任地の個人所得税(アメリカ・カナダ・メキシコ・ブラジル)

3 メキシコ／居住者・非居住者の定義と課税所得の範囲

1．居住者・非居住者の定義

メキシコでは図表33-3-1のとおり、居住状況に応じて居住者・非居住者に分類しています。

図表33-3-1 メキシコにおける居住者・非居住者の定義

区　分	定　義
居住者	メキシコ国内に恒久的な居所が存在すること。 　ただし海外にも居所を有する場合、当該個人の居住性の判定は、どちらの国に重要な利害関係があるかによって決定される。 　なお、以下に該当する場合は「重要な利害関係のある国」はメキシコとされるため、メキシコ居住者であると判断される。 ・メキシコ国内での一暦年中の所得が本人の所得の50％を超えている。 ・主たる職業活動をメキシコ国内で行っている。 ※なお、上記のような証拠がない場合については、メキシコ国籍保有者はメキシコ居住者であると判断する。 　また、メキシコ居住者でなくなる場合は居住性を変更する旨の届け出を居住性変更予定日の15日前に行わなければならない。この手続を行わないと罰金の対象になる。
非居住者	上記以外

2．居住者・非居住者で異なる課税所得の範囲

では居住者と非居住者で課税される所得の範囲がどのように異なるのでしょうか。図表33-3-2にまとめました。

図表33-3-2 メキシコの居住者・非居住者の定義

	課税対象所得	税額計算方法 （給与所得）	申告・納税方法
居住者 RESIDENT	全世界所得	（所得－所得控除）×累進税率－税額控除	源泉徴収後、確定申告
非居住者 NON RESIDENT	メキシコ源泉所得	所得×非居住者用税率	給与のみの場合、源泉徴収

4 駐在員にまつわる日本及び赴任地国での税務問題

4　ブラジル／居住者・非居住者の定義と課税所得の範囲

1．居住者・非居住者の定義

ブラジルでは図表33-4-1のとおり、ブラジルでの居住形態に応じて、居住者を、その居住状況に応じて居住者・非居住者に分類しています。

図表33-4-1　ブラジルにおける居住者・非居住者の定義

区分	定義
居住者	1．永住査証保有者 到着日（査証取得後最初の入国日）からブラジル居住者になる。 2．一時滞在査証 ブラジル国内での雇用契約の有無で以下のとおり異なる。 ① ブラジル居住者と雇用関係がある場合 　到着日（査証取得後の最初の入国日）からブラジル居住者となる。 ② ブラジル居住者と雇用関係がない場合 　直近12カ月の間に累計して183以上ブラジルに滞在した場合は、184日目からブラジル居住者となる。（非居住者期間である最初の183日もしくは永住査証取得日のどちらか早い日までの期間のブラジル国内所得は、源泉徴収税の規定で取り扱われる。）ただし、資本利得や金融所得については、ブラジル入国日からブラジル居住者と同様に取り扱われる。 ③ ブラジル国籍者 　恒久的な形での帰国の場合の到着日
非居住者	上記以外の者

2．居住者・非居住者で異なる課税所得の範囲

では居住者と非居住者で課税される所得の範囲がどのように異なるのでしょうか。図表33-4-2にまとめました。

1 赴任地の個人所得税(アメリカ・カナダ・メキシコ・ブラジル)

図表33-4-2 ブラジルの居住者・非居住者の定義

	課税対象所得	税額計算方法 (給与所得)	申告・納税方法
居住者 RESIDENT	全世界所得	総所得－源泉分離課税項目－所得控除)×累進税率－税額控除－前払い税額(源泉徴収、カルネレオン等)＝最終納付(還付)税額	源泉徴収、確定申告
非居住者 NON RESIDENT	ブラジル源泉所得(※)	ブラジル源泉所得がブラジルでの勤務の対価のみの場合は、ブラジル法人から支払われた給与はブラジル法人で源泉徴収され、納税は完結する。	源泉徴収

※役務提供の対価等が、ブラジル法人から支払われた場合、当該役務の提供がブラジル国内で行われたか、ブラジル国外で行われたかにかかわらず、「ブラジル源泉所得」と定義されて、ブラジルで課税の対象になるので注意が必要。

4 駐在員にまつわる日本及び赴任地国での税務問題

居住者・非居住者で異なる税務上の取扱い

居住者・非居住者で税務上の取扱いはどのように異なりますか。

1 概　要

　一般に日本など多くの国においては、居住者に該当する場合は全世界所得が課税の対象になり、非居住者については国内源泉所得（その国で生じた所得）のみが課税されます。

　図表34-1 は、4か国及び日本における居住者・非居住者の税務上の取扱いの相違点をまとめたものです。

図表34-1　国別でみた居住者・非居住者の相違点の概要

		アメリカ	カナダ	メキシコ	ブラジル
課税年度	居住者	暦年	暦年	暦年	暦年
	非居住者	暦年	暦年	暦年	暦年
課税所得の範囲	居住者	全世界所得	全世界所得	全世界所得	全世界所得
	非居住者	米国源泉所得	カナダ源泉所得	メキシコ源泉所得	ブラジル源泉所得
給与にかかる税率	居住者	～39.6%	～29%	～35%	～27.5%
	非居住者	～39.6%	～29%	0、15、30%	25%
外国税額控除	居住者	適用あり	適用あり	適用あり	適用あり
	非居住者	適用なし	適用なし	適用なし	適用なし

　以下では、アメリカ・カナダ・メキシコ・ブラジルの居住者・非居住者の税務上の取扱いについて順番にみていきましょう。

2 各国別でみた違い

1 アメリカ／居住者・非居住者で異なる税務上の取扱い

アメリカにおける居住者と非居住者の税務上の取扱いの相違点は図表34-1-1のとおりです。詳細については**Q35**以下をご参照ください。

図表34-1-1 居住者・非居住者で異なる税務上の相違点

	居住者	非居住者
課税年度	暦年	暦年
課税所得の範囲	全世界所得	アメリカ源泉所得
所得控除	① 項目別控除（Itemized Deduction）又は概算額控除（Standard Deduction）のいずれか一方 ② 人的控除・扶養控除（Personal Exemption）	① 項目別控除（Itemized Deduction）のみ（概算額控除（Standard Deduction）は適用できない） ② 人的控除のみ（Personal Exemption）
給与にかかる税率	連邦税：累進税率 州税：州により異なる （詳細は**Q38**参照）	連邦税：累進税率 州税：州により異なる （詳細は**Q38**参照）
給与に関する税額計算方法	**Q35**参照	独身身分かつ人的控除1で計算
アメリカにおける外国税額控除の適用	適用あり	適用なし

4 駐在員にまつわる日本及び赴任地国での税務問題

2　カナダ／居住者・非居住者で異なる税務上の取扱い

カナダにおける居住者と非居住者の税務上の取扱いの相違点は図表34-2-1のとおりです。詳細についてはQ35以下をご参照ください。

図表34-2-1 居住者・非居住者で異なる税務上の相違点

	居住者（通年居住者、みなし通年居住者、中途居住者）	非居住者
課税年度	暦　年	暦　年
課税所得の範囲	①　通年居住者 　全世界所得 ②　中途居住者・みなし居住者 　カナダ入国又は出国までの期間→全世界所得 　カナダ出国以降又は入国までの期間→カナダ源泉所得	カナダ源泉所得
所得控除	・登録制退職貯蓄基金控除 　RRSP(Registered Retirement Savings Plans)Deduction ・託児費用控除 　(Child Care Expenses Amount) ※配偶者控除、子供控除等は所得控除としてではなく、税額控除として存在する（**Q41**参照）。	左記と同様
給与にかかる税率	連邦税：累進税率 州税：累進税率が大半だが定率の州もある（**Q38**参照）。	左記と同様
給与に関する税額計算方法	((所得＋現物給与)－所得控除)×累進税率－税額控除	同左
カナダにおける外国税額控除の適用	適用あり	適用なし

① 赴任地の個人所得税（アメリカ・カナダ・メキシコ・ブラジル）

3 メキシコ／居住者・非居住者で異なる税務上の取扱い

メキシコにおける居住者と非居住者の税務上の取扱いの相違点は図表34-3-1のとおりです。詳細についてはQ35以下をご参照ください。

図表34-3-1 居住者・非居住者で異なる税務上の相違点

	居住者	非居住者
課税年度	暦年（1／1〜12／31）	暦年（1／1〜12／31）
課税所得の範囲	全世界所得	メキシコ源泉所得
所得控除	適用あり	適用なし
給与にかかる税率	累進税率（〜35％）	非居住者用累進税率（0、15、30％）
給与に関する税額計算方法	（所得－所得控除）×累進税率－税額控除	所得×非居住者用累進税率
メキシコにおける外国税額控除の適用	あり	なし

4 駐在員にまつわる日本及び赴任地国での税務問題

4　ブラジル／居住者・非居住者で異なる税務上の取扱い

ブラジルにおける居住者と非居住者の税務上の取扱いの相違点は 図表34-4-1 のとおりです。詳細については Q35 以下をご参照ください。

図表34-4-1　居住者・非居住者で異なる税務上の相違点

	居住者	非居住者
課税年度	暦年	暦年
課税所得の範囲	全世界所得	ブラジル源泉所得
所得控除	簡易所得控除と原則的な所得控除のいずれかを選択可能	適用なし
給与にかかる税率	0%、7.5%、15%、22.5%、27.5%	一律25%
給与に関する税額計算方法	（所得－所得控除）×累進税率	グロス所得×25%
ブラジルにおける外国税額控除の適用	あり	なし

① 赴任地の個人所得税（アメリカ・カナダ・メキシコ・ブラジル）

 個人所得税の計算方法

個人所得税の計算方法について教えてください。居住者と非居住者では、個人所得税の計算方法は異なるのでしょうか。

1 概　要

1．居住者の個人所得税計算方法

居住者の個人所得税の計算方法は、いずれの国においても、簡単にいうと 図表35-1 のとおりですが、所得控除の種類が現物給与（住居の提供、子女教育費の支給など）の取扱い、累進税率の違いにより、最終的な個人所得税額は国によってかなり異なります。

図表35-1　居住者の個人所得税計算方法（税込み給与の場合）

（所得－所得控除）×個人所得税率－税額控除＝納付すべき個人所得税額

一方、日本からの赴任者については、手取りで給与を保障しているケースが多く、その場合の税額の計算方法は簡単に言うと 図表35-2 のとおりになりますが、以下では 図表35-1 にそって説明していきます。

図表35-2　税抜き給与（会社が個人所得税を負担）を受け取っている場合の計算式

本書で取り上げる4か国の個人所得税法上、グロスアップ用の計算式や個人所得税率表は用意されていません。

グロスアップを行う際は、「会社が負担する個人所得税額＝会社が負担する個人所得税額を課税所得の対象とした個人所得税額」になるまで、循環計算を行う必要があります。

個人でこのグロスアップ計算を実行するのは困難であるため、通常は、会計事務所等に依頼して計算をしてもらうことになります。

4　駐在員にまつわる日本及び赴任地国での税務問題

2．非居住者の個人所得税計算方法

　非居住者については、居住者と同様に収入から所得控除を差し引いた額に累進税率をかける国と、非居住者には所得控除は適用せず、非居住者用の税率で課税する国があります。

図表35-3　国別でみた非居住者に支払う給与の取扱い

	アメリカ	カナダ	メキシコ	ブラジル	日本
非居住者に支払う給与の取扱い	(給与－所得控除)×累進税率	(給与－所得控除)×累進税率	給与×非居住者用累進税率（3段階）	給与×25%	給与×20.42%

2 各国別でみた違い
1 アメリカ／個人所得税の計算方法

1．アメリカでの個人所得税計算手順
(1) 居住者の個人所得税計算手順

アメリカの居住者の個人所得税の計算方法の概略は 図表35-1-1 のとおりです。

図表35-1-1 個人所得税の計算方法

```
             （居住者用申告書（FORM1040）より作成）
 1．調整総所得（Total Amount (38)）の算出
 ①　調整総所得額（Total Amount (38)）の計算
   調整総所得額（Total Amount (38)）＝Income（7～22）＋Adjustment
 Income（23～37）

 ②　課税所得の計算（Taxable Income (43)）の計算
   課税所得（Taxable Income (43)）
   ＝Total Amount (38)－(Itemised Deduction or Standard Deduc-
 tion)－Exemptions (42)
                            Q37：所得控除参照

 2．個人所得税額（TAX (44)）の計算
 ①　所得税額（TAX (44)）
   所得税額＝課税対象所得（Taxable Income (43)）×累進税率
                                     Q38参照
 ②　合計所得税額（Total Tax (61)）の計算
   合計所得税額 (61)＝所得税額 (44)－税額控除（外国税額控除、教育費税
 額控除等）＋その他税額（自営業税や保険未加入ペナルティ）
                            Q41参照 (54)
 3．最終的な納付額の計算（Amout You owes）(76)）
   最終納付（還付）額＝合計所得税額 (61)－既納付額 (72)（源泉徴収税額、
 予定納税額）＋翌年度繰越金 (75)
```

一方、日本からの赴任者については、手取りで給与を保障しているケースが多く、その場合の税額の計算方法は簡単に言うと 図表35-1-2 のとおりになりますが、以下では 図表35-1-1 にそって説明していきます。

4 駐在員にまつわる日本及び赴任地国での税務問題

図表35-1-2 税抜き給与（会社が個人所得税を負担）を受け取っている場合の計算式

> アメリカ個人所得税法上、グロスアップ用の計算式や個人所得税率表は用意されていません。
> グロスアップを行う際は、「会社が負担する個人所得税額＝会社が負担する個人所得税額を課税所得の対象とした個人所得税額」になるまで、循環計算を行う必要があります。
> 個人でこのグロスアップ計算を実行するのは困難であるため、通常は、会計事務所等に依頼して計算をしてもらうことになります。(なお、グロスアップ計算は通常、年初、6～7月ごろ（賞与支給時）、年末の合計3回程度行い、年末に当該年度の手取所得が確定した段階で、グロスアップ計算を完結させ、できるだけ追加の納税が発生しないようにしている。そのため、12月分の給与が見かけ上非常に大きくなる場合がある。)

2．タックスアロケーションについて

通常、海外赴任者の給与は手取補償方式で決定されているため、赴任国で生じる個人所得税相当額は実質的に会社が負担しています。

一方、アメリカのように居住者は全世界所得に課税される場合、たとえば海外赴任中に日本で生じた所得（持ち家から生じる不動産所得等）が発生した場合、それについても赴任国(アメリカ)で課税の対象になります。

よって、大手企業の中には、「会社の定める海外勤務者規程で定める給与・賞与・福利厚生に関する赴任国での個人所得税は負担するが、それ以外の個人的な所得から生じた所得税は赴任者本人の負担にする」という方針とし、「タックスアロケーション（所得税の分かち計算)」を行い、本人の個人的所得に対する赴任国（この場合アメリカ）での所得税は本人負担とさせていることもあります。

(1) 非居住者の個人所得税計算手順

アメリカの非居住者の個人所得税の計算方法の概略は **図表35-1-3** のとおりです。

① 赴任地の個人所得税（アメリカ・カナダ・メキシコ・ブラジル）

図表35-1-3 個人所得税の計算方法

（非居住者用申告書（FORM1040-NR）より作成）
1．調整総所得（Adjusted Gross Income（36））の算出
① 調整総所得額（Adjusted Gross Income（36））の計算
調整総所得額（Adjusted Gross Income）（36）
＝Total Effectively Connected Income（8～22）＋Adjusted Gross Income（24～36）

②課税対象所得額（Taxable Income（41））の計算
課税所得（Taxable Income（41））
＝調整総所得額（Adjusted Gross Income）（36）－Itemized Deductions（38）－Exemptions（42）

Q37：所得控除参照

2．個人所得税額（TAX（42））の計算
所得税額（TAX（42））
所得税額＝課税対象所得（Taxable Income（41））×累進税率

Q38参照

3．最終的な納付額の計算（Amout You owes）（73又は75））
最終納付（還付）額（73又は75）
＝所得税額（TAX（42））＋Alternative Minimum Tax（43）－各種税額控除（44～52））
＋その他税（54～61－既納付額等（71）－翌年度繰越金（74）

つまり、アメリカ非居住者についても基本的な税額計算方法は居住者と同じですが、以下の点が居住者と異なります。

図表35-1-4 居住者と非居住者の税額計算の相違点

	居住者	非居住者
申告書フォーム	FORM1040	FORM1040NR ・実質関連所得（ECI） 　※給与所得、事業所得等がECIに相当する。 ・非実質関連所得 　→源泉徴収で納税が完結 　※利子、配当、ロイヤルティ権利使用料などの投資所得等が相当する。 （源泉徴収で納税が完結しない所得

4 駐在員にまつわる日本及び赴任地国での税務問題

		（例）賃貸収入があり賃貸収入から必要経費を差し引いた不動産所得を報告し納税を支払う場合、ECI所得がある場合はFORM1040NRを提出）
所得の種類	給与からその他所得まで分類	所得の性質に応じて実質関連所得と非実質関連所得のいずれかに区分
所得控除	概算額控除（STANDARD DEDUTION）か項目別控除（ITEMIZED DEDUCTION）のうちどちらか一方を選択できる。	項目別控除（ITEMIZED DEDUCTION）のみ。控除できる項目も限定的。
税率	累進税率	・実質関連所得→居住者と同様の累進税率 ・非実質関連所得→一律で30％ （ただし租税条約による減免あり）
税額控除	条件を満たせば全ての税額控除の適用を受けることができる。	教育控除（EDUCATION CREDITS） 子供税控除（CHILD TAX CREDITS）等多くの控除の適用が受けられない。 （FORM1040NRの「Foreign Tax Credit（FORM1116）」は、非居住者の所得に対し、日本とアメリカの両方で課税された場合、適用されることがあるが、このように二重課税が生じることは稀なケース）

1 赴任地の個人所得税（アメリカ・カナダ・メキシコ・ブラジル）

2　カナダ／個人所得税の計算方法

1．カナダ居住者の個人所得税計算手順

カナダの居住者の個人所得税の計算方法の概要は 図表35-2-1 のとおりです。

図表35-2-1 個人所得税の計算方法

1．課税所得の算出
(1) NET所得の算出（書式：T1）
総所得（TOTAL INCOME）－各種所得控除＝NET所得

(2) 課税所得の算出
NET所得－各種損失等の控除＝課税所得［A］（Taxable Income）

2．支払うべき税額等の計算（連邦税と州税）
連邦税額（①）＋州税額（②）＋その他（③）＝税額［B］

① 連邦税額の算出（T1 SCHEDULE 1）
　　課税所得［A］×連邦税率－連邦税の税額控除＝連邦税額

② 州税額の算出（各州のFORM428、オンタリオ州の場合ON428）
　　課税所得［A］×州税率－州税の税額控除＝州税額

③ その他
　・CPP支払額　・EI（雇用保険料）支払額　等

3．最終的な還付額／追加納付額の算出（書式：T1）

税額［B］－控除額（※）＝最終的な還付額／追加納付額が決定

（※）控除額
　・CPP過納付分　・EI（雇用保険料）過納付分　・払戻可能な医療費
　・源泉徴収や予定納税を通じてすでに納付した税額　等

一方、日本からの赴任者については、手取りで給与を保障しているケースが多く、その場合の税額の計算方法は簡単に言うと 図表35-2-2 のとおりになりますが、以下では 図表35-2-1 にそって説明していきます。

4 駐在員にまつわる日本及び赴任地国での税務問題

図表35-2-2 税抜き給与（会社が個人所得税を負担）を受け取っている場合の計算式

> カナダ個人所得税法上、グロスアップ用の計算式や個人所得税率表は用意されていません。
> グロスアップを行う際は、「会社が負担する個人所得税額＝会社が負担する個人所得税額を課税所得の対象とした個人所得税額」になるまで、循環計算を行う必要があります。
> 個人でこのグロスアップ計算を実行するのは困難であるため、通常は、会計事務所等に依頼して計算をしてもらうことになります。
> （なお、グロスアップ計算は通常、年初、6～7月ごろ（賞与支給時）、年末の合計3回行うケースが多いようです。）

2．所得税計算手順

　カナダ非居住者の給与に関する個人所得税の計算方法も、基本的には居住者と同様ですが、税額控除の適用はごく一部に限定され、実質的にはほとんど受けられないと思っておいた方が良いでしょう。

　なお、カナダの労働ビザを取得していない人（たとえば短期でのカナダ滞在を行う人）については、SIN（Social Insurance Number）を保有していないと考えられます。その場合、カナダで納税を行うに当たっては、ITN（Individual Tax Number）を取得する必要があります。

1 赴任地の個人所得税(アメリカ・カナダ・メキシコ・ブラジル)

3 メキシコ／個人所得税の計算方法

1．メキシコ居住者の個人所得税計算手順

メキシコの居住者の個人所得税の計算方法の概略は 図表35-3-1 のとおりです。

図表35-3-1 個人所得税の計算方法

> 最終的な納付税額＝(所得－所得控除)×累進税率－税額控除－既納付額(源泉徴収された税額等)

一方、日本からの赴任者については、手取りで給与を保障しているケースが多く、その場合の税額の計算方法は簡単に言うと 図表35-3-2 のとおりになります。

図表35-3-2 税抜き給与(会社が個人所得税を負担)を受け取っている場合の計算式

> メキシコ個人所得税法上、グロスアップ用の計算式や個人所得税率表は用意されていません。
> グロスアップを行う際は、「会社が負担する個人所得税額＝会社が負担する個人所得税額を課税所得の対象とした個人所得税額」になるまで、循環計算を行う必要があります。
> 個人でこのグロスアップ計算を実行するのは困難であるため、通常は、会計事務所等に依頼して計算をしてもらうことになります。

2．非居住者の個人所得税計算手順

メキシコ非居住者がメキシコ勤務の対価としてメキシコ現地法人等から受け取った所得は、メキシコ現地法人により非居住者用の累進税率(※)で源泉徴収されます。よって、メキシコ勤務の対価をメキシコ法人から受け取ったメキシコ非居住者(日本からの長期出張者等)は、通常、源泉徴収のみで納税が完結することが一般的です。

(※) 詳細は「**Q38：個人所得税率**」をご参照ください。

4 駐在員にまつわる日本及び赴任地国での税務問題

4　ブラジル／個人所得税の計算方法

1．ブラジル居住者の個人所得税計算手順

ブラジルの居住者の個人所得税の計算方法の概略は 図表35-4-1 のとおりです。

図表35-4-1　個人所得税の計算方法

> 最終的な納付税額＝（所得－所得控除）×累進税率－税額控除－既納付額（源泉徴収された税額等）

一方、日本からの赴任者については、手取りで給与を保障しているケースが多く、その場合の税額の計算方法は簡単に言うと 図表35-4-2 のとおりになります。

図表35-4-2　税抜き給与（会社が個人所得税を負担）を受け取っている場合の計算式

> グロスアップ用の計算式や個人所得税率表は用意されていません。
> グロスアップを行う際は、「会社が負担する個人所得税額＝会社が負担する個人所得税額を課税所得の対象とした個人所得税額」になるまで、循環計算を行う必要があります。
> 個人でこのグロスアップ計算を実行するのは困難であるため、通常は、会計事務所等に依頼して計算をしてもらうことになります。

2．非居住者の個人所得税計算手順

ブラジル非居住者がブラジル勤務の対価としてブラジル現地法人等から受け取った所得は、ブラジル現地法人により非居住者向けの一定税率（※）で源泉徴収されます。よって、ブラジル勤務の対価をブラジル法人から受け取ったブラジル非居住者（日本からの長期出張者等）は、通常、源泉徴収のみで納税が完結することが一般的です。

（※）　詳細は「Q38：個人所得税率」をご参照ください。

① 赴任地の個人所得税（アメリカ・カナダ・メキシコ・ブラジル）

課税対象となる手当・非課税となる所得・福利厚生

海外駐在員に対しては、海外基本給、海外勤務手当といった給与のほかに、現地での住居費や子女教育費を会社負担しています。
これらの手当・福利厚生にかかる費用については給与として課税対象になるのでしょうか。

1　概　要

海外駐在員に対しては、海外基本給、海外勤務手当といった給与のほかに現地での住居費や子女教育費を会社負担しています。

これらのいわゆる「現物給与」は金額換算するとかなり大きな金額になるため、これら現物給与が個人所得税を計算する上で課税の対象となると、その分だけ個人所得税が高くなります。

図表36-1　国別でみた現物給与の個人所得税法上の取扱いの特徴

アメリカ	給与として課税対象になる場合がほとんど
カナダ	給与として課税対象になる場合がほとんど
メキシコ	給与として課税対象になる場合がほとんど
ブラジル	給与として課税対象になる場合がほとんど

課税対象となる手当・非課税となる所得・福利厚生

アメリカ

2 各国別でみた違い

1 アメリカ／課税対象となる手当・非課税となる所得・福利厚生

アメリカでは原則として会社が社員に提供した各種ベネフィットについては 図表36-1-1 のとおり、そのほとんどが支給の仕方（会社が直接支払うか、本人に実費を手当支給）にかかわらず、所得として課税の対象になります。

図表36-1-1 課税対象となる手当・福利厚生、非課税となる手当・福利厚生

	具体例	会社が直接支払う場合	本人に実費を手当として支給する場合
住居家賃	任地住居は全額会社負担	全額課税	全額課税
子女教育費	アメリカ国内の日本人学校・日本語補修授業校の費用又はインターナショナルスクール費用を全額会社負担	全額課税	全額課税
一時帰国時の交通費	年1回の一時帰国に要する交通費を帯同家族分を含め、全額会社負担	全額課税	全額課税
医療費	海外旅行保険料を会社が負担	全額課税	全額課税
	アメリカで加入している民間医療保険の保険料を全額会社負担	全額非課税	全額課税
	海外旅行保険や民間医療保険が適用できない医療費（歯科治療等）を会社が負担	全額課税	全額課税
自動車	雇用主が支給した車を従業員が個人使用した場合	全額課税	全額課税
	配偶者用自動車を貸与	全額課税	全額課税
語学研修費用	現地語等を学習するための費用を会社が負担	業務に関する場合は非課税	業務に関する場合は非課税
引越費用	赴任時、帰任時の引越費用を会社が負担	アメリカ赴任時の引越費用は非課税、帰任時は帰国後に精算し	アメリカ赴任時の引越費用は非課税、帰任時は帰国後に精算し

① 赴任地の個人所得税（アメリカ・カナダ・メキシコ・ブラジル）

		ていれば非課税	ていれば非課税
赴任者の個人所得税納税申告にかかる費用	従業員の個人所得税額を会社が払った場合	全額課税	全額課税
出張日当	出張時に日当を支給した場合	旅費規程があり、連邦の日当より低ければ非課税	旅費規程があり、連邦の日当より低ければ非課税

4 駐在員にまつわる日本及び赴任地国での税務問題

2 カナダ／課税対象となる手当・非課税となる所得・福利厚生

カナダでは非課税となる所得について 図表36-2-1 のような項目を列挙していますが、会社からの命令により期間限定でカナダに居住する日本人駐在員にとって、適用対象となりそうな所得控除は特に存在しません。

図表36-2-1 **非課税となる所得（一部）**

- GST/HST給付：一定以下の所得の世帯に支給される消費税還付金（※）
- 児童税給付（CCTB）：一定以下の所得の世帯に支給される児童手当（※）
- 児童扶養手当やケベック州から支払われる障害のある子供への手当
- 事件や事故の犠牲者になった際に各地区から支給される保証金
- 宝くじの当選金
- 贈与や相続により得た資産
- 所属している労働組合から支給されるストライキの際の手当

（※） Refundable Credit（還付型税額控除）

そのため、日本からの赴任者に支給されることが多い各種現物給与については 図表36-2-2 のとおり、支給方法にかかわらず、すべて給与として課税対象となります。

図表36-2-2 **課税対象となる手当・福利厚生、非課税となる手当・福利厚生**

	具体例	会社が直接支払う場合	本人に実費を手当として支給する場合
住居家賃	任地住居は全額会社負担	会社負担額全額が個人所得税の課税対象。 ※カナダ滞在期間が一時的（一般に3年程度）かつ、母国に住居がある等の場合は、カナダでの家賃実費については非課税になる措置が適用される。）ただし、上記条件を満たしていても、カナダでの職責が社長等である場合、「一時的な勤務」とはみなされないため、家賃の非課税扱いは適用されない。	会社負担額全額が個人所得税の課税対象
子女教育費	カナダの日本語補修授業校の費用又はインターナショナルスクール費用を全額会社負担	会社負担額全額が個人所得税の課税対象	会社負担額全額が個人所得税の課税対象
一時帰国	年1回の一時帰国	会社負担額全額が個人所得税の課	会社負担額全額

① 赴任地の個人所得税（アメリカ・カナダ・メキシコ・ブラジル）

時の交通費	に要する交通費を帯同家族分を含め、全額会社負担	税対象 ※ただし、帰国回数が年1回かつ、業務をかねている場合は、非課税になる。（帯同家族は非課税にはならない。）	が個人所得税の課税対象
医療費	海外旅行保険料を会社が負担	会社負担額全額が個人所得税の課税対象	会社負担額全額が個人所得税の課税対象
	カナダ州政府による医療保険費用を全額会社負担	会社負担額全額が個人所得税の課税対象	会社負担額全額が個人所得税の課税対象
	海外旅行保険やカナダ医療保険が適用できない医療費（歯科治療等）を会社が負担	会社負担額全額が個人所得税の課税対象	会社負担額全額が個人所得税の課税対象
自動車	通勤、営業用の自動車を従業員に貸与	一定の計算式の元、課税対象額が決定される。（詳細はIncome Tax Act6(1)a をご参照ください）	同左
	配偶者用自動車を貸与	会社負担額全額が個人所得税の課税対象	会社負担額全額が個人所得税の課税対象
語学研修費用	現地語等を学習するための費用を会社が負担	会社負担額全額が個人所得税の課税対象。 ※ただし業務上必要であると認められた場合は非課税となる余地がある。	会社負担額全額が個人所得税の課税対象
引越費用	赴任時、帰任時の引越費用を会社が負担	会社負担額全額が個人所得税の課税対象	会社負担額全額が個人所得税の課税対象
赴任者の個人所得税納税申告にかかる費用	赴任者個人所得税申告代行を、会計事務所等に依頼した費用を会社が負担した場合	会社負担額全額が個人所得税の課税対象	会社負担額全額が個人所得税の課税対象
出張日当	出張日当を支給	会社負担額全額が個人所得税の課税対象 ※ただし妥当と認められる場合は非課税となる余地がある。（シンガポール等のような国別の非課税額一覧表などは存在しない。）	会社負担額全額が個人所得税の課税対象

4 駐在員にまつわる日本及び赴任地国での税務問題

3 メキシコ／課税対象となる手当・非課税となる所得・福利厚生

メキシコでは 図表36-3-1 のとおり、雇用主が従業員に提供するフリンジベネフィットは、そのほとんどが、給与として課税の対象になります。

図表36-3-1 課税対象となる手当・福利厚生、非課税となる手当・福利厚生

	具体例	会社が直接支払う場合	本人に実費を手当として支給する場合
住居家賃	任地住居は全額会社負担	会社負担額全額が個人所得税の課税対象	会社負担額全額が個人所得税の課税対象
子女教育費	メキシコの日本人学校の費用又はインターナショナルスクール費用を全額会社負担	会社負担額全額が個人所得税の課税対象	会社負担額全額が個人所得税の課税対象
一時帰国時の交通費	年1回の一時帰国に要する交通費を帯同家族分を含め、全額会社負担	会社負担額全額が個人所得税の課税対象	会社負担額全額が個人所得税の課税対象
医療費	海外旅行保険料を会社が負担	非課税となる余地がある。	非課税となる余地がある。
医療費	メキシコ政府による医療保険費用を全額会社負担	会社負担額全額が個人所得税の課税対象	会社負担額全額が個人所得税の課税対象
医療費	海外旅行保険やメキシコ医療保険が適用できない医療費（歯科治療等）を会社が負担	会社負担額全額が個人所得税の課税対象	会社負担額全額が個人所得税の課税対象
自動車	通勤、営業用の自動車を従業員に貸与	会社負担額全額が個人所得税の課税対象	会社負担額全額が個人所得税の課税対象
自動車	配偶者用自動車を貸与	会社負担額全額が個人所得税の課税対象	会社負担額全額が個人所得税の課税対象
語学研修費用	現地語等を学習するための費用を会社が負担	会社負担額全額が個人所得税の課税対象	会社負担額全額が個人所得税の課税対象
引越費用	赴任時、帰任時の引越費用を会社が負担	非課税となる余地がある。	非課税となる余地がある。
赴任者の個人所得	赴任者個人所得税申告代行を、会計事務所等に依	会社負担額全額が個人所得税の課税対象	会社負担額全額が個人所得税の課税対象

1　赴任地の個人所得税（アメリカ・カナダ・メキシコ・ブラジル）

税納税申告にかかる費用	頼した費用を会社が負担した場合		
出張日当	出張日当を支給	会社負担額全額が個人所得税の課税対象	会社負担額全額が個人所得税の課税対象

227

4 駐在員にまつわる日本及び赴任地国での税務問題

4　ブラジル／課税対象となる手当・非課税となる所得・福利厚生

ブラジルでは図表36-4-1のとおり、雇用主が従業員に提供するフリンジベネフィットはそのほとんどが、給与として課税の対象になります。

図表36-4-1　課税対象となる手当・福利厚生、非課税となる手当・福利厚生

	具体例	会社が直接支払う場合	本人に実費を手当として支給する場合
住居家賃	任地住居は全額会社負担	会社負担額全額が個人所得税の課税対象	会社負担額全額が個人所得税の課税対象
子女教育費	ブラジルの日本語補修授業校の費用又はインターナショナルスクール費用を全額会社負担	会社負担額全額が個人所得税の課税対象	会社負担額全額が個人所得税の課税対象
一時帰国時の交通費	年1回の一時帰国に要する交通費を帯同家族分を含め、全額会社負担	会社負担額全額が個人所得税の課税対象	会社負担額全額が個人所得税の課税対象
医療費	海外旅行保険料を会社が負担	会社負担額全額が個人所得税の課税対象	会社負担額全額が個人所得税の課税対象
	ブラジル政府による医療保険費用を全額会社負担	会社負担額全額が個人所得税の課税対象	会社負担額全額が個人所得税の課税対象
	海外旅行保険やブラジル医療保険が適用できない医療費（歯科治療等）を会社が負担	会社負担額全額が個人所得税の課税対象	会社負担額全額が個人所得税の課税対象
自動車	通勤、営業用の自動車を従業員に貸与	会社負担額全額が個人所得税の課税対象	会社負担額全額が個人所得税の課税対象
	配偶者用自動車を貸与	会社負担額全額が個人所得税の課税対象	会社負担額全額が個人所得税の課税対象
語学研修費用	現地語等を学習するための費用を会社が負担	会社負担額全額が個人所得税の課税対象	会社負担額全額が個人所得税の課税対象
引越費用	赴任時、帰任時の引越費用を会社が負担	非課税となる余地がある。	非課税となる余地がある。
赴任者の個人所得	赴任者個人所得税申告代行を、会計事務所等に依	会社負担額全額が個人所得税の課税対象	会社負担額全額が個人所得税の課税対象

① 赴任地の個人所得税(アメリカ・カナダ・メキシコ・ブラジル)

税納税申告にかかる費用	頼した費用を会社が負担した場合		
出張日当	出張日当を支給	会社負担額全額が個人所得税の課税対象	会社負担額全額が個人所得税の課税対象

4 駐在員にまつわる日本及び赴任地国での税務問題

 所得控除の種類

所得控除の種類とその額について教えてください。

1 概　要

　所得控除についてはアメリカとブラジルは、所得の一定割合を所得控除の対象にする方法と項目ごとの個別の控除を選択することができます。一方、カナダについては配偶者控除等は所得控除ではなく、税額控除として取り扱われています。また、メキシコについては人的控除はほとんど存在しません。

　このように所得控除の種類は国により大きく異なります。

　以下ではアメリカ・カナダ・メキシコ・ブラジルの所得控除の種類について順番にみていきましょう。

2 各国別でみた違い
1 アメリカ／所得控除の種類

Q35でご紹介したとおり、居住者の個人所得税の税額計算に当たっては、所得から所得控除を引いた額に累進税率をかけることになります。

では、アメリカでは居住者に対して、どのような所得控除が認められているのでしょうか。

1．所得控除の種類

アメリカにおける所得控除の種類は以下のとおりです。

図表37-1-1 所得控除の種類

所得控除の種類		内容	控除適用のための必要書類
右記のいずれか一方を選択	概算額控除 (STANDARD DEDUCTION)	独身者・夫婦別申告：USD6,300（※） 夫婦合算申告者：USD12,600（※） 適格寡婦（寡夫）：USD9,250 ※どちらが有利かを調べるため、試算をした上で、どちらの申告方式を選ぶか決定するのが一般的。2015年度現在。	
	個別控除 (ITEMIZED DEDUCTION) ※FORM AをFORM1040に添付	① 医療費控除（MEDICAL EXPENSE） 　医師・歯科医師の診察料、手術代、入院費、看護料、処方箋に基づく医薬品代、コンタクトレンズ、めがね、補聴器代、救急車代、医療費を受けるための交通費等が対象 ② 税控除（TAXES） 　州税、固定資産税、外国税額控除の適用対象にしないが外国所得税等が対象 ③ 住宅ローン支払利子（MORTGAGE INTEREST） ④ 投資目的のローンの支払利子控除（INVESTMENT INTEREST EXPENSE） ⑤ 寄附金控除（GIFTS To CHARITY） ⑥ 災害・盗難控除 　（CASUALTY AND THEFT LOSSES） ⑦ ビジネスに関する経費控除 　（JOB EXPENSES AND CERTAIN MISCELLANEOUS DEDUCTIONS） ⑧ その他費用控除 　（OTHER MISCELLANEOUS DEDUC-	

		TIONS） 控除項目によっては、調整総所得の一定割合を超過した部分が控除金額となる。また、所得がある一定金額を超えると超過分に応じて減額される。	
人的控除・扶養控除 （PERSONAL EXEMP-TIONS）		・納税者・配偶者控除（YOUR OWN AND YOUR SPOUSE'S EXEMPTIONS） →USD4,000／人（2015年度現在） （夫婦合算申告の場合：USD8,000／世帯） ・扶養控除（Exemptions For Dependents） →一定の条件を満たした家族については控除が可能。 ※申告にあたっては、控除の対象にする配偶者、扶養家族についてのSSN（又はITIN）が必要。（日本に残した配偶者は、ITINを取得すれば控除の対象になる確定申告のためにITINを取得する際は、その年の確定申告書にFormW-7と公証済のパスポート写し等を添付し送付する。（2015年現在）	

2．アメリカ社会保険制度は外国人に適用対象となるか

　通常、外国人もアメリカの社会保険制度の適用対象になりますが、日本からアメリカに5年以内の予定で赴任する場合は、日本の公的年金制度・医療保険制度に加入していれば、アメリカでの公的年金・医療保険制度への加入が免除されます。（ただし、この場合も社会保障番号は必要です。）
※アメリカの社会保険料率及び日米社会保障協定については**Q16**をご参照ください。

2 カナダ／所得控除の種類

Q35でご紹介したとおり、居住者の個人所得税の税額計算に当たっては、所得から所得控除を引いた額に累進税率をかけることになります。

では、カナダではどのような所得控除が認められているのでしょうか。

1．所得控除の種類

カナダにおいて認められている所得控除の一例としては 図表37-2-1 のとおりです。いわゆる配偶者控除（Spouse or Common-Law partner amount）や扶養控除（Amount for an eligible dependant, Amount for children born in 1995 or later）等は、日本では所得控除として取り扱われていますが、カナダでは所得控除ではなく税額控除（連邦税の税額控除としても、州税の税額控除としても存在）として取り扱われています。これら税額控除の概要はQ41をご参照ください。

よって、カナダ連邦税における所得控除については 図表37-2-1 に記載のような項目で、日本の駐在員にはあまりなじみのないものが多く、日本からの駐在員の個人所得税計算においては所得控除を検討するケースは少ないかもしれません。

図表37-2-1 所得控除の種類（連邦税）

所得控除の種類	内容	控除適用のための必要書類
RRSP控除 (RRSP: Registered Retirement Savings Plan Deduction)	登録制退職貯蓄基金の購入金額相当額を所得控除の対象にできる。（ただし、購入できる上限額はカナダ税務当局により、収入等に応じて各人ごとに一定額までと定められている。） カナダ税務当局に認定された貯蓄型金融商品のことで、本人の所得に応じて一定額まで所得控除の対象にすることができるため、節税にもつながる貯金としてカナダ人に多く利用されている。（※） →駐在員については、カナダ所得税を会	RRSP購入に関する領収書等

4 駐在員にまつわる日本及び赴任地国での税務問題

	社が負担しているケース（手取り保証方式）が多い。よって、駐在員本人に節税のインセンティブは働かない上、老後、カナダに居住する意図がある場合も少ないことから、カナダに長期居住の意図があるケースを除いては、RRSPを購入することは考えにくい。よって、駐在員についてRRSP控除を所得税計算の際に考慮するケースは少ない。	
保育料費用控除 (Child Care Expense: T778)	16歳未満の子供の世話を依頼する際の費用を（※）所得から一定額まで控除することができる。 ※保育施設への保育料だけでなく、デイキャンプ、デイスポーツスクール、ボーディングスクールに支払った費用も控除の対象となる。	領収書の添付が必要
引越費用控除 (Moving Expense: T1-M)	以下の条件を2つとも満たす場合に引越に要した費用が控除できる。 ・職場や勉強のために引越が必要な場合 ・通勤・通学する職場や学校から40キロ以上の地域に引越すること。	
離婚・別居に伴う扶養手当 (Support Payments: T1158)	Spousal support（配偶者への支払） →支払者は給与から控除、受取者は課税 Child support（子供への支払） →支払者は控除できない、受取者は非課税	養育費に関する取決めを示した文書
雇用所得を得るために使用した経費 (Employment Expense: T777)	雇用契約で本人が支払うことになっている経費であり、当該経費を会社に請求していない場合、使用した経費が経費の種類ごとに定められた一定額まで控除することができる。 ※駐在員の場合でも、出張が頻繁に行われる場合は当該所得控除を利用することがある。	使用した経費の領収書

※RRSPは引出時に課税されるが、引出し時点では所得が少ないケースが多いため、累進税率も低く、結果として節税可能。ただし非居住者が引き出す場合は、25％の源泉税が課税される。）

1　赴任地の個人所得税（アメリカ・カナダ・メキシコ・ブラジル）

２．カナダ社会保険制度は外国人に適用対象となるか
〜外国人についてもカナダ社会保険制度の適用対象になる〜

　カナダ社会保険制度は、外国人についてもカナダの社会保険制度に加入する必要があります。ただし、日本とカナダの間には社会保障協定が発効しているため、カナダでの滞在期間が5年以内と予定されている場合は、日本の年金制度への加入を条件に、カナダの年金制度への加入を免除されます。

※カナダの社会保険料率及び日加社会保障協定については**Q16**をご参照ください。

4 駐在員にまつわる日本及び赴任地国での税務問題

3　メキシコ／所得控除の種類

Q35でご紹介したとおり、居住者の個人所得税の税額計算に当たっては、所得から所得控除を引いた額に累進税率をかけることになります。

では、メキシコではどのような所得控除が認められているのでしょうか。

1．所得控除の種類

メキシコにおいて認められている所得控除の一例としては図表37-3-1のとおりです。

図表37-3-1 所得控除の種類

医療費控除	実費
医療保険料控除	実費
学費控除	小学校：40,000ペソ 中学校：80,000ペソ 高等学校：24,000ペソ

2．メキシコ社会保険制度は外国人に適用対象となるか
～外国人についてもメキシコ社会保険制度の適用対象になる～

メキシコ社会保険制度は、外国人についてもメキシコの社会保険制度に加入する必要があります。

※メキシコの社会保険料率は、**Q16**をご参照ください。

4 ブラジル／所得控除の種類

Q35でご紹介したとおり、居住者の個人所得税の税額計算に当たっては、所得から所得控除を引いた額に累進税率をかけることになります。

では、ブラジルではどのような所得控除が認められているのでしょうか。

1．所得控除の種類

ブラジルにおいて認められている所得控除の一例としては図表37-4-1のとおり、標準所得控除と簡易所得控除の2種類があります。一般に駐在員の場合は簡易所得控除の方が有利になるケースが大半であるため、標準所得控除ではなく、簡易所得控除を適用することになります。

図表37-4-1　所得控除の種類

下記いずれかを選択	内　容
簡易所得控除	課税対象所得×20% （ただし2014年の場合、15,880.89レアルを上限とする） ※簡易所得控除を選択した場合、額控除の利用はできない。
標準所得控除	【所得控除の対象になるもの】 ・公的社会保険料　　・私的年金保険料 ・扶養控除　　　　　・離婚扶養料控除 ・65歳以上の年金収入 ・医療費（ブラジル医療機関での医療費） ・教育費　　　　　　・弁護士、訴訟費用

2．ブラジル社会保険制度は外国人に適用対象となるか
～外国人についてもブラジル社会保険制度の適用対象になる～

ブラジル社会保険制度は、外国人についてもブラジルの社会保険制度に加入する必要があります。ただし、日本とブラジルの間には社会保障協定が発効しているため、ブラジルでの滞在期間が5年以内と予定されている場合は、日本の年金制度への加入を条件に、ブラジルの年金制度への加入を免除されます。

※ブラジルの社会保険料率及び日伯社会保障協定についてはQ16をご参照ください。

4 駐在員にまつわる日本及び赴任地国での税務問題

 個人所得税率

個人所得税率について教えてください。

1 概　要

　日本の場合、居住者については5〜45％の7段階の累進税率となっています。

　一方、本書で取り上げている4か国については、個人所得税に係るもっとも高い累進税率がアメリカの39.6％（このほかに州税も存在）、次にメキシコの35％、カナダの29％（このほかに州税も存在）、ブラジルの27.5％となっています。一般に日本からの駐在員には給与や賞与のほかに、海外赴任に伴う手当はもちろん、住居や子女教育費等、各種のフリンジベネフィットが提供されていますが、これらフリンジベネフィットも給与として課税されるため、最高税率又はそれに近い税率が適用されることから、日本勤務時から比べて大幅な税負担増になる場合が多いといえます。

　以下ではアメリカ・カナダ・メキシコ・ブラジルの個人所得税率について順番にみていきましょう。

2 各国別でみた違い
1 アメリカ／個人所得税率

1．連邦税の個人所得税率
(1) 居住者にかかる個人所得税率

アメリカにおける個人所得税率は、図表38-1-1のとおりです。

日本では所得税の累進税率表は1つしかありませんが、アメリカではどの申告身分（独身者申告・夫婦合算申告や夫婦個別申告など）によって、適用される税率が異なります。既婚者で片方の配偶者がほとんどの所得を稼いでいる場合、通常は夫婦個別申告よりも夫婦合算申告の方が適用される税率が低くなり、税額が低く抑えられます。

図表38-1-1 居住者に対する税率（2015年現在）

① 独身者に対する税率 （単位：米ドル）

	区　分		累進税率
1	0	9,225	10 %
2	9,225	37,450	15 %
3	37,450	90,750	25 %
4	90,750	189,300	28 %
5	189,300	411,500	33 %
6	411,500	413,200	35 %
7	413,200		39.6%

② 夫婦合算申告の場合 （単位：米ドル）

	区　分		累進税率
1	0	18,450	10 %
2	18,450	74,900	15 %
3	74,900	151,200	25 %
4	151,200	230,450	28 %
5	230,450	411,500	33 %
6	411,500	464,850	35 %
7	464,850		39.6%

4 駐在員にまつわる日本及び赴任地国での税務問題

③ 夫婦個別申告に対する税率　　　　（単位：米ドル）

	区　分		累進税率
1	0	9,225	10 ％
2	9,225	37,450	15 ％
3	37,450	75,600	25 ％
4	75,601	115,225	28 ％
5	115,225	205,750	33 ％
6	205,750	232,425	35 ％
7	232,425		39.6％

(2) **非居住者にかかる個人所得税率**

一方、非居住者に対する税率は 図表38-1-2 のとおりです。図表38-1-2 のとおり、非居住者の所得は「米国実質関連所得：EFFECTIVELY CONNECTED INCOME with U.S. trade or business)」と「非実質関連所得(Non-Effectively Connected U.S. Source Income)」のいずれかに分類されます。

ちなみにアメリカに出張し、アメリカで勤務した所得は実質関連所得に分類され、確定申告時には申告書（FORM1040UR）の提出が必要です。

図表38-1-2 **非居住者の所得の分類**

	該当する所得	税　率
実質関連所得	給与所得、州、地方税の還付金。事業所得、米国不動産売却益（損）、その他損益、IRA分配金、年金、課税対象年金、不動産賃貸（源泉徴収方式を選択しない場合）、パートナーシップ、トラストから生じる所得、その他所得、租税条約により免税になる所得	居住者と同じ税率表（図表38-1-1）を使用する。
非実質関連所得	利子、配当ロイヤルティ権利使用料などの投資所得米国奨学金、フェローシップ給付等	30％の一律税率（ただし租税条約に基づく減免措置あり、米国奨学金、フェローシップ給付等は14％）

1 赴任地の個人所得税（アメリカ・カナダ・メキシコ・ブラジル）

2 カナダ／個人所得税率

1．連邦税の個人所得税率

(1) 居住者にかかる個人所得税率

カナダにおける個人所得税率は、図表38-2-1のとおりです。

図表38-2-1 居住者に対する連邦税率（2015年度）

	区　分	通常の税率（給与等）
1	〜CAD44,701	15%
2	CAD44,701超〜89,401	22%
3	CAD89,401超〜138,586	26%
4	CAD138,586超	29%

(2) 非居住者にかかる個人所得税率

一方、非居住者に対する税率は図表38-2-2のとおりです。

図表38-2-2 非居住者に対する税率

> 1．給与にかかる税率
>   居住者と同様です。
>
> 2．利子、配当、レンタル支払費用、カナダ年金からの収入等
>   一律25%の税率で課税。
>   ※ただし利子、配当については日本とカナダの間で締結されている租税条約の適用を受けることで、軽減税率の適用を受けることができます。

4 駐在員にまつわる日本及び赴任地国での税務問題

3 メキシコ／個人所得税率

1．連邦税の個人所得税率
(1) 居住者にかかる個人所得税率

メキシコにおける個人所得税率は、図表38-3-1のとおりです。

図表38-3-1 居住者に対する個人所得税率（年間） （単位：ペソ）

	区分		累進税率	控除額
	以上	以下		
1	0.01	5,952.84	1.92%	0.00
2	5,952.85	50524.92	6.40%	114.20
3	50524.93	88,793.04	10.88%	2,966.91
4	88,793.05	103,218.00	16.00%	7,130.48
5	103,218.01	123,580.20	17.92%	9,438.47
6	123,580.21	249,243.48	21.36%	13,087.37
7	249,243.49	392,841.96	23.52%	39,929.05
8	392,841.97	750,000.00	30.00%	73,703.41
9	750,000.01	1,000,000.00	32.00%	180,850.82
10	1,000,000.01	3,000,000.00	34.00%	280,850.81
11	3,000,000.01		35.00%	940,850.81

なお、給与支払者は図表38-3-2の源泉税率表にもとづき、毎月、源泉徴収を行う必要があります。

図表38-3-2 居住者に対する個人所得税率（月額） （単位：ペソ）

	区分		累進税率	控除額
	以上	以下		
1	0.01	496.07	1.92%	0.00
2	496.08	4210.41	6.40%	9.52
3	4210.42	7399.42	10.88%	247.23
4	7399.43	8601.50	16.00%	596.24
5	8601.51	10,298.35	17.92%	786.55
6	10,298.36	20,770.29	21.36%	1,090.62
7	20,770.30	32,736.83	23.52%	3,327.42
8	32,736.84	62,500.00	30.00%	6,141.95
9	62,500.01	83,333.33	32.00%	15,070.90
10	83,333.34	250,000.00	34.00%	21,737.57
11	250,000.01		35.00%	78,404.23

1　赴任地の個人所得税（アメリカ・カナダ・メキシコ・ブラジル）

(2) **非居住者にかかる個人所得税率**
　一方、非居住者に対する税率は図表38-3-3のとおりです。

図表38-3-3　**非居住者にかかる税率（年額）**　　　　　　（単位：ペソ）

	超	以下	累進税率
1		125,900	0%
2	125,900	1,000,000	15%
3	1,000,000		30%

4 駐在員にまつわる日本及び赴任地国での税務問題

4 ブラジル／個人所得税率

1．連邦税の個人所得税率
(1) 居住者にかかる個人所得税率

図表38-4-1 居住者に対する所得税率（2015年度／月次）　（単位：レアル）

2015年1～3月（月次）		
以上	まで	累進税率
	1,787.77	0%
1,787.78	2,679.29	7.5%
2,679.30	3,572.43	15%
3,572.44	4,463.81	22.5%
4,463.82		27.5%
2015年4月～（月次）		
以上	まで	累進税率
	1,903.98	0%
1,903.99	2,826.65	7.5%
2,826.66	3,751.05	15%
3,751.06	4,664.68	22.5%
4,664.69		27.5%

図表38-4-2 源泉税率（2015年度／月次）　（単位：レアル）

2015年1～3月（月次）		
以上	まで	累進税率
	6,270.00	0%
6,270.01	9,405.00	7.5%
9,405.01	12,540.00	15%
12,540.01	15,675.00	22.5%
15,675.01		27.5%
2015年4月～（月次）		
以上	まで	累進税率
	6,677.55	0%
6,677.56	9,992.28	7.5%
9,992.29	13,167.00	15%
13,167.01	16,380.38	22.5%
16,380.39		27.5%

(2) 非居住者にかかる個人所得税率

図表38-4-3

給与にかかる税率：原則として25%

外国駐在員に対する個人所得税優遇措置

外国駐在員に対する優遇措置はありますか。

アメリカ

カナダ

メキシコ

ブラジル

1　概　要

本書で取り上げる4か国（アメリカ、カナダ、メキシコ、ブラジル）については、外国駐在員に対する優遇措置は存在しません。

2　各国別でみた違い

1　アメリカ／外国駐在員に対する個人所得税優遇措置

アメリカでは、外国からの赴任者に対する税務上の優遇措置は存在しません。

2　カナダ／外国駐在員に対する個人所得税優遇措置

カナダでは、外国からの赴任者に対する税務上の優遇措置は存在しません。

3　メキシコ／外国駐在員に対する個人所得税優遇措置

メキシコでは、外国からの赴任者を含めたいわゆる外国籍人員についての個人所得税に対する特別な税務上の優遇措置は存在しません。

4　ブラジル／外国駐在員に対する個人所得税優遇措置

ブラジルでは、外国からの赴任者を含めたいわゆる外国籍人員についての個人所得税に対する特別な税務上の優遇措置は存在しません。

駐在員にまつわる日本及び赴任地国での税務問題

 現地払給与・日本払給与の申告方法

当社では、海外駐在員の給与を日本本社と、現地法人からそれぞれ支給することを検討しています。これら給与の現地での納税方法について教えてください。

1 概　要

海外駐在員の給与のうち、一部を日本本社から本人の口座又は現地の口座に、残りの一部を現地法人から本人の現地口座に振り込んでいるケースは少なくありません。この場合、現地法人で支払われた給与は通常、現地法人で源泉徴収されます。

一方、日本払給与はカナダ、メキシコについては当該給与相当額を現地法人に付替請求している場合は、日本払給与についても現地法人で源泉徴収をすることになりますが、アメリカについては日本払給与の付替の有無に限らず、日本払給与についても現地法人側で源泉徴収が必要です。一方、ブラジルは付替えの有無にかかわらず、日本払給与は赴任者本人が毎月、納税を行う必要があります。

2　各国別でみた違い
1　アメリカ／現地払給与・日本払給与の申告方法

　赴任者の給与を日本本社から本人の日本の口座又は現地の口座に、現地法人から本人の現地口座に振り込んでいるケースは少なくありません。

　よって、以下では居住者・非居住者の納税方法について見ていきます。

1．居住者の給与所得等の納税方法例
　居住者の納税方法例は以下のとおりです。

図表40-1-1　居住者の現地払給与、日本払給与の申告時期

	年次	
	期　限	書　式
現地払給与	給与支給時に源泉徴収、四半期毎に報告書を提出、翌年源泉徴収票（Form W-2）を1月末までに発行（2015年現在）	FORM 941 FORM W-2
日本払給与	付替えの有無にかかわらず、支払時期をもとに現地払給与と合算して源泉徴収を行う。（※1）	FORM W-2 FORM 941

（※1）　W-2のGross Income欄には、「現地法人が支払った額」ではなく、その人が申告するべき所得総額を記入しなければならず、仮に現地払給与がゼロであっても、W-2には日本払給与を記載して提出する必要がある。（そのため、財務諸表上の給与と、W-2のGross Incomeの金額は一致しない。）

4 駐在員にまつわる日本及び赴任地国での税務問題

2　カナダ／現地払給与・日本払給与の申告方法

　赴任者の給与を日本本社から本人の日本の口座又は現地の口座に、現地法人から本人の現地口座に振り込んでいるケースは少なくありません。

　よって、以下では居住者・非居住者の納税方法について見ていきます。

1．居住者の給与所得等の納税方法例

　居住者の納税方法例は以下のとおりです。

　非居住者の納税方法も居住者と基本的には同じです。

図表40-2-1 居住者の現地払給与、日本払給与の申告時期

	年　次	
	期　　限	書　　式
現地払給与	4月末日 （毎月の給与から源泉徴収された後、年度末に確定申告を行う。）	①　T1（確定申告書） ②　T4（雇用主から2月末日までに送付される、いわゆる源泉徴収票）
日本払給与 （個人が納付、ただしカナダ国内にある組織、個人に委任することも可能))	4月末日 （ただし予定納税を求められれば、その期限に従うことになる。）	源泉徴収できないため、初年度は確定申告時にまとめて申告、翌年度からはCRAからの予定納税通知書に基づき前年度の所得に基づき3月、6月、9月、12月に予定納税を行う。

3 メキシコ／現地払給与・日本払給与の申告方法

1．居住者の給与所得等の納税方法例

居住者の納税方法例は以下のとおりです。

非居住者の納税方法も居住者と基本的には同じです。

図表40-3-1 居住者の現地払給与、日本払給与の申告時期

	月　次	
	期　限	書　式
現地払給与	支払時に源泉徴収、翌月17日までに納付	N.A
日本払給与	現地法人に付替請求している場合 　→現地払給与とともに源泉徴収 現地法人に付替え請求していない場合 　→翌月17日までに本人が毎月申告	N.A

4 駐在員にまつわる日本及び赴任地国での税務問題

4　ブラジル／現地払給与・日本払給与の申告方法

1．居住者の給与所得等の納税方法例

居住者の納税方法例は以下のとおりです。

日本払給与は現地法人に付替請求しているか否かにかかわらず、現地払給与とは別に、毎月、個別に申告が必要となります。

図表40-4-1　居住者の現地払給与、日本払給与の申告

	月次		年次	
	期限	書式	期限	書式
現地払給与	支払時に雇用主が源泉徴収し、翌月10日以前の最終営業日までに納付	N.A	4月最終営業日までに電子申告を行う。	電子申告
日本払給与（個人が納付、ただしカナダ国内にある組織、個人に委任することも可能））	現地法人へ付替有無にかかわらず、月次所得源泉税率表に基づき、翌月末の最終営業日までに納付する必要がある。この制度をカルネレオンという。（ただし駐在員の場合、会計事務所や会社等に税務処理を委託するため、駐在員自らが納付手続を行うことは一般にはない。）	N.A		電子申告

2．日本本社が支払った日本払給与を現地法人から回収する際の留意点

ブラジルではクロスボーダー取引に対する税負担が大きく、ブラジル法人から給与等の立替金を回収する際も例外ではありません。そのため、日本本社が海外赴任者に立替払した給与相当額をブラジル現地法人から日本本社に送金する際には、40％程度の税金（源泉徴収税（15％）、特定財源負担金（10％）、サービス税（5％）、PIF/COFIN（9.25％））がかかることになる点に注意が必要です。

① 赴任地の個人所得税（アメリカ・カナダ・メキシコ・ブラジル）

 赴任国における外国税額控除・税額控除

外国税額控除をはじめとした税額控除としてはどのようなものがありますか。

1　概　要

　本書で取り上げる 4 か国についてはいずれの国においても外国税額控除は存在します。

　また、その他の税額控除についても国により様々ですが、ブラジルについては所得控除について「簡易所得控除」を選択した場合は、税額控除の適用は受けられないことになっています。また、メキシコについても外国税額控除以外に日本からの赴任者に適用される税額控除はほとんどありません。

2 各国別でみた違い
1 アメリカ／外国税額控除・税額控除

1．アメリカにおける個人所得税の税額控除

アメリカの居住者に適用される税額控除は 図表41-1-1 のとおりです。

また、個人所得税申告書（FORM1040）に記載されている税額控除以外に、一定の条件を満たした場合、子女を託児所に預けた際にかかる費用について、一定額まで控除できる制度があります（FORM2441の提出が必要です。）。

図表41-1-1 アメリカの居住者に適用される税額控除

税額控除の種類	内　容
外国税額控除 (FOREIGN TAX CREDITS) (FORM1116)	外国で支払った所得税を、米国の所得税から控除できる制度。当該年度で控除しきれない場合は最大10年間繰越可能（外国所得税は、税額控除を使って控除する場合と、項目別控除（Itemized Deductions）を使って控除する方法があり、どちらかを選択することができる。）。 ※計算方法 外国税額控除可能額＝米国所得税×（国外源泉所得／全世界所得）
教育費税額控除 (EDUCATION CREDITS) (FORM8863)	大学や大学院の授業料などの学費が一定額まで控除できる。
扶養子女税額控除 CHILD TAX CREDIT (FORM1040)	17歳未満の子女を扶養している場合、一定の条件（所得水準が一定以下等）を満たせば子女1名につき最大USD1,000（2015年度現在）の税額控除の適用が可能（税額控除額は所得水準が高くなるにつれ、税額控除できる金額は減っていく。）

① 赴任地の個人所得税（アメリカ・カナダ・メキシコ・ブラジル）

2 カナダ／外国税額控除・税額控除

1．カナダにおける個人所得税の税額控除

カナダでは連邦税、州税それぞれに税額控除の計算を行います。

つまり、配偶者控除についても、連邦税での控除額と、州税での控除額が存在し、それぞれの計算式に基づき、個別に計算することになります。

Q31及びQ37にも記載したとおり、カナダでは配偶者控除、子供控除等は、日本と異なり所得控除ではなく税額控除として扱われています。

税額控除には様々な種類があり、控除の対象になる所得の上限額も各州により異なります。

(1) 連邦税における税額控除

図表41-2-1 はカナダ連邦税における税額控除の一部をご紹介します。（この他にも様々な控除が存在します。）

図表41-2-1 カナダ連邦税における税額控除（※）の種類

税額控除の種類	内容	控除を受けるための必要書類
個人税控除 (Basic Personal Amount)	CAD11,327 （課税年度の途中で入国、出国した場合、日数按分し、居住者期間分に相当する金額を税額控除の対象にする。例：365日中、200日間居住者であった場合、個人税控除の額は11,327×200日／365日となる）	特になし
高齢者控除 (Age Amount)	・CAD7,033	特になし
配偶者控除 (Spouse or Common-Law Partner Amount)	・最大 CAD11,327	特になし
適格扶養控除 (Amount for an eligible dependent)	・最大 CAD11,327	特になし

4 駐在員にまつわる日本及び赴任地国での税務問題

医療費控除 (Medical expense tax credit)	本人又は配偶者・扶養家族のために支払われた医療費のうち、健康保険により払い戻されなかった部分のうち、 ・純所得（Net Income）の3％ ・又は2,208ドルのいずれか 低い額を超えた部分について税額控除の対象になる。	領収証
外国税額控除	一定の計算式のもと、カナダとカナダ国外の両方で課税されている税額を控除可能。 （例：日本にある自宅を賃貸に出している場合の賃貸収入）	日本での確定申告書又は源泉徴収票

(2) **州税における税額控除**

 たとえばオンタリオ州における税額控除の種類は 図表41-2-2 のとおり様々な種類があり、それぞれ一定額まで税額から控除することができます。そのため、個人所得税を個人で負担する一般的なカナダ居住者は、これら税額控除を駆使して節税を行っていますが、駐在員の場合、カナダ所得税は会社が負担するため、税額控除を駆使するということは少ないようです。

※オンタリオ州の税額控除については、「Information For Resident of Ontario」をご参照ください。

① 赴任地の個人所得税（アメリカ・カナダ・メキシコ・ブラジル）

図表41-2-2 オンタリオ州における税額控除の種類（2014年）

Basic Personal Amount
Age Amount
Spouse or Common-Law Partner Amount
Amount for an eligible dependant
Amount for infirm dependants age18 or older
CPP or QPP contributions
Employment insurance premiums
Adoption expenses
Pension Income amount
Caregiver amount
Disability amount (for self)
Disability amount transferred from a dependant
Interest paid on your student loans
Your tuition and education amounts
Tuition and education amounts transferred from a child
Amounts transferred from your spouse or common-law partner
Medical expenses
Allowable amount of medical expenses for other dependants
Donations and gifts

4 駐在員にまつわる日本及び赴任地国での税務問題

3　メキシコ／外国税額控除・税額控除

　メキシコ居住者に該当する場合、同じ所得に対してメキシコと日本の両方で課税された場合は、両国間の租税条約に基づき、メキシコにおいて外国税額控除が適用されると考えられます。

　また、メキシコ所得税では、日本からの駐在員が適用できる税額控除は、外国税額控除を除き、特に存在しません。

4　ブラジル／外国税額控除・税額控除

　青少年保護基金、老齢者基金、家事ヘルパーの社会保険料、外国所得に関する税額控除制度は存在します。

　ただし駐在員の場合、税額控除を利用することはほとんどありません。なぜなら駐在員は**Q37**のとおり所得控除については簡易所得控除を選択する方が、税務上、有利になる場合が大半であり、この簡易所得控除を選択した場合、税額控除は使用できないことになっているからです。

　そのため、簡易所得控除を利用している場合は、税額控除についてはその適用可否について検討する必要性はないといえます。

4 駐在員にまつわる日本及び赴任地国での税務問題

Q42 外貨払給与（日本払給与等）の現地通貨への換算方法

当社では海外駐在員の給与の一部を日本本社から本人の日本の口座に支給しています。この円建て給与を現地通貨に換算する際には税務上、どのレートを使えばよいでしょうか。

1 概　要

日本本社から駐在員の日本の口座に振り込まれている円払いの給与等、現地通貨以外で支給されている給与（いわゆる外貨払給与）については、赴任地の個人所得税を計算する際に、現地通貨に換算する必要があります。

以下では、アメリカ・カナダ・メキシコ・ブラジルにおける外貨払給与の換算方法について順番にみていきましょう。

2　各国別でみた違い

1　アメリカ／外貨建給与の換算方法

　IRSは、外貨を米ドル換算する際の公式レートは用意していません。（継続的に使用することができる換算レートを用いて、日本払給与等を米ドル換算することになります。）

2　カナダ／外貨建給与の換算方法

　外貨で受け取った所得をカナダドルに換算する際のレートは外貨で所得を受け取った日又は使用した日のカナダ中央銀行のレートを使用することになっています。

※カナダ中央銀行のウェブサイトは以下のとおりです。
　http://www.bankofcanada.ca/

3　メキシコ／外貨建給与の換算方法

　外貨で受け取った所得をメキシコペソに換算する際は、給与支給日のレートで換算します。

4　ブラジル／外貨建給与の換算方法

　外貨で受け取った所得をブラジルレアルに換算する際は、前月の15日までの最終営業日のブラジル中央銀行所定のレートを用いていったん米ドルに換算し、米ドルから外貨に換算を行うことになります。

① 赴任地の個人所得税（アメリカ・カナダ・メキシコ・ブラジル）

Q43 給与にかかる年末調整制度の有無及び確定申告

年末調整度は存在しますか。また、確定申告制度について教えてください。

1　概　要

日本では給与所得者にとっておなじみの年末調整制度ですが、他の国では同様の制度はあるのでしょうか。

また、毎月の源泉徴収者予定納税制度に基づき、1年間の所得について正しく申告・納税が行われている場合でも確定申告は必要なのでしょうか。

以下ではアメリカ・カナダ・メキシコ・ブラジルの制度について順番にみていきましょう。

年末調整制度の有無及び確定申告

アメリカ

2 各国別でみた違い

1 アメリカ／年末調整制度の有無及び確定申告

1．年末調整

アメリカには年末調整制度はありません。

よって、給与所得者についても確定申告が必要です。ただ、派遣者のように手取りが保障されている場合、往々にして年末に源泉徴収税の調整をするのが一般的です。

2．確定申告

(1) 居住者の場合

① 申告の流れ

アメリカ居住者の所得税の確定申告の流れの概略は以下のとおりです。

※申告及び納税の遅延が生じた場合のペナルティについては**Q44**をご参照ください。

図表43-1-1 確定申告までの概略

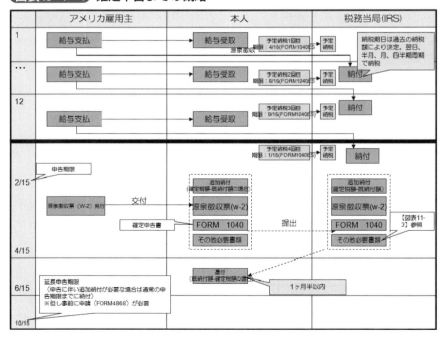

1 赴任地の個人所得税（アメリカ・カナダ・メキシコ・ブラジル）

② 申告書式

確定申告に必要な申告書式は以下のとおりです。

図表43-1-2 個人所得税申告書式（必ず提出が必要な書式）

FORM 1040	U.S. Individual Income Tax Return
	http://www.irs.gov/pub/irs-pdf/f1040.pdf
FORM W-2	Wage and Tax Statement：雇用主が発行する源泉徴収票
	http://www.irs.gov/pub/irs-pdf/fw2.pdf

図表43-1-3 個人所得税申告書式（必要に応じて提出が必要な書式）：2014年版
※駐在員に関係しそうな申告書のみ抜粋

FORM 4868	Application for Automatic Extension of Time To File U.S. Individual Income Tax Return：個人所得税申告延長申請書
	http://www.irs.gov/pub//irs-pdf/f4868.pdf
FORM 8938	Statement of Specified Foreign Financial Assets：海外金融資産申告書
	http://www.irs.gov/pub/irs-pdf/f8938.pdf
FORM 1116	Foreign Tax Credit(Individual, Estate, or Trust)：外国税額控除
	http://www.irs.gov/pub/irs-pdf/f1116.pdf
Schedule A	Itemized Deductions：項目別控除
	http://www.irs.gov/pub/irs-pdf/f1040sa.pdf
Schedule B	Interest and Ordinary Dividends：利子・配当
	http://www.irs.gov/pub/irs-pdf/f1040sb.pdf
Schedule E	Supplement Income and Loss：不動産等受動所得・損失
	http://www.irs.gov/pub/irs-pdf/f1040se.pdf
FORM 6251	Alternative Minimum Tax：代替ミニマムタックス
	http://www.irs.gov/pub/irs-pdf/f6251.pdf#search='FORM6251'
Fin CEN Report 114a,	Report of Foreign Bank And Financial Accounts：国外金融口座報告書
	http://www.irs.gov/Businesses/Small-Businesses-&-Self-Employed/Report-of-Foreign-Bank-and-Financial-Accounts-FBAR

③ 予定納税制度について

アメリカでは前年度の所得税額を元に、予定納税を行うことを義務付け

4 駐在員にまつわる日本及び赴任地国での税務問題

られており、昨年度の所得の申告書に大きな追徴額が出た場合は、多くのケースにおいて予定納税支払バウチャーが送付されています。

　ちなみに他国のように具体的な予定納税額が明記されているわけではなく、納税額が空欄になった支払バウチャーが届きます。また源泉徴収で十分納税が行われている場合は、予定納税は実質的に行う必要はありません。

　よって、毎月源泉徴収を行っているにも関わらず予定納税を行うケースとは、源泉徴収額が正しく行われていない場合や、給与以外の所得が多い場合等となります。

　ちなみに予定納税も源泉徴収も行わず、日本払給与を年明けの予定納税時（4回目の予定納税時）にまとめて申告する企業も存在しますが、この場合、第1回～第3回が予定納税の支払遅延となっているためペナルティが発生します。

・**予定納税の時期は？**

　4月、6月、9月、1月の各15日までに支払バウチャー（連邦：FORM 1040ES、州：他 FORM）と一緒に納税することになります。

・**予定納税すべき時期に申告が行われなかった場合は？**

　源泉徴収税及び予定納税によって既に支払った税金額が、確定税額の90％未満であり、1,000ドル以上の不足額となる場合にも、ペナルティがかかります。

(2) 非居住者の申告

① 概要

　非居住者についても、アメリカ源泉所得が生じた場合は当該所得が実質関連所得である場合は、アメリカで申告が必要で、FORM1040-NRという書式を用いて申告を行います。申告期限は4／15になります。

※なお、グリーンカードホルダーやアメリカ市民については非居住者であっても居住者と同様に確定申告が必要ですので、上記(1)及び**Q33**をご参照ください。

1 赴任地の個人所得税（アメリカ・カナダ・メキシコ・ブラジル）

図表43-1-4 非居住者の個人所得税申告書式（必要に応じて提出が必要な書式）
※駐在員に関係しそうな申告書のみ抜粋

| FORM1040NR | U.S. Nonresident Alien Income Tax Return |
| FORM 6251 | Alternative Minimum Tax |

② **申告に当たって必要な手続**

　就労の資格のあるビザでアメリカに入国している場合は、社会保障番号（SSN）を取得しているはずで、この社会保障番号が納税者番号を兼ねているため、納税に当たり、個別に納税者番号の取得を行う必要はありません。

　しかし出張ベースでアメリカに短期間だけ滞在しているような非居住者については、納税に当たり、納税者番号（ITIN）を取得する必要があります。

　社会保障番号及び納税者番号取得に当たっての申請書については**Q31**の**図表31-1**をご参照ください。

③ **申告書及び申告方法**

　申告書は1040NRを使用、申告方法は書類提出が一般的です。納付期限は居住者と同様に4／15です。なお、日本からアメリカへの出張者についてアメリカで納税義務が生じ、アメリカ個人所得税を会社が負担した場合は、当該個人所得税相当額は日本では給与とみなされ、日本の所得税等の対象になりますので注意が必要です。

4 駐在員にまつわる日本及び赴任地国での税務問題

2　カナダ／年末調整制度の有無及び確定申告

カナダ

1．年末調整

カナダには年末調整制度はありません。
よって、給与所得者についても確定申告が必要です。

2．確定申告

(1) **居住者の場合**

① **申告の流れ**

毎月の給与からの源泉徴収で納税が完了している場合であっても、図表43-2-1のとおり、給与所得者をはじめ、多くの場合、翌年4月末までに申告・納税を行う必要があります。赴任者については、手取給与補償であり個人所得税額のグロスアップ計算が必要であることや、会社から提供を受けている家賃や教育費等を、所得に換算する作業が煩雑であることから、図表43-2-1の「本人」が行う申告部分を会計事務所に依頼することが多いようです。なお、査定通知書が届くまでは約6週間としていますが、実際にはこれ以上に時間がかかっているケースも少なくありません。

1　赴任地の個人所得税（アメリカ・カナダ・メキシコ・ブラジル）

図表43-2-1　確定申告までの概略

	カナダ雇用主(※)	本人	NRC
1	給与支払 →源泉徴収(所得税、CPP、EI等)→ 給与受取		納税
2	給与支払 →源泉徴収→ 給与受取		納税
...			
12	給与支払 →源泉徴収→ 給与受取		納税
1			
2	T4(いわゆる源泉徴収票)発行　前年度所得(1〜12月)を元に作成　2部 →1部→ T4受け取り／T1作成(各州ごとに定められた申告書、州税申告書を兼ねている)／その他必要書式	T4受け取り／T1作成(各州ごとに定められた申告書、州税申告書を兼ねている)／その他必要書式	
		4月末日迄に申告納税(文書または電子申告)	納め還付（第一次限定還付）／確定通知書発行(NOTICE of ASSESSMENT)
5		査定通知書受取／還付金受金受取OR追徴額支払	

※日本払給与については、源泉徴収できないので、赴任初年度は確定申告時にまとめて申告。翌年度以降は、日本払い給与等、源泉徴収できない所得が年間CAD3000以上（ケベック州はCAD1800）の場合はNRCからの予定納税通知書を元に、3、6、9、12月に予定納税を行い、確定申告時にカナダ払い分と合算のうえ、追徴または還付が行われる。

② **申告書式**

確定申告に必要な申告書式は以下のとおりです。

図表43-2-2　個人所得税申告書式（必ず提出が必要な書式）

T1	INCOME TAX AND BENEFIT RETURN 連邦税だけでなく、州税の申告をかねた州ごとの申告書 （ケベック州のみ連邦税用申告書と、州税申告書の2種類が必要。その他の州は州ごとで作成された書式を使うことで連邦税と州税の申告を行うことができる）
	州ごとに異なる
T4	STATEMENT OF REMUNERATION PAID （カナダ雇用主が発行するいわゆる源泉徴収票：4月初旬までに雇用主から受け取る）
	http://www.cra-arc.gc.ca/E/pbg/tf/t4/t4flat-12b.pdf

※なお、T2は法人税申告書、T3は信託に関する申告書、T5はカナダ金融機関が発行する投資所得となっています。

4　駐在員にまつわる日本及び赴任地国での税務問題

　また、T1（個人所得税申告書）、T4（源泉徴収票）以外にも、必要に応じて以下のような書類の提出が必要になります。（他にも様々な書式が多数ありますが、日本からの駐在員に関してもっとも関係しそうな書式のみ以下でご紹介しています。）

図表43-2-3　個人所得税申告書式（必要に応じて提出が必要な書式）

T1135	FOREIGN INCOME VERIFICATION STATEMENT CAD100,000以上の国外資産（ただし私用資産は除く）がある場合に提出が必要
T2209	FEDERAL FOREIGN TAX CREDIT 外国税額控除の適用を受ける場合の書式

③　予定納税制度の概要

　カナダでは、源泉徴収できない税額（カナダで勤務する駐在員に支払う日本払い給与にかかる税額等）については、その金額が年間CAD3000（ケベック州はCAD1800）を超える場合、予定納税が必要になります。

　ただし、予定納税が必要になるのは赴任した翌年からであり、赴任した年に発生する源泉徴収できない所得については、確定申告時に納税することになります。

　なお、予定納税が必要になる納税者に対しては、カナダ歳入庁から予定納税通知書が送付されてきます。（赴任した年の翌々年から送付されるようになります）

・予定納税の時期は？

　予定納税は毎年3月、6月、9月、12月の各15日までとなります。当然ながら、予定納税で支払った税額が、確定税額より多い場合は還付が、その逆の場合は追加で納税が必要となります。

・予定納税すべき時期に申告が行われなかった場合は？

　延滞利息や罰金が課されますが、予定納税通知書に従って納税すれば、結果的に予定納税額の不足があっても、罰金等が課されることはありません。具体的な延滞利息や罰金の額については**Q44**をご参照ください。

1 赴任地の個人所得税（アメリカ・カナダ・メキシコ・ブラジル）

(2) 非居住者の申告
① 概要

　カナダ非居住者であるものの、カナダ源泉所得（カナダで勤務した対価や、カナダ国内の資産から生じる所得、カナダ居住者から受け取る配当、利子、使用料等）がある場合は、カナダで確定申告が必要ですが、すでに源泉徴収にて納税が完了している場合は確定申告書の提出義務はありません（ただし提出義務がなくても、NR5（Application By A Non Residents）の提出により、還付金の受取が可能な場合もあります。

　なお、カナダ法人から給与を受け取り、支払時点ですでに源泉徴収が行われている場合であっても、この源泉徴収だけで納税が完了しているとは限らないため、確定申告は必要になります。

　また、カナダ源泉所得があるもの、それら所得がカナダ国外から支給されている場合、源泉徴収は行われていませんから、この場合も確定申告が必要になります。（ただし、日本とカナダとの租税条約における短期滞在者免税の適用が受けられる場合は、カナダでの確定申告の必要はありません。）

　なお、カナダ非居住者の個人所得税の納税義務の有無や、確定申告の詳細は以下をご参照ください。

【図表43-2-4】カナダ非居住者の税務についての資料

Non-Residents and Income Tax
http://www.cra-arc.gc.ca/E/pub/tg/t4058/t4058-12e.pdf

② 申告に当たって必要な手続

　居住者であれば通常、社会保障番号（SIN）を保有しているため、確定申告書に社会保障番号（SIN）の記載を行いますが、非居住者の場合、必ずしも社会保障番号が取得できるとは限りません。

　その場合、納税に当たって必要になるのが個人納税番号（ITN：Individual Tax Number）で、申込みから取得までには1か月程度を要するケースが多く、カナダで業務を行う目的で入国する場合は、事前に申請をしておく

4 駐在員にまつわる日本及び赴任地国での税務問題

必要があります。

個人納税番号取得のために必要な申請書式は以下のとおりです（なお、申告時期になっても、SIN も ITN も取得していない場合は、SIN、ITN 番号がない理由を添えて、まずは期限までに申告書を提出することが重要です。提出が遅れると **Q44** に記載のとおり、罰金の支払対象となります。）。

図表43-2-5 個人番号取得のために必要な申請書式

```
Form T1261
Application for a Canada Revenue Agency Individual Tax Number (ITN) for Non-Residents
http://www.cra-arc.gc.ca/E/pbg/tf/t1261/t1261-13e.pdf
```

③ 申告書及び申告方法

申告書及び申告方法は居住者と同様で、申告書提出及び納付期限も居住者と同様です。なお、日本からカナダへの出張者についてカナダで納税義務が生じ、カナダ個人所得税を会社が負担した場合は、当該個人所得税相当額は日本では給与とみなされ、日本の所得税等の対象になりますので注意が必要です。

3 メキシコ／年末調整制度の有無及び確定申告

1．年末調整

メキシコには年末調整制度はありません。

よって、年間給与所得が40万ペソを超える給与所得者は確定申告が必要です。

2．確定申告

(1) 居住者の場合

① 申告の流れ

毎月の給与からの源泉徴収で納税が完了している場合であっても、**図表43-3-1**のとおり、翌年4月末までに申告・納税を行う必要があります。赴任者については、手取給与補償であり個人所得税額のグロスアップ計算が必要であることや、会社から提供を受けている家賃や教育費等を、所得に換算する作業が煩雑であることから、**図表43-3-1**の「本人」が行う申告部分を会計事務所に依頼することが多いようです。

図表43-3-1 確定申告までの概略

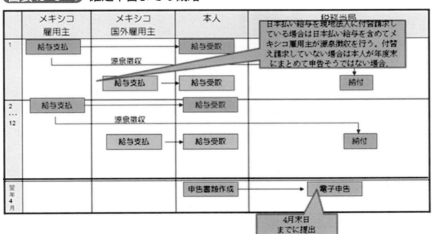

4　駐在員にまつわる日本及び赴任地国での税務問題

(2) **非居住者の申告**
① **概要**

　メキシコ非居住者においては、メキシコ源泉所得のみ課税の対象になります。

　そのため、メキシコ源泉所得がメキシコでの勤務の対価のみであり、当該対価が、メキシコの雇用主から支払われる場合は、当該対価については非居住者用の個人所得税率表（**Q38**参照）に基づき、メキシコ雇用主により源泉徴収され、納税が完結します。そのため、別途確定申告を行う必要は通常はありません。

4　ブラジル／年末調整制度の有無及び確定申告

1．年末調整

ブラジルには年末調整制度はありません。

よって、給与所得者についても年間所得が一定額以上（2013年）の場合は、駐在員については確定申告が必要となります。

2．確定申告

(1)　居住者の場合

① 申告の流れ

毎月の給与からの源泉徴収で納税が完了している場合であっても、**図表43-4-1**のとおり、給与所得者をはじめ、多くの場合、翌年4月の最終営業日までに申告・納税を行う必要があります。赴任者については、手取給与補償であり個人所得税額のグロスアップ計算が必要であることや、会社から提供を受けている家賃や教育費等を、所得に換算する作業が煩雑であることから、**図表43-4-1**の「本人」が行う申告部分を会計事務所に依頼することが多いようです。

図表43-4-1　確定申告までの概略

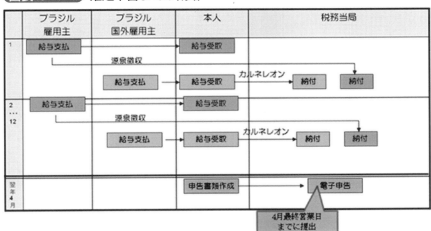

4 駐在員にまつわる日本及び赴任地国での税務問題

(2) 非居住者の申告
① 概要

　ブラジル非居住者については、ブラジル源泉所得のみしか課税の対象になりません。

　そのため、ブラジル源泉所得がブラジルでの勤務の対価のみであり、当該対価が、ブラジルの雇用主から支払われる場合は、当該対価についてはブラジル雇用主により25％の税率で源泉徴収され納税が完結します。そのため、別途確定申告を行う必要は通常はありません。

① 赴任地の個人所得税（アメリカ・カナダ・メキシコ・ブラジル）

 個人所得税の申告・納税の遅延に対する罰則

個人所得税の申告・納税漏れに伴う罰則について教えてください。

1 概　要

個人所得税の申告・納税が遅れた場合、当然ながら各種のペナルティが発生します。

日本からの駐在員の場合で最も考えられるのが、日本払給与の申告が遅れている、またそもそも納税していないというケースではないでしょうか。

以下ではアメリカ・カナダ・メキシコ・ブラジルの個人所得税の申告・納税の遅延などに対する罰則について順番にみていきましょう。

2 各国別でみた違い

1 アメリカ／個人所得税の申告・納税の遅延に対する罰則

1．確定申告及び納税の遅延

確定申告及び納税の遅延には罰金が発生しますので注意が必要です（支払った罰金を翌年度の所得税から控除することはできません。）。

(1) **申告漏れに対するペナルティ**

申告期限から実際の申告時期までの期間について納税すべき額に対して1か月あたり5％、最大で25％のペナルティがかかります（ちなみに申告期限（ただしやむをえない事情がある場合は申告期限の延長あり）から60日経過後のペナルティは最小でも135ドルか未払税額×100％のいずれか低い方になります。）。

(2) **納税漏れに対するペナルティ**

未払の税額に対して毎月0.5％、最大で25％のペナルティがかかります。
(1)と(2)のペナルティが同時にかかる場合には、2つ併せて最大月5％となります。

(3) **予定納税が不足した場合の過小納付ペナルティ**

源泉徴収税及び予定納税によって既に支払った税金額が、確定税額の90％未満であり、1000ドル以上の不足額となる場合にも、ペナルティがかかります。不足分に対してIRS利率が適用されて課されます（2014年度は現行IRS利率（3％）となっています。）。

2．申告漏れが発覚するケース

申告漏れの代表例は日本払給与・賞与ですが、これら申告漏れは **図表44-1-1** のようなきっかけで発覚することがあります。

1　赴任地の個人所得税（アメリカ・カナダ・メキシコ・ブラジル）

図表44-1-1　所得税申告漏れが発覚するきっかけとなる事例

　個人の税務調査が入ったときに銀行口座の内容を全て提出するよう依頼があるため、その際に見つかることがある。年収が10万ドル以下の所得の人に対して調査が入ることはほとんどないが、ごく稀にサンプリングで調査が入ることがある（所得が多いほど調査が入る可能性は高いがそれでも確率は低い。）。
　個人所得税申告書には国籍を記入する欄はなく、「日本人だからこのくらいもらっているだろう」といった形で調査に入られるというケースは現時点ではほとんど発生していない。

3．税務調査の頻度と特徴

　アメリカにおける個人所得税に関する税務調査の頻度と特徴は**図表44-1-2**のとおりです。

図表44-1-2　税務調査の頻度と特徴

　図表44-1-1のとおり、個人の税務調査についてはよほどの高額所得者でない限り、調査が入ることは少なく、サンプリングで無作為で選ばれた中から調査がある程度（ただしその確率は0、数パーセント）。また、確定申告時には、個人の所得に関する証明書等の提出も必要ない（ただし調査が入ったときには、証明書等の提出を要求される可能性がある。）。
※給与税においては、解雇した従業員が逆恨みで密告するケースも存在し、密告があれば調査が入ることになる。（申告書を提出していれば、訴求期間は3年間）

4 駐在員にまつわる日本及び赴任地国での税務問題

2　カナダ／個人所得税の申告・納税の遅延に対する罰則

1．確定申告及び納税の遅延

確定申告及び納税の遅延には罰金が発生しますので注意が必要です（支払った罰金を翌年度の所得税から控除することはできません。）。

(1) 確定申告書提出の遅延

4月30日までに確定申告書を提出していなかった場合は、図表44-2-1のとおり、罰金が課されます。

図表44-2-1　確定申告の遅延にかかる罰金

> 初めての違反者：未払税額×（5％＋遅延期間1か月ごとに1％加算、最長12か月分）
> ※最大で未払税額×17％の罰金となる。
> ※違反を繰り返す場合はさらに追加で罰金が課される場合があります。

なお、2015年度より納税者が500ドル以上の所得を申告しなかった場合で、過去3年間所得申告を行っていなかった場合は、

① 申告しなかった額の20％
② 申告しなかった所得にかかる税金と源泉徴収方式で実際に支払った税額の差額の50％

のうち、いずれか低い額の罰金が課されます。

(2) 納税の遅延

納付期限を過ぎても支払われていない税金（予定納税の不足額を含む）について、図表44-2-2のとおり、連邦税、州税それぞれについて延滞利息がかかります。延滞利息の利率については連邦税及び州税それぞれに、四半期ごとに設定されますが、四半期ごとの利率については以下のサイトをご参照ください。

※Prescribed Interest rate
　http://www.cra-arc.gc.ca/tx/fq/ntrst_rts/menu-eng.html

(3) 過少申告などの虚偽申告、申告漏れ

日本払給与・賞与の過少申告及び税額控除額の過大申告など、申告にあ

たり虚偽や申告漏れがあった場合は、CAD100の罰金に加え、過少申告した税額の50％又は過大申告した税額控除の50％をペナルティとして支払わなければなりません。

また、虚偽申告・所得の申告漏れ等の重大な違反については、脱税しようとした金額の最高2倍までの税金及び5年以下の懲役が課されることがあります。

2．やむをえない理由がある場合の申告・納税の遅延についての取扱い

ただし、申告書遅延が本人のコントロールが及ばない理由（自然災害による被災、重病等）によるものである場合は、申告書を提出することで、罰金が免除されることがあります。

図表44-2-3　やむをえない理由がある場合の申告・納税遅延に対する救済申立て

申告書名：RC4288 (REQUEST FOR TAXPAYER RELIEF)
申請書：http://www.cra-arc.gc.ca/E/pbg/tf/rc4288/rc4288-11e.pdf

3．税務調査の頻度と特徴

図表44-2-4　税務調査の頻度と特徴

・税務調査の特徴
　個人所得税の調査、という形ではなく、Integrated Audit という位置づけで、PE の調査（PE ありきで調査されるため、納税者側は PE がない旨を証明する必要がある）から入り、それをきっかけに源泉所得税や個人所得に関する調査が入る傾向にある。（T4 Summary の金額と実際の給与支払額が一致していない場合、給与を受け取りながらも、納税が行われていない個人がいる旨を追求されるケースがある。）
・税務調査の頻度
　1年に1回、時期は申告時期の後。

4 駐在員にまつわる日本及び赴任地国での税務問題

3 メキシコ／個人所得税の申告・納税の遅延に対する罰則

納付遅延及び確定申告書提出遅延に対する罰金及び延滞利息は以下のとおりです。

図表44-3-1 罰金及び延滞利息

納付遅延	延滞利息	月次1.13％（単利）
	罰金	未納付額の55～75％＋1,100ペソ～27,440ペソ ※ただし税務調査前の自発的な納付の場合は、ペナルティがかからなかったり、ペナルティの金額が減額される等の措置が取られることがある。
確定申告書提出の遅延	延滞利息	月次1.13％（単利）
	罰金	不作為の申告遅延：1,100ペソ～13,720ペソ 申告遅延：1,100～27,440ペソ 電子申告漏れ：11,240ペソ～22,500ペソ ※ただし税務調査前の自発的な納付の場合は、ペナルティがかからなかったり、ペナルティの金額が減額される等の措置が取られることがある。

1　赴任地の個人所得税（アメリカ・カナダ・メキシコ・ブラジル）

4　ブラジル／個人所得税の申告・納税の遅延に対する罰則

ブラジルの申告・納付期限は課税年度の翌年4月の最終営業日となります。申告・納付期限を過ぎてからの申告や納付については以下のとおり、罰金や遅延利息がかかります。

1．罰金

支払の遅延や確定申告書提出の遅延等にともなう罰金は 図表44-4-1 のとおりです。

図表44-4-1　罰金制度の概要

		罰　金
支払の遅延		納付期限日の翌日から1日当たり、要納付額×0.33%の罰金 ※ただし罰金の上限額は要納付額の20%
確定申告書提出の遅延	追加納付を伴わない場合（単なる申告書提出の遅延のみ）	165.74レアル
	追加納付を伴う場合	要納付額の1%の罰金 ※ただし上記にかかわらず、罰金の最低額は165.74レアル、 　最高額は年間要納付額の20%、

2．遅延利息

上記1に加えて、遅延利息として、支払月の翌月から、要納付額に対してブラジル政府政策金利（SELIC）以下のとおり遅延利息がかかります。

図表44-4-2　遅延利息の計算方法

支払月の翌月から以下の遅延利息がかかる。
遅延利息＝要納付額×ブラジル政府政策金利（SELIC）（※）
（※）　最終月は要納付額の1％の金利が課される。

3．無申告・過少申告時のペナルティ（罰金）

税務調査において無申告や過少申告が発覚した場合、要納付額の75％の罰金を支払わなければなりません。また悪質な無申告・過少申告の意図が

4　駐在員にまつわる日本及び赴任地国での税務問題

あった場合は未納税額の150％の罰金が発生しますが、税務調査後30日以内に紛争等を起こさず未納付額を支払った場合は、罰金を50％減額、行政裁判所での予備決定が行われてから30日以内に未納付額を支払った場合は罰金を30％減額してもらう余地があります。

1 赴任地の個人所得税(アメリカ・カナダ・メキシコ・ブラジル)

 赴任した年の課税上の取扱い

本年、社員を海外に赴任させました。赴任した年は、赴任地では居住者になるのでしょうか。また、年の前半に赴任した場合と後半に赴任した場合で課税上の取扱いに差があるのでしょうか。

それらの点も含めて、赴任した年の課税上の取扱いについて教えてください。

1 概　要

海外赴任時期は4月や9月等、年度の区切りの時期が多い傾向にあります。

また本書で取り上げた4か国については、全て暦年(1月1日～12月31日)であるため、課税年度の途中からの赴任になることが大半です。

そこで以下ではアメリカ・カナダ・メキシコ・ブラジルに赴任した年の課税上の取扱いについて順番にみていきましょう。

2 各国別でみた違い

1 アメリカ／赴任した年の課税上の取扱い

1．赴任後最初に行うこと

アメリカに赴任を開始した時点で行うべき手続は 図表45-1-1 のとおりです。

図表45-1-1 アメリカ入国時に行うべき事項

1. FORM W4：Employee's Withholding Allowance Certificate
   給与源泉徴収税のための扶養控除申請書（雇用主が保管）
2. FORM I9：Employment Eligibility Verification
   新たに採用する従業員が正しい就労資格を保有しているかどうかを確認する書類（雇用主が保管）

2．赴任した年の課税上の取扱い

アメリカへの赴任開始日が1月1日でない限り、赴任年度については、アメリカで居住を開始するまでの期間と、居住を開始してからの期間の2つの期間が存在します。

このように赴任年度は、同じ年度の中でアメリカ居住者期間と非居住者期間が混在しますが、この場合、 図表45-1-2 のようにアメリカに居住する前の期間を、居住者とみなして申告するか、非居住者として申告するかを選択することが可能であり、それにともなって課税対象となる所得の範囲や、配偶者のある人に適用される所得税率が異なります。

1　赴任地の個人所得税（アメリカ・カナダ・メキシコ・ブラジル）

図表45-1-2 赴任年度の税務上の取扱い

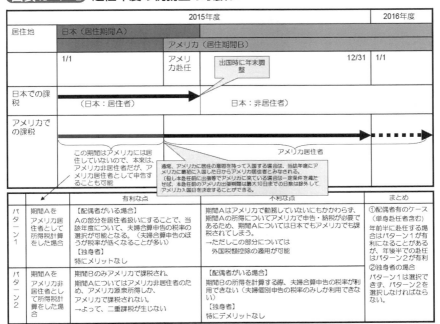

(1) アメリカ赴任前の期間を居住者とみなして所得税の計算を行う場合

アメリカ赴任前の日本での勤務期間を居住者とみなす場合を考えてみます。

アメリカ居住者については、所得の源泉地にかかわらず、全ての所得についてアメリカで申告の対象になります。よって、アメリカ赴任前の期間をアメリカ居住者期間とみなすことで、日本で勤務していた期間の所得についてもアメリカで申告・納税を行う必要があります。

課税される所得の額が増えてしまう一方、この方式を採用すると、既婚者の方については、配偶者控除を取ることができる他、所得税計算の際の税率に夫婦合算申告で利用する税率（通常、夫婦個別申告する際の税率より有利）の適用が可能となります（もちろん、配偶者が夫婦合算申告の対象になるための条件がそろっていることが必要です。）。

285

4 駐在員にまつわる日本及び赴任地国での税務問題

　年の前半に赴任する赴任者の場合、赴任するまでの所得総額（1月〜赴任するまでの所得）がそれほど高くないため日本勤務時の所得をアメリカの所得税額の計算に含めても、それほど大きく税負担が増えず、かつ配偶者が働いていない場合が多いことから、夫婦合算申告税率を利用して最終税額を抑えることのできるこの方式を利用されるケースが多く見られます。

(2) アメリカ赴任前の期間は非居住者として所得税計算を行う場合

　アメリカ赴任前の日本での勤務期間を非居住者として計算する場合を考えてみます。

　アメリカ非居住者は、アメリカ源泉所得しか課税の対象になりませんので、赴任前の期間についての所得はアメリカで課税の対象になりません。

　よって、アメリカ赴任後の所得のみがアメリカで課税されることになります。ただし、この場合、適用されるのは夫婦個別申告の税率になりますので、所得のない配偶者を持つ赴任者には最終税負担が重くなりがちです。ただし、赴任前に多額の一時所得を得た、配偶者に所得があった等の場合には、当方法を取る方が有利となります。

3．赴任した年の居住性の判断方法は

　端的に言うと、実質的滞在日数条件が適用されるビザをもってその年の7月3日以降にアメリカに赴任した場合は、赴任時から年末までは非居住者となり、7月3日以前に赴任した場合は赴任時点から居住者となります。

　ただし、既婚者の場合、当該年度の最初から居住者として取り扱うことで税額計算の際に有利な夫婦合算課税の選択も可能です。

　つまり、赴任のタイミングから居住者として取り扱うか、非居住者として取り扱うか、赴任初年度からアメリカ居住者選択をして居住者として税額計算を行い、夫婦合算課税を選択するかについて、試算を行い、有利な方を採用することになります。

　一方独身者の場合は、既婚者と異なり、税額計算について選択肢（夫婦

□ 赴任地の個人所得税（アメリカ・カナダ・メキシコ・ブラジル）

合算申告と夫婦個別申告）自体がないため、一般的に滞在日数を基準に居住者か非居住者かに判断されます。

4．アメリカ入国年の確定申告時の留意点

アメリカ入国年の確定申告については**Q43**で記載した確定申告の手順と同じですが、以下の点に留意する必要があります。

図表45-1-3　アメリカ入国年の確定申告時の留意点

・扶養控除対象にしたい配偶者や子女の納税者番号の取得を行う。
　→納税者番号については**Q31**参照。
・米国滞在日数（当年と過去2年分）を正確に把握し、赴任前の期間を居住者とみなして所得税計算を行うか、非居住者として所得税計算を行うかの検討が必要。
・申告対象となる所得が何かを把握し、全て申告を行う。（会計事務所に所得税計算を依頼する場合は、会計事務所から出される質問状に正しく回答する。）
　→会計事務所は赴任者が申告した内容の税額の計算を正しく行うことはできるが、赴任者から申告がなかった所得についての納税計算は不可能。

4 駐在員にまつわる日本及び赴任地国での税務問題

2　カナダ／赴任した年の課税上の取扱い

1．赴任後最初に行うこと

　カナダに居住する目的でカナダに入国した人は、社会保障番号（SIN）を取得する必要があります。社会保障番号は個人を識別する9桁の番号で構成されており、確定申告書に記載が必要です。（過去にカナダに居住していた際、SIN、ITNを取得していたものの、今回の赴任の際に新しいSINを取得した場合は、過去の番号を確定申告書に記載しないようにしてください。労働ビザとともに取得したSIN（9から始まる社会保障番号）は、労働ビザの資格がなくなった時点でSINも無効になります。）

2．カナダ入国者の税務に関する情報

　カナダに入国する人の税務上の取扱いについてまとめた情報は以下のサイトにあります。

図表45-2-1 カナダ入国者の税務に関する情報

> Newcomers To Canada
> URL：http://www.cra-arc.gc.ca/E/pub/tg/t4055/t4055-12e.pdf
> ※カナダ居住者の定義や、カナダの税制システム、ソーシャルセキュリティ番号、確定申告の概要、入国した年の所得税の計算事例等について記載されている。

3．赴任した年の課税上の取扱い

　カナダでは、年の途中からカナダに居住した人については「中途居住者」として取り扱います。この場合、カナダ入国日まではカナダの非居住者ですが、入国した時点から居住者となります。

※たとえば、今年6月からカナダに居住目的で入国するものの、毎月1回1週間ずつカナダに出張し、1月から5月までで合計5週間ほどカナダに滞在している場合（出張期間中の給与は日本本社払い、カナダ法人からの支給はない。）、この5週間についても、6月から居住者になったこ

1　赴任地の個人所得税（アメリカ・カナダ・メキシコ・ブラジル）

とで、カナダ非居住者期間部分についてもカナダで納税義務が生じます。（ただし、1月から5月までの期間については非居住者間の所得としての課税になります。）

4．カナダ入国年の確定申告時の留意点

カナダ入国年の確定申告については**Q43**で記載した確定申告の手順と同じですが、以下の点に留意する必要があります。

図表45-2-3　カナダ入国年の確定申告時の留意点

- 引越費用
  カナダ入国に当たっての引越費用は所得控除の対象にはなりません。
- 税額控除（Non Refundable Tax Credit）
  居住者期間部分のみが税額控除の対象です。（日数按分で計算します。）

4 駐在員にまつわる日本及び赴任地国での税務問題

3 メキシコ／赴任した年の課税上の取扱い

1．赴任した年の課税上の取扱い

　メキシコでは居住の意図をもって入国した時点から居住者扱いとなります。よって、赴任初年度から居住者として課税されることになります。

　なお、メキシコ赴任後最初に受け取る賞与の計算期間のうち、日本勤務期間（日本源泉所得部分）が含まれている場合も、賞与全額がメキシコで課税対象となります。ただし条件を満たせば、当該賞与について日本で課された税額を、メキシコの個人所得税から控除することは可能です。

4　ブラジル／赴任した年の課税上の取扱い

1．赴任した年の課税上の取扱い

「**Q33**：居住者・非居住者の定義と課税所得の範囲」においても記載したとおり、ブラジルでは査証の種類やブラジルでの雇用契約の有無により、居住者となるタイミングが異なります。詳細は**Q33**をご参照ください。

4 駐在員にまつわる日本及び赴任地国での税務問題

Q46 帰任する年の課税上の取扱い

本年、社員を日本に帰任させる予定です。帰任した年は、赴任地では居住者になるのでしょうか。それとも非居住者になるのでしょうか。また、年の前半に帰任した場合と後半に帰任した場合で課税上の取扱いに差があるのでしょうか。

それらの点も含めて、帰任する年の課税上の取扱いについて教えてください。

1 概　要

赴任先から帰任し、日本に戻ったり又は別の国に赴任する場合、それぞれの国の課税年度末に帰任しない限りは、常に年度の途中での出国となるため、税務上の取扱いが赴任中の年により異なります。

帰任時に確定申告を行い、全ての課税関係を終了させることができる国もあれば、赴任中の年度と同様に、当該課税年度終了後に確定申告を行うケースもあります。

以下では、アメリカ・カナダ・メキシコ・ブラジルの帰任する年の課税上の取扱いについて順番にみていきましょう。

2 各国別でみた違い
1 アメリカ／帰任する年の課税上の取扱い

1．帰任時の課税上の取扱い

　アメリカの居住者である駐在員が日本に帰任したり、別の国に駐在する等の理由でアメリカから出国する場合、帰任する年度のアメリカ滞在日数が31日以上あり、実質滞在条件テストを満たしていれば、帰任するまではアメリカ居住者として課税されます。

　ちなみに帰任年度も赴任年度も、その年にアメリカ居住者である期間と非居住者である期間が存在します。赴任年度については 図表46-1-1 のように、アメリカ国外での滞在期間をアメリカ居住者期間とみなして所得税の申告することもできるなど、アメリカ国外での滞在期間の税務上の取扱いを納税者が選択することができます。帰任時についても同様に納税者にとって有利となる方法で申告することができます。ただし、赴任年ほどの選択枠はなく、帰任時に居住性が他国に移ったとして帰任までをアメリカ居住期間と選択する方法か、選択をせずに年末までアメリカ居住期間が続くとする方法となります。後者の選択は、特に年の後半に帰国した既婚者に通常使用されます。

　なお、出国する年の確定申告時のポイントは以下のとおりです。

図表46-1-1　アメリカ出国年の確定申告時の留意点

- 年度の途中での確定申告書の提出はできない（W-2も発行されない）ため、帰任年度の所得については、年明け後翌年の4月15日までに、確定申告を行う。
- 手取補償方式を採用している場合、帰国後に納税が発生することがないように、帰任月に、ファイナルグロスアップをする。（帰任後も支払うであろう賞与も見積もってグロスアップ税額を計算し、できるだけ後から追加の税額が出ないようにする。）

2．帰任した年の居住性の判断方法は

　帰任した年については、帰任するまでは居住者、帰任後は非居住者と扱うか、通年居住者となるか、比較することになります。

4 駐在員にまつわる日本及び赴任地国での税務問題

3．資産のみなし譲渡について

　アメリカでは、カナダ個人所得税に存在するような、納税者が自国の居住者期間に生じた資産価値の増加部分について、納税の対象にするといった、「資産のみなし譲渡」に関する規定はありません。

① 赴任地の個人所得税（アメリカ・カナダ・メキシコ・ブラジル）

2　カナダ／帰任する年の課税上の取扱い

1．帰任時の課税上の取扱い

　カナダの居住者である駐在員が日本に帰任したり、別の国に駐在する等の理由でカナダから出国する場合、カナダ出国までは赴任中と同様、全世界所得についてカナダで納税の必要がありますが、帰任後は非居住者になるので、非居住者になった以後に生じた所得については、当該所得がカナダ源泉所得でない限り、カナダでは納税の必要はありません。

　（なお、カナダ居住者間の勤務に対する対価を、帰任後に受け取った場合も、当該所得はカナダ居住者期間の所得ですからカナダで個人所得税の課税対象となります。）

　ちなみに帰任する年の所得についての申告・納税は通常の居住者と同様に、翌年4月末日までに実施する必要がありますが、出国するまでに予定納税をすることで、納税をすべて完結させることも可能です。（ただしこの場合も確定申告自体は必要となります。）

　なお、出国する年の確定申告時のポイントは以下のとおりです。

図表46-2-1　カナダ出国年の確定申告時の留意点

- 引越費用
　カナダ出国に当たっての引越費用は所得控除の対象にはなりません。
- 税額控除
　居住者だった期間部分のみが税額控除の対象です。（日数按分で計算します。）
- 日本に帰国後受け取ったカナダ源泉所得についても確定申告の対象
　日本に帰国後受け取った給与、賞与等に、カナダ勤務期間相当分が入っていればその部分も含めて確定申告を行う。
- 申告期限は通常の居住者と同様、翌年4月30日。
- みなし譲渡にかかる申告の必要性（詳細は後述の「2」参照）
　カナダ居住者期間に生じた資産価値の増加部分についてカナダで申告義務が生じる。
　（資産価値の増加部分については、申告時に納税するか、実際に当該資産の譲渡時点で納付するか選択できる。なお、後者の場合、キャピタルゲインの最初のCAD10万までは担保が要求されないが、それを超える場合、担保（上場会社の株式や金融機関の信用状）が必要になる。）

4 駐在員にまつわる日本及び赴任地国での税務問題

カナダを出国する人の税務上の取扱いについてまとめた情報は以下のサイトにあります。

図表46-2-2 カナダ出国者の税務に関する情報

> Emigrants and Income Tax
> ※出国する人の居住性の判断基準や、出国後にもカナダ源泉所得を受け取る場合やカナダ国内に資産を保有する場合、出国した年度の確定申告方法、年度の途中で出国した場合の税額計算事例がいくつかのサンプルとともに記載されている。

2．資産のみなし譲渡について

前述のとおり、カナダでは、納税者がカナダ居住者の期間に生じた資産価値の増加部分について、納税の対象になります。

このみなし譲渡について、日本からの赴任者が留意すべきは「日本にある持ち家」と「従業員持ち株制度により持ち株を保有している場合」です。これらの資産がある場合、当該資産の資産価値増加部分について、カナダで申告・納税の対象になりますが、カナダでの居住期間が60か月以内か、60か月を超えるかで申告の対象となる資産の範囲が、図表46-2-3のとおり、異なります。

図表46-2-3 「資産のみなし譲渡」として申告・納税対象となる資産

カナダ 滞在期間	日本の持ち家（※）		従業員持株会等により 取得した株式	
	カナダ居住前に取得した場合	カナダ居住中に取得した場合（相続、贈与によるものは除く）	カナダ居住前に取得した株式	カナダ居住中に取得した株式
60か月以内	申告・納税の対象にならない。	申告・納税の対象になる。	申告・納税の対象にならない。	申告・納税の対象になる。
60か月超	申告・納税の対象になる。	申告・納税の対象になる。	申告・納税の対象になる。	申告・納税の対象になる。

※持ち家を貸すことで得た不動産所得もみなし譲渡の対象になる。

① 赴任地の個人所得税（アメリカ・カナダ・メキシコ・ブラジル）

3 メキシコ／帰任する年の課税上の取扱い

1．帰任時の課税上の取扱い

　メキシコの居住者である駐在員が日本に帰任したり、別の国に駐在する等の理由でメキシコから出国する場合、メキシコ出国年度の所得について、メキシコではどのように課税されるのでしょうか。メキシコ出国年のメキシコでの確定申告時の留意点は以下のとおりです。

図表46-3-1　メキシコ出国年の確定申告時の留意点

- メキシコ出国年は、出国日にかかわらず、出国まで居住者扱いとなる。
- メキシコ出国にあたり、メキシコでの居住形態に変更が生じる場合は、変更日までに居住形態変更通知書を提出する必要がある。（提出を忘れると罰金対象となる。）
- 年度の途中で出国する場合は、出国時点で予定納税を行う必要がある。

4 駐在員にまつわる日本及び赴任地国での税務問題

4 ブラジル／帰任する年の課税上の取扱い

1．帰任時の課税上の取扱い

　ブラジルの居住者である駐在員が日本に帰任したり、別の国に駐在する等の理由でブラジルから出国する場合、ブラジル出国年度の所得について、ブラジルではどのように課税されるのでしょうか。ブラジル出国年のブラジルの確定申告時の留意点は以下のとおりです。

図表46-4-1　ブラジル出国年の確定申告時の留意点

・年初からブラジル出国までは、出国年の滞在日数にかかわらずブラジル居住者として扱われる。
・ブラジル出国時にSAIDA DEFINITIVA（帰任時の確定申告書類）を必ず提出する必要がある。（提出していないと最終納税をしていないことになり、罰金の対象になる。）
　また、ブラジル出国後も、出国後12か月間（※）はブラジル居住者扱いとなり、13か月目からブラジル非居住者として取り扱われる。
※出国してから12カ月以内にブラジルに再入国してしまうと、「入国後から12か月間」を再カウントすることになる。

1　赴任地の個人所得税（アメリカ・カナダ・メキシコ・ブラジル）

 赴任国で退職を迎えた場合に日本から
受け取る退職金の取扱い

赴任中に退職を迎え、赴任国の居住者として日本からの退職金を受け取った社員がいます。この場合、赴任地での当該退職金の課税方法について教えてください。

1　概　要

　海外駐在員が赴任中に退職する場合、気になるのは退職金の課税の問題です。

　（取締役ではない）一般社員が退職する際に、退職金として多額の一時金を支給するケースは世界の中でも珍しい制度と言えるでしょう。そのため、退職金について個別の取扱規定が存在する国は非常に少なくなっています。しかし、退職金は過去に勤務の対価であることから給与所得として課税の対象となります。

　以下ではアメリカ・カナダ・メキシコ・ブラジルにおける退職金及びそれに類する一時金の取扱いについて見に行きましょう。

退職金及びそれに
類する一時金の取扱い

アメリカ

2　各国別でみた違い

1　アメリカ／退職金及びそれに類する一時金の取扱い

　アメリカ個人所得税においては、退職に起因して勤務先から受け取る一時金について、特に優遇措置といったものは存在しません。そのため、アメリカ赴任中に定年退職を迎え、日本本社から退職金が支給された場合も、通常の給与所得と同様に申告・納税の対象となります。

　アメリカ居住者は全世界所得課税であるため、アメリカ勤務期間に相当する退職金だけでなく、退職金全額が通常の給与所得と同様、課税の対象になります。

※アメリカ永住権を保有する場合は、日本に帰国するなど、アメリカ国外に居住していても、常にアメリカ居住者として扱われます。そのため、日本に帰国後受け取った退職金についても、受け取った退職金全額についてアメリカで申告・納税が必要になります。（詳細は **Q43** をご参照ください。）

1 赴任地の個人所得税（アメリカ・カナダ・メキシコ・ブラジル）

2 カナダ／退職金及びそれに類する一時金の取扱い

　カナダ個人所得税においては、退職に起因して受け取る所得（日本本社から受け取る定年退職金や自主的な退職に伴う退職金等）について特別な規定はありません。

　よって、カナダ居住者が日本からの退職金を受け取った場合、当該退職金について、カナダ居住者については、受け取った金額全額が、非居住者については、カナダ源泉所得に該当する部分について、カナダで申告・納税義務が生じることになります。

図表47-2-1 日本から支給された退職金に対するカナダでの取扱い

	課税所得の範囲	カナダで申告・納税の対象になると考えられる退職金
居住者	全世界所得	受け取った退職金全額
非居住者	カナダ源泉所得	受け取った退職金のうち、カナダ勤務相当分

4 駐在員にまつわる日本及び赴任地国での税務問題

3　メキシコ／退職金及びそれに類する一時金の取扱い

　メキシコ個人所得税においては、退職に起因して受け取る所得については、各地域の最低賃金の90倍の金額まで控除が受けられます。

　ただし、日本本社から受け取る退職金について当該控除が受けられるかは明確ではありません。そのため、上記ルールが適用されない場合は、日本からの退職金については理論上、図表47-3-1のように取り扱われると考えられます。

図表47-3-1 日本から支給された退職金に対するメキシコでの取扱い

	課税所得の範囲	メキシコで申告・納税の対象になると考えられる退職金
居住者	全世界所得	受け取った退職金全額
非居住者	メキシコ源泉所得	受け取った退職金のうち、メキシコ勤務相当分

1 赴任地の個人所得税(アメリカ・カナダ・メキシコ・ブラジル)

4 ブラジル／退職金及びそれに類する一時金の取扱い

　ブラジル個人所得税においては、退職に起因して受け取る所得(日本本社から受け取る定年退職金や自主的な退職に伴う退職金等)について特別な規定はありません。

　よって、ブラジル居住者が日本からの退職金を受け取った場合、当該退職金について、理論上は図表47-4-1のとおり、申告・納税の対象になります。

図表47-4-1　日本から支給された退職金に対するブラジルでの取扱い

	課税所得の範囲	ブラジルで申告・納税の対象になると考えられる退職金
居住者	全世界所得	受け取った退職金全額
非居住者	ブラジル源泉所得	受け取った退職金のうち、ブラジル勤務相当分

4 駐在員にまつわる日本及び赴任地国での税務問題

 個人の所得にかかるその他の税

日本では居住者の所得に対して、所得税のほかに地方税（住民税）が課税されます。一方、本書で取り上げる4か国については所得税のほかに地方税がかかるのでしょうか。

1 概　要

本書で取り上げる4か国のうち、個人所得税以外に、個人の所得にかかる税が存在するのはアメリカとカナダで、いずれも州税が存在します（ただし、州税は日本の地方税とは異なり、州により税率が大きく異なるのが特徴です。）。

一方、メキシコとブラジルについては個人の所得にかかるその他の税は存在しません。

個人の所得にかかる
その他の税

アメリカ

2 各国別でみた違い
1 アメリカ／個人の所得にかかるその他の税

1．州税の概要

アメリカでは国税である連邦税（本書での説明は特に断りがない限り、連邦税に関する説明とご理解ください。）以外に、地方税である州税が課されます。

日本でも国税としての所得税のほかに地方税として住民税が存在しますが、この住民税は地域による違いはほとんどなく、ほぼ一律といってもよいでしょう。それに対し、アメリカの州税は、その金額や税率に大きな違いがあり、累進税率を採用する州もあれば、一律税率の州もあり、中には州税そのものを徴収しない州（注）も存在します。

(注) アラスカ州、フロリダ州、ネバダ州、サウスダコタ州、テキサス州、ワシントン州、ニューハンプシャー州、テネシー州、ワイオミング州

また、州税の申告が必要な州については、連邦税の申告書（FORM1040）とは別に、各州ごとに定められた州税の申告書（たとえばニューヨーク州の場合はFORM IT-201という書式のResident Income Tax Return）を提出し、申告書提出漏れや納付漏れがあれば、連邦税と同様、ペナルティの支払義務が生じます。

なお、州税の申告書の提出時期は、連邦税の申告書の提出時期と同じ場合が多いですが、一部の州においては連邦税の申告書の提出締切日よりやや遅い場合もあります。

2．州税の詳細

各州の州税の申告書・税率・所得控除額等は、各州の州税のサイトに詳細が記載されていますが、アメリカ全州の個人の所得にかかる州税の概要を把握する際は、以下のサイトが便利です。

※TAX FOUNDATION ウェブサイト

http://taxfoundation.org/article/state-individual-income-tax-rates

2　カナダ／個人の所得にかかるその他の税

1．州税の概要

カナダでは個人の所得について、国税である連邦税のほかに、州ごとに定められた州税が課税されます。日本でも個人の所得に対し国税である所得税のほかに、住民税が課税されますが、住民税額は地方により多少異なるものの、大きな差はありません。それに対してカナダの州税は、税率はもちろん、税額控除についても州ごとに大きく異なるのが特徴です。州ごとの税率については、以下をご参照ください。

2．居住者・非居住者に対する州税率（2015年度）

州別の所得税率は以下のとおりです。ほとんどの州では連邦税率と同様に、累進税率を採用していますが、アルバータ州については定率が採用されています。

①　Newfoundland and Labrador 州

	区　分	税　率
1	〜CAD35,008	7.7%
2	CAD35,008超〜70,015	12.5%
3	CAD70,015超	13.3%

②　Prince Edward Island 州

	区　分	税　率
1	〜CAD31,984	9.8%
2	CAD31,984超〜63,969	13.8%
3	CAD63,969超	16.7%

① 赴任地の個人所得税（アメリカ・カナダ・メキシコ・ブラジル）

③ Nova Scotia 州

	区　分	税　率
1	～CAD29,590	8.79%
2	CAD29,590超～59,180	14.95%
3	CAD59,180超～93,000	16.67%
4	CAD93,000超～150,000	17.5%
5	CAD150,000超～	21.0%

④ New Brunswick 州

	区　分	税　率
1	～CAD39,973	9.68%
2	CAD39,973超～79,946	14.82%
3	CAD79,946超～129,975	16.52%
4	CAD129,975超～	17.84%

⑤ Quebec 州

	区　分	税　率
1	～CAD41,935	16%
2	CAD41,935超～83,865	20%
3	CAD83,865超～102,040	24%
4	CAD102,040超～	25.75%

⑥ Ontario 州

	区　分	税　率
1	～CAD39,723	5.05%
2	CAD39,723超～79,448	9.15%
3	CAD79,448超～509,000	11.16%
4	CAD509,000超～	12.16%

⑦ Manitoba 州

	区　分	税　率
1	～CAD31,000	10.8%
2	CAD31,000超～67,000	12.75%
3	CAD67,000超～	17.4%

4 駐在員にまつわる日本及び赴任地国での税務問題

⑧ Saskatcheman 州

	区　分	税　率
1	〜CAD44,028	11%
2	CAD42,906超〜122,589	13%
3	CAD122,589超〜	15%

⑨ Alberta 州

	区　分	税　率
1	なし	一律10%

⑩ British Columbia 州

	区　分	税　率
1	〜CAD37,869	5.06%
2	CAD37,869超〜75,740	7.7%
3	CAD75,740超〜86,958	10.5%
4	CAD86,958超〜105,592	12.29%
5	CAD105,592超〜151,050	14.7%
6	CAD151,050超〜	16.8%

⑪ Yukon 州

	区　分	税　率
1	〜CAD44,701	7.04%
2	CAD44,701超〜89,401	9.68%
3	CAD89,401超〜138,586	11.44%
4	CAD138,586超〜	12.76%

⑫ Northwest Territories 州

	区　分	税　率
1	〜CAD40,484	5.9%
2	CAD40,484超〜80,971	8.6%
3	CAD80,971〜131,641	12.2%
4	CAD131,641超〜	14.05%

⑬ Nuavut 州

	区　分	税　率
1	〜CAD42,622	4%
2	CAD42,622超〜85,243	7%
3	CAD85,243超〜138,586	9%
4	CAD138,586超〜	11.5%

3．複数州に居住した場合、どこの州で申告するか

　1年の間に複数の州に居住した場合は、12月末日時点に居住している州で州税を納めることになります。

(1) 州税の計算方法

　州税の計算方法は**図表48-2-1**のとおりですが、具体的な計算の流れについては**Q35**をご参照ください。

図表48-2-1　州税の計算方法

課税対象金額（Taxable Income）　×　州税率　−　各州で定められた税額控除＝州税額

4　駐在員にまつわる日本及び赴任地国での税務問題

3　メキシコ／個人の所得にかかるその他の税

　メキシコでは個人所得税以外に個人の所得に対してかかる税は存在しません。

※ただし、給与を支給する法人側に係る税として、総所得に対して2〜3％（州ごとに異なる）の税率でSTATE PAYROLL TAX（impuesto sobre nominas：従業員給与税）が徴収されます。

4　ブラジル／個人の所得にかかるその他の税

　ブラジルでは個人の所得に対しては、**Q31**で説明した所得税がかかるのみで、地方税等は存在しません。

１　赴任地の個人所得税（アメリカ・カナダ・メキシコ・ブラジル）

国外資産の報告義務

私は日本に比較的多額の金融資産を保有していますが、海外赴任中、赴任国において「日本に金融資産を保有している」ということ自体を申告する必要があるのでしょうか。

１　概　要

日本では、平成24年度税制改正により、居住者の国外資産を把握するための、国外財産調書制度が導入されました。この制度は毎年12月31日時点で、価値の合計が5000万円を超える国外財産を保有する場合は、翌年３月15日までに国外財産調書の提出を義務付けるものです。

一方、本書で取り上げるアメリカ、カナダ、メキシコ、ブラジルには、報告の対象となる資産の種類や金額に差はありますが、国外資産の報告義務が存在します。

以下では順番に、国外資産の報告に関する制度をみていきましょう。

国外資産の報告義務

アメリカ

2 各国別でみた違い

1 アメリカ／国外資産の報告義務

1．国外資産の報告義務

アメリカでは図表49-1-1のとおり、アメリカ国外に金融資産を一定額以上保有する場合、当該金融資産について確定申告時に申告を行う必要がありますが、国外に固定資産などを保有しているからということ自体を申告する義務はありません。（つまり、金融資産以外の資産については申告する必要はありません。）

図表49-1-1 申告対象となる金融資産（A又はBのどちらか一方でも当てはまる場合は申告対象となる）

居住地	申告形態	A：年度末の金融資産	B：当該年度中1日でも
アメリカ	未婚又は夫婦個別申告	USD50,000超	USD75,000超
アメリカ	夫婦合算申告	USD100,000超	USD150,000超
アメリカ国外	未婚又は夫婦個別申告	USD200,000超	USD300,000超
アメリカ国外	夫婦合算申告	USD400,000超	USD600,000超

上記金融資産報告書以外にも、海外に金融口座を持ち、総残高が1万ドル以上となる納税者はForm 114 Report of Foreign Bank and Financial Accountsの申告も必要になります。

2．報告書式

国外資産の報告書式は図表49-1-2をご参照ください。なお、本書式の提出先はIRSの上部組織であるTreasury Departmentとなっています。

図表49-1-2 アメリカ国外の金融資産を申告するための書式

FORM8938 Statement of Specified Foreign Financial Assets

3．報告を怠った場合

国外資産の報告義務があるにもかかわらず、資産報告を怠った場合は、罰金が課されますが、実際に罰金を課された例はほとんど聞かれません。

① 赴任地の個人所得税（アメリカ・カナダ・メキシコ・ブラジル）

2　カナダ／国外資産の報告義務

1．国外資産の報告義務

居住者については保有する国外資産の取得額の合計が年間のある時点でCAD100,000を超える場合、確定申告書提出時に、国外資産についての報告が必要となります。

ただし、申告対象となる国外資産の中に、図表49-2-1に記載の資産は含まれませんので、日本国内に保有する自宅等は通常は国外資産の報告対象にはなりません。詳細は図表49-2-1をご参照ください。

図表49-2-1　申告対象とならない国外資産

- RRSP、IRRIF、IRPPといった金融資産
- ミューチュアルファンド
- 個人使用目的の資産（※）　など

※主として本人又は関係者の個人使用目的で所有する資産（ここでいう「主として」はおおむね、使用時間や使用面積から見て50%を超えて使用されていることを意味する。）

2．報告書式

国外資産の報告書式は図表49-2-2のとおりで、通常、確定申告書と同時に申告する必要がありますが、所得税の申告が必要ない場合は、国外資産の報告書のみ提出することになります。

図表49-2-2　国外資産の報告書式

Foreign Income verification statement
http://www.cra-arc.gc.ca/E/pbg/tf/t1135/t1135-fill-07e.pdf

3．報告を怠った場合

国外資産の報告義務があるにもかかわらず、資産報告を怠った場合は図表49-2-3のとおり、罰金が発生します。（これはQ44の罰金等とは別に課されます。）

4 駐在員にまつわる日本及び赴任地国での税務問題

図表49-2-3 報告書提出を怠った場合の罰金

提出締切日から24か月間：1か月につき500ドルの罰金（カナダ税務当局から報告書要求があったにもかかわらず提出していない場合は1か月につき1000ドルの罰金）
提出締切日から24か月を過ぎた場合：申告すべき国外資産の評価額×1％の罰金

① 赴任地の個人所得税（アメリカ・カナダ・メキシコ・ブラジル）

3 メキシコ／国外資産の報告義務

　国外資産に限定しませんが、メキシコペソ又は外貨で600,000ペソ超の現金を受け取った場合は税務当局に報告しなければなりません。

　上記キャッシュを受け取ってから15日以内に報告を行わなかった場合は、当該現金は課税所得に含められることになります。

4 駐在員にまつわる日本及び赴任地国での税務問題

4 ブラジル／国外資産の報告義務

　ブラジルには国外資産の報告義務が存在します。

　具体的には、毎年12月31日時点におけるブラジル国外に保有する資産等（日本に保有している不動産等も含む）の市場価値合計が10万米ドルを超過する場合は、翌年4月の時点（2015年は4月6日まで）に国外資産についての報告書をブラジル中央銀行に提出する必要があります。

　このブラジル中央銀行に対する報告書は情報提供目的のためであり、この報告書を提出することで新たな税負担が生じるわけではありませんが、報告書を提出していないと、最大25万レアルを限度とした罰金が課されますので、必ず申告する必要があります。

① 赴任地の個人所得税（アメリカ・カナダ・メキシコ・ブラジル）

 赴任国で永住権を保有した場合の留意点

当社では海外赴任が長くなった社員の中には、赴任国で永住権を取得しているケースがあります。この場合、永住権の有無で、赴任国の個人所得税の納税範囲等が変わるのでしょうか。また永住権を保有した社員を日本に帰任させた場合、帰任後も永住権保有国で納税を行う必要があるのでしょうか。

1 概　要

海外赴任の長期化により、赴任地が気に入り、永住を希望して永住権を保有するケースや、外国人としてその国に滞在する場合、就労できる資格を持って滞在すると、一定期間ごとに更新が必要になるため、滞在が一定年数を経過すると、更新等の手間等が少なくなるよう、永住権を取得してしまうケースも存在します。

では、赴任国で永住権を取得することで、永住権を取得していない場合と比べて税務上、何らかの差異が生じるのでしょうか。

そこで以下ではアメリカで永住権を取得したケースを中心にご紹介します。

永住権を保有した場合の留意点

アメリカ

❷ 各国別でみた違い
1 アメリカ／永住権を保有した場合の留意点
１．アメリカで永住権を取得した場合

　日本の所得税法では、１年以上の予定で日本を離れる場合は、仮に日本国籍や永住の在留資格を保有している人であっても、税務上、日本の非居住者となるため、日本に源泉のある所得（いわゆる国内源泉所得）が生じない限りは日本の所得税の申告は不要ですし、納税の必要もありません。

　それに対し、アメリカではアメリカ市民権（アメリカ国籍）を保有していたり、アメリカ国籍を保有していなくても、アメリカの永住権を保有している外国人については、たとえアメリカ国外に居住していても、税務上、常に「アメリカ居住者」として取り扱われます。

　アメリカに社員を長期で赴任させていると、アメリカでの生活を気に入って、アメリカで永住権を取得している赴任者や、永住権を取得していれば、そうでない場合に比べて州立大学の学費が非常に安価であるため、子供の大学進学を検討するに当たって永住権を取得する方も存在します。この場合、当該赴任者は日本に帰国した後も、アメリカ居住者として扱われますが、この場合、日本帰国後にアメリカでの税務についてどのような点に留意しなければいけないのでしょうか。以下にまとめました。

(1) **毎年、アメリカで個人所得税の申告書提出が必要**

　上述のとおり、アメリカで永住権を保有している方は、日本に帰国後、日本の居住者でありながら、同時にアメリカの税務上、アメリカ居住者とみなされます。
よって、永住権を放棄しない限り、毎年、アメリカで個人所得税の申告が必要になります。
（申告書フォーマットは **Q43** でご紹介した、FORM1040です。）

　上述のとおり、永住権保有者はアメリカ居住者ですから　全世界所得がアメリカで課税対象になりますが、一定の要件を満たせばアメリカ国外で

1　赴任地の個人所得税（アメリカ・カナダ・メキシコ・ブラジル）

の役務所得（上限あり）や住居費が所得控除の対象になります。

なお、アメリカの永住権保有者が、申告を行う際の主な必要書類は**図表50-1-1**のとおりです。

図表50-1-1 日本に帰任したアメリカの永住権保有者の申告に必要な書類（主なもののみ）

FORM1040	U.S. Individual Income Tax Return
	http://www.irs.gov/pub/irs-pdf/f1040.pdf
FORM2555	Foreign Earned Income Attach to FORM 1040. →海外役務所得（日本での給与所得等）がある場合、一定額（2014年度は最大USD99,200）まで所得から控除が可能
	http://www.irs.gov/pub/irs-pdf/f2555.pdf
FORM1116	Foreign Tax Credit (Individual, Estate, or Trust) Attach to FORM 1040, 1040NR, 1041, or 990-T. →外国税額控除の申請書（二重課税が生じている場合）
	http://www.irs.gov/pub/irs-pdf/f1116.pdf
FORM114	REPORT OF FOREIGN BANK AND FINANCIAL ACCOUNTS →海外の銀行や金融口座に1年間に1日でも1万ドル以上の資産を保有する場合に提出が必要（連邦所得税の申告書と一緒に添付しないこと）
	http://www.irs.gov/pub/irs-pdf/f90221.pdf

2．永住権を取得した赴任経験者についての留意点

海外赴任中に社員が永住権を取得したことで、日本帰国後も上記のとおりアメリカでの申告や納税が発生することになります。その結果、帰任後に起こりえる事態を**図表50-1-2**にまとめました。

図表50-1-2 永住権を取得した赴任経験者についての留意点

1．日本本社が支払った定年退職金について、既にアメリカには居住していないが、アメリカで申告・納税義務が生じる。
　→永住者はアメリカ居住者扱いとなる。海外役務所得（FORM2555）は一定額まで所得控除が可能だが、退職金は使えない。
　　（ちなみにアメリカに実際に居住しない限り、社会保障税や州税はかからない。）

4 駐在員にまつわる日本及び赴任地国での税務問題

2．当該社員を第三国に赴任させた場合、所得額が多額になり、海外役務所得控除や外国税額控除を利用しても、アメリカで納税が必要になる可能性が高い。特に所得税率の低い国に赴任するとアメリカで多額の納税が必要となる可能性が高い。
→海外赴任すると、通常、年収総額（会社負担の税額も含む）が日本で勤務させているときの２倍以上になっていることが多い。そうすると海外役務所得控除（2014年はUSD99,200）を利用しても、課税所得がゼロにならず、結果としてアメリカで納税が必要になる可能性が高い。
3．８年以上長期的に永住権を保持していた納税者が永住権を放棄した際には、国籍離脱税がかかる。
　永住権放棄時に資産を全て売却したと仮定して得られる売却益に加え、将来受け取る予定の年金についても、放棄時点の時価評価額に対し、通常の所得税が課される。

３．アメリカ国籍を持つ社員が赴任する場合の留意点

　アメリカ国籍は出生地主義のため、赴任者の中にはアメリカで生まれたことにより、日本国籍とアメリカ国籍の両方を保持している人もいらっしゃいます。（本来、一定年齢に達すればどちらか一方の国籍を選択しなければなりませんが、現実には二重国籍のままとなっているケースも少なからず見られます。）

　このように、アメリカで生まれたことでアメリカ国籍をもっている二重国籍者の場合、税法上、アメリカ居住者に該当します。つまり、アメリカ国籍を保有している人については、日本に居住していても、「アメリカ市民（アメリカ国籍保有者）」としてアメリカで税務申告を行う必要があります。しかし、そのような事実を知らない場合、アメリカに赴任するまでアメリカでの納税義務があることを知らないため、何の申告もしていない場合がほとんどです。

　そのような人がアメリカに居住すると、過年度の申告を求められることがあります。給与が低い人の場合は、結果として所得の大半が所得控除の範囲で収まるため、実際の納税は発生しないことも多いですが、給与が高い人の場合は控除しきれず納税が必要となる場合も存在します。

1　赴任地の個人所得税（アメリカ・カナダ・メキシコ・ブラジル）

2　カナダ／永住権を保有した場合の留意点

　カナダでは自国の永住権を保有した外国人と、保有していない外国人で、カナダにおける税務上の取扱いが異なることはありません。

3　メキシコ／永住権を保有した場合の留意点

　メキシコでは自国の永住権を保有した外国人と、保有していない外国人で、メキシコにおける税務上の取扱いが異なることはありません。

4　ブラジル／永住権を保有した場合の留意点

　ブラジルでは自国の永住権を保有した外国人と、保有していない外国人で、ブラジルにおける税務上の取扱いが異なることはありません。

2 日本の所得税

Q51 日本での居住者・非居住者の定義と課税所得の範囲

海外勤務中は日本の非居住者になると聞いていますが、居住者・非居住者の具体的な区分の仕方がわかりません。また居住者・非居住者で課税所得の範囲がどのように異なるのかを教えてください。

　日本を1年以上の予定で離れる人は、日本を出国した日の翌日から、日本の非居住者となります。また、海外勤務期間が10か月など、日本を離れる期間が1年未満の予定の場合は、海外勤務中であっても「日本の居住者」になります。

　また、日本の居住者の場合、国内源泉所得だけでなく、国外源泉所得も課税の対象になりますが、非居住者の場合、日本で課税対象となるのは、国内源泉所得のみとなります。

1．居住者・非居住者の区分が重要な理由
〜居住者と非居住者では課税対象所得や課税方法が根本的に異なる〜

　海外勤務者が日本の税法上、「居住者」に該当するか、「非居住者」に該当するかの判定が、最も重要なポイントになっています。

　なぜなら、その人が日本の居住者か非居住者かによって、日本での課税所得の範囲及び課税方法が根本的に異なってくるからです。

2．居住者・非居住者で異なる課税所得の範囲
～居住者は全世界所得課税、非居住者は国内源泉所得のみ課税～

日本の所得税法では、納税義務者を 図表51-1 のように、「個人」及び「法人」に区分し、更に「個人」については国内における住所の有無又は1年以上の居所の有無に応じて、「居住者」及び「非居住者」に区分しています。

居住者、非居住者の区分は、「その人の国籍や在留資格」には関係なく、「その人の住所や1年以上継続した居所が国内にあるか否か」により判定します。
（ただし、公務員や船舶・航空機の乗務員等には特例が適用されるため、この限りではありません。）

よって、1年以上の予定で海外に勤務する人については、出国の翌日から、日本の非居住者となります。

図表51-1　所得税法による居住者・非居住者の区分

		定　義	国内源泉所得	国外源泉所得（*）
居住者	非永住者以外の居住者	国内に住所を有し、又は現在まで引き続いて1年以上居所を有する個人のうち、非永住者以外の者	課税	課税
	非永住者	居住者のうち日本国籍を有しておらず、過去10年以内に国内に住所を有していた期間の合計が5年以下の者	課税	国内で支払われたもの及び国外から送金されたもののみ課税
非居住者		居住者以外の個人（1年以上の予定で日本を離れる人は非居住者に該当）	課税	非課税

（＊）　所得税法では「国外源泉所得」という言葉はありませんが、ここでは便宜上「国内源泉所得以外の所得」を「国外源泉所得」といいます。

4　駐在員にまつわる日本及び赴任地国での税務問題

Q52　駐在員が日本で確定申告しなければならないケース

　1年以上の予定で、日本を離れる場合には、非居住者となるため、日本では（日本）国内源泉所得のみ課税されると聞きました。日本の非居住者となった駐在員が、海外勤務中、日本で確定申告をしなければならない例を教えてください。

　海外駐在員として赴任した翌年以後（帰国年を除く）の各年の確定申告が必要なのは、毎年その年1年間に生じた「海外勤務者の一定の所得の金額」が基礎控除額（38万円）を超えることになる場合です。（出国した年については一定の所得が20万円を超えると確定申告が必要です。）

　この場合、翌年2月16日～3月15日までに確定申告をする必要があります。

1．出国した年に確定申告が必要なケース
～給与以外の国内源泉所得が20万円超ある場合～

　海外に赴任する年の1月1日から出国時までに生じた所得が給与所得のみであれば、通常は出国時に年末調整が行われているので、確定申告は不要です。（出国する年の年末調整は「Q6：**海外駐在に当たって出国までに日本本社が行っておくべき税務上の手続**」をご参照ください。）

　しかし、たとえば不動産の貸付けによる所得、給与以外の所得が20万円超ある場合は、確定申告が必要です。

　確定申告書の提出時期は、**図表52-1**のとおり、納税管理人を選任しているか否かで異なります。

図表52-1 納税管理人選任の有無で異なる確定申告書の提出時期

納税管理人を選任している場合	赴任した翌年の2月16日〜3月15日までに提出
納税管理人を選任していない場合	出国前にいったん提出

2．出国中の年に確定申告が必要なケース
〜給与以外の国内源泉所得が38万円超ある場合〜

　海外勤務者として赴任した翌年以後（帰国年を除く）の各年に確定申告が必要なのは、毎年その年1年間に生じた海外勤務者の給与所得以外の一定の所得（図表52-2 参照）の金額が基礎控除額（38万円）を超えることとなる場合です。

　この場合、翌年の2月16日から3月15日までにこれらの所得について確定申告をする必要があります。

　（非居住者期間に確定申告を行う際、適用される所得控除は「基礎控除」「雑損控除」「寄附金控除」のみになります）

図表52-2 海外勤務中でも確定申告が必要な所得

- 国内にある資産の運用、保有又は譲渡による所得（所法161一、一の二、一の三）
- 国内に事業所を有して事業を行っている場合には、その事業の所得その他の国内源泉所得（所法161一、二、164①一〜三）
- 国内にある不動産の賃貸料による所得（所法161三）

4 駐在員にまつわる日本及び赴任地国での税務問題

Q53 海外滞在期間の変更(駐在期間が短縮になった場合)

本年、4月1日から3年間の予定で海外に駐在していたA氏が、健康上の都合でやむを得ず、駐在後半年に当たる9月末日で日本に帰国することになりました。

この場合、本年4月1日から日本の非居住者として、日本で非課税扱いとしてきたA氏の給与・賞与について、もう一度、本年4月1日に遡って、居住者に対する給与・賞与として課税し直さなければならないのでしようか。

　　1年以上の海外勤務を予定して出国した人については、たとえその後の事情変更により1年未満で帰国しても、海外勤務期間中は非居住者として取り扱われるため、過去の課税関係を訂正する必要はありません。

つまり、出国した日の翌日から、赴任期間の短縮が決まる日までは、所得税法上、「非居住者」となります(なお、この事例については帰国した日までを「非居住者」とし、その翌日(10月1日)より、「居住者」として扱います)。

1. 一般的な考え方
～所得税基本通達3-3より～

海外勤務者として出国した人が居住者に該当するか非居住者に該当するかは、その人の出国時における海外滞在期間があらかじめ1年以上となる業務に従事することとなるか否かによって判断されることとなります(所令15)。つまり海外に勤務する期間が契約などによりあらかじめ1年未満であることが明らかな場合を除き、出国の日の翌日より非居住者として取り扱われることになります(所基通3-3)。

2．海外勤務期間に変更が生じた場合
〜1年以上の予定が1年未満に変更になった場合〜

「海外勤務期間が1年以上」と予定されるなど、出国の翌日から「非居住者」となった場合でも、その後のやむを得ない事情（事故、病気、現地法人閉鎖、現地政情不安等）で結果的に海外勤務期間1年未満になった、という事態も当然考えられます。

しかし、このような場合でも「居住者」「非居住者」の判定は「出国時の海外勤務期間の見込みがどうであったか」が基準となります（所令15）。

ですので、この場合、A氏の出国時の海外勤務予定期間は3年間（つまり「1年以上」）であったことから、その後たとえ1年未満の間に（やむを得ない事情で）帰国した場合でも、その海外勤務期間中は当初の見込みどおり「非居住者」として取り扱われます。

つまり、この場合はたとえ結果的に1年未満の海外勤務期間であっても、その期間中は「非居住者」として取り扱われるため、会社側はA氏の出国時にさかのぼって過去の非課税処理を訂正する必要はありません。

4 駐在員にまつわる日本及び赴任地国での税務問題

Q54 海外滞在期間の変更（駐在期間が延長になった場合）

当社の社員Ｃ氏は、当初5か月間の予定で海外駐在員として、海外の駐在員事務所に勤務していましたが、その勤務期間後に発生した特殊事情により、さらに3年間、海外勤務を継続することになりました。この場合、当初の予定では、1年未満の海外勤務であったため、当社は社員Ｃ氏を日本の居住者として取り扱っていましたが、海外勤務期間の延長に伴い、結果的1年以上の海外勤務となります。この場合、出国時に遡って、非居住者として判定替えする必要があるのでしょうか。

A 勤務期間の延長が明らかになった日以降は、非居住者としての処理を行わなければなりませんが、出国時に遡って、非居住者として判定替えを行う必要はありません。

1．一般的な考え方
～所得税基本通達3-3より～

Ｃ氏の場合、当初出国時においては現地での勤務期間があらかじめ5か月と定められていますので、「国内に住所がないもの」、つまり「非居住者」には該当せず、「居住者」として取り扱われます（所基通3-3）。

しかし、海外勤務期間の延長が行われ、出国時より起算して1年以上海外に滞在することになった場合には、その事実が明らかになった日以降は、日本国内に住所を有しないものと推定され、その日以降は「非居住者」として取り扱われることとなります（所令15）。

したがって、その日以降に支払われる給与については日本国内における勤務がない限り、日本での課税は行われません。

２．年末調整はいつ行うか
～非居住者に判定替えしてから速やかに行う～

　海外勤務期間の延長が決まるまでの、居住者期間の給与については、居住者が出国して非居住者となる場合と同様に年末調整を行って税額の精算を行い、非居住者になった後に支給期の到来する給与については、国内勤務に基因する部分がない限り、非課税扱いとすればよいことになります。

4 駐在員にまつわる日本及び赴任地国での税務問題

Q55 海外現地法人に出向する社員に対する日本払給与

現在、3年間の予定で海外現地法人に出向しているＡ氏に対する給与は（海外現地法人ではなく）、日本の親会社がその半分以上を負担していますが、日本の税務上、何か問題があるでしょうか。また、日本払給与は海外で納税する必要があるのでしょうか。

たとえ自社が100％出資している現地法人に出向している社員であっても、その社員の給与を、日本本社側が全額又は大部分負担している場合、当該負担金は、日本本社から海外現地法人への寄附金とみなされて、課税されるケースがあるので注意が必要です。一方、この日本払給与は、赴任国国内源泉所得に該当しますから、赴任国で個人所得税を納税する必要があります。

１．日本での税務について
～現地法人に勤務する社員の給与は現地法人が負担すべき～
(1) 基本的な考え方

企業の中には、海外の現地法人に出向している社員の給与を全額、もしくは大部分を日本の本社から支給しているケースも少なくありません。

会社としては、「出向中とはいっても、自社の社員には変わりがないわけだし、出向先の海外現地法人は自社の子会社なのだから、当該社員の給与を、日本本社側が支給していても問題ないだろう」と考えていることも多いようです。

しかし、自社の社員が、海外で勤務している先が、仮に自社の100％子会社であっても、客観的にみれば、自社とは別の法人です。ですから、自社の社員が海外の現地法人のために勤務しているのであれば、その社員に

かかる費用は、全額、現地法人額に負担してもらうべきということになります。

(2) 日本の税務上、留意すべき事項
〜法人税法上、「寄附金」として認識され、課税されるケースも〜

　最近の税務調査においては、海外現地法人等に出向している社員の給与を親会社が負担している場合、当該負担金は、「日本の本社から海外現地法人等に対する寄附金である」とみなされ、当該負担金の損金算入を否認され、寄附金として課税されるケースも少なくないようです。

(3) 親会社からの支給額がどの程度であれば寄附金課税されないのか

　とはいえ、日本側から給与を支給しなければ、社会保険上、「日本の企業と雇用関係が継続している」とはみなされませんし、出向先の現地法人の経営状態から考えると、日本からの出向者の報酬に見合う金額を支払えるとは限らない場合も多いようです。

　そのような場合、どの程度の金額であれば、海外現地法人等に出向した社員の給与を負担してもよいかを判断する上での指標の一つに、図表55-1 のとおり法人税基本通達9‐2‐47があります。

　同通達では、出向先が経営不振で賞与を支給することができない場合や、出向先法人が海外にあるため、出向元法人が支給する留守宅手当の額等を出向元（この場合日本本社）が負担しても、出向元の損金の額に算入することを認める、としています。

　ただ、どの程度の額までなら損金に認められるかといった基準は示されていませんので、現実には個々の企業の状況に応じて、判断されるのが現状です。

4 駐在員にまつわる日本及び赴任地国での税務問題

図表55-1 法人税基本通達9-2-47：出向者に対する給与の較差補てん

> 出向元法人が出向先法人との給与条件の較差を補てんするため出向者に対して支給した給与の額（出向先法人を経て支給した金額を含む。）は、当該出向元法人の損金の額に算入する。（昭55年直法2-8「三十二」、平10年課法2-7「十」、平19年課法2-3「二十二」により改正）
> （注）出向元法人が出向者に対して支給する次の金額は、いずれも給与条件の較差を補てんするために支給したものとする。
> 　1．出向先法人が経営不振等で出向者に賞与を支給することができないため出向元法人が当該出向者に対して支給する賞与の額
> 　2．出向先法人が海外にあるため出向元法人が支給するいわゆる留守宅手当の額

2．赴任国での税務
～日本払給与も赴任国で申告・納税義務あり～

　A氏は3年間の予定で赴任国に勤務しているわけですから、「赴任国の居住者」となります。また、A氏が日本本社から受け取る給与は、赴任国での勤務に対する対価ですから、「赴任国の国内源泉所得」に該当するため、赴任国で納税義務が生じます。

　企業の中には、日本払給与について、赴任国で納税していないケースもありますが、これは「脱税行為」に相当するということを念頭に置かれ、必ず日本払給与もあわせて赴任国で申告・納税することをお勧めします。（「**Q44：個人所得税の申告・納税の遅延に対する罰則**」をご参照ください。）

Q56 日本で役員の地位にある駐在員が受け取る日本払給与

現在、3年間の予定で、海外に駐在している日本役員A氏には、毎月、日本本社からA氏の日本払口座に「国内払給与」を振り込んでいます。通常、1年以上の予定で海外勤務になった者に支払う日本払給与は日本で源泉徴収の必要がないそうですが、役員の場合も同じでしょうか。

 役員の場合は、日本払給与は「国内源泉所得」として取り扱われるため、支払時に20.42％の税率で、源泉徴収する必要があります。ただし、海外でもっぱら「使用人」として勤務している場合については、当該国内払給与に対して、源泉徴収は不要になります。

1．日本での税務
(1) 役員に支払う国内払給与が日本で課税される理由
〜所得税法第212条・第213条、所得税法施行令第285条より〜

「Q55：海外現地法人に出向する社員に対する日本払給与」でも説明しましたが、親会社で使用人の立場の人が、海外勤務中に受け取る国内払給与（留守宅手当）は、「国外源泉所得」に該当するため日本では課税されません。

一方、日本において役員である人が、海外勤務中に国内払給与を受け取った場合は、当該給与は「国内源泉所得」扱いとなり、所得税法第212条、第213条に基づき、支払時に会社側で20.42％の税率で源泉徴収する必要があります。そもそも役員の中には、日常の業務には直接関与しないで、取締役会に出席し、企業の経営に従事することをその職務として、役員報酬を得ている場合も少なくありません。

このような場合、役員としての役務提供がどこで行われたかを判断する

4 駐在員にまつわる日本及び赴任地国での税務問題

のは困難ですから、所得税法上、内国法人の役員に対して支給される報酬・賞与は原則として、その勤務地がどこであろうと「国内源泉所得」として日本で課税されることになります。

(2) 役員の国内払給与であっても課税されないケース
〜所得税基本通達161-29、161-30より〜

とはいえ、内国法人の役員であって、勤務他国での職務内容によっては、日本で使用人である人と同様、国内払給与を非課税扱いとすることができます。

このことを 図表56-1 にまとめてみました。（日本において役員である人の日本払給与が非課税扱いになるかどうかは、現地での職務内容など、個別に判断されることになりますので、 図表56-1 はあくまで参考程度にご利用ください。）

図表56-1 海外勤務中の日本の役員・使用人に支払う国内払給与に対する課税関係

	(1) 海外現地法人に勤務する場合		(2) 海外支店・駐在員事務所に勤務する場合	
	① 日本の親会社からみると、実質的には使用人として勤務する場合（現地法人で使用人として常時勤務する場合）	② 左記以外（使用人として常時勤務しない場合）	① 日本の親会社からみると、実質的には使用人として勤務する場合（支店・駐在員事務所で使用人として常時勤務する場合）	② 左記以外（使用人として常時勤務していない場合）

日本での役職					
	1．代表権を持つ役員	20.42％課税（所令285①一）（仮に「使用人」としての業務を行っていたとしても、日本で代表権を持つ者が使用人としての地位を有するとは認められない。）	20.42％課税（所令285①一）	20.42％課税（所令285①一）（仮に「使用人」としての業務を行っていたとしても、日本で代表権を持つ者が使用人としての地位を有するとは認められない。）	20.42％課税（所令285①一）
	2．役員	非課税「支店の設置が困難である等、その子会社の設置が海外における現地特殊事情に基づくもので、その子会社の実態が内国法人の支店・出張所と異ならない場合」等の要件を満たす場合は使用人兼務役員として扱われる。（所基通161-30）⇒実際に当該通達の適用対象となるか否かは管轄の税務署等にご確認ください。	20.42％課税（所令285①一）	非課税ニューヨーク支店長など、内国法人（＊）の使用人として常時勤務する場合（＊）海外支店というのはあくまで日本の本社の一部、つまり内国法人に該当する。（所令285①かっこ書き）（所基通161-29）⇒実際に当該通達の適用対象となるか否かは管轄の税務	20.42％課税（所令285①一）

335

4 駐在員にまつわる日本及び赴任地国での税務問題

				署等にご確認ください。	
	3．使用人	非課税	非課税	非課税	非課税

2．海外での税務
～日本払給与の海外での取扱い～

　海外勤務中の日本の役員に支払われる日本払給与は「(日本)国内源泉所得」に該当する場合、そのまま裏を返すと、当該所得は海外から見ると「(赴任国)国外源泉所得」に該当するといえるかもしれません。

　しかし、いくら日本からの役員報酬とはいえ、当該役員が赴任地国で業務を行っている以上は、日本から支払われる役員報酬も赴任国からみると「(赴任国の)国内源泉所得」として取り扱われても仕方ないといえるのではないでしょうか。この場合、当該役員報酬は日本と赴任国の両方で課税されますので(二重課税)、赴任者の居住地国(つまり赴任国)で外国税額控除の対象となる余地があります。(詳細は「**Q41　赴任国における外国税額控除・税額控除**」をご参照ください。)

Q57 海外で退職を迎える社員の退職金の日本での取扱い

このたび、海外勤務中のA氏が海外で退職を迎えることになり、日本から退職金を支払うことになりました。この退職金に対する日本及び海外での課税上の取扱いについて教えてください。

会社側は海外勤務期間中に、海外勤務社員に対して支給する退職金のうち、国内勤務期間に対応する金額（国内源泉所得）には、支払時に20.42％の税率で所得税を源泉徴収します。一方、海外勤務中に退職金を受け取るA氏は、「選択課税」制度を利用することで、居住者として当該退職金の支給を受けたものとみなして、会社側で源泉徴収された所得税から、居住者として退職金を受け取った場合の税額を引いた差額について還付請求をすることができます。一方、A氏が赴任国の居住者として退職金を受け取れば、当該退職金に対して赴任国でも課税されます。

1. 会社側の処理
～国内源泉所得部分について20.42％源泉徴収～

海外勤務中の社員に対して支給する退職金については、国内勤務期間に対応する金額（国内源泉所得）については、支払時に20.42％の税率により所得税を源泉徴収する必要があります（所法169、170、212、213）。

ちなみに海外勤務期間に対応する金額については、日本では課税されません。

図表57-1　退職金の課税時期

退職金の課税時期は、「実際に退職金が支払われた時点」ではなく、「退職所得の収入の確定した時期」であり、そのときに居住者であったか、非居住者であったかにより、その課税方法が大きく異なります。そのため、実際に

は非居住者であった期間内に退職所得金額が確定しているにもかかわらず、その現実の支払は、その人が帰国して居住者となった後だったとしても、退職所得が「確定」したのは、非居住者であったときですから、あくまでも「非居住者の退職金として課税（20.42％の税率による源泉徴収）」しなければなりません（所基通36-10）。

２．退職者側の処理
～確定申告を行うことで、退職金に対する税額を還付してもらう～

　退職金の支払を受けたのが非居住者である海外勤務期間中であったため、20.42％の税率で源泉徴収された場合、海外勤務者であるＡ氏は、本来、居住者として退職金を受けた場合と比較して、高い所得税の負担を強いられる場合が多々あります。
（居住者として退職金を受け取れば、「退職所得」として取り扱われるため、税負担が相当軽減されます。）

　そこで、退職金の支払を受けたのが、たまたま海外勤務期間中であったため、高い税負担を強いられることは不合理であることから、非居住者期間に退職金の支給を受けた場合は、納税者の選択により、居住者として当該退職金の支給を受けたものとみなして、確定申告書を提出し、20.42％の税率で源泉徴収された税額との差額を還付してもらうことができます。これを「選択課税の適用」といいます（所法171、所法172②、173①）。

３．赴任国での課税

　では、日本から受け取る退職金は赴任国で課税の対象となるでしょうか。詳細は「**Q47　赴任国で退職を迎えた場合に日本から受け取る退職金の取扱い**」をご参照ください。

5

出張者の税務

Q 58～59

5 出張者の税務

 日本からの出張者に対する課税〜短期滞在者免税〜

日本から海外に出張する際、海外での滞在日数が一定以内であれば、出張先の国での個人所得税が免税になると聞きましたが、この制度について詳しく教えてください。

1 概　要

1．短期滞在者免税（183日ルール）とは
〜日本と出張先の国が締結した租税条約より〜

　一般に給与に対する第一次課税権は、給与を支払った企業が居住する国ではなく、給与の対価となる役務を提供した国（勤務を行った国）にあります。そのため、貴社の社員が海外で勤務したことに対する報酬は、その報酬がどこの国（たとえば日本）から支払われていようと、勤務した国で課税されることが原則です。（もちろん、貴社の社員Ａ氏が日本の居住者である限り、当該報酬に対しては、日本にも課税権があります。）

　しかし、日本と出張先の国が租税条約を締結しており、出張先での勤務日数が183日以下等、一定の条件を満たした場合は、出張先での課税は免除されるという制度が「短期滞在者免税」という租税条約上で定められたルールなのです。（なお、本書で取り上げる4か国については、日本はそのいずれの国とも租税条約を締結しています。）

　なお、滞在期間が免税の対象になる183日を超えてしまった場合の申告、納税については、信頼できる会計事務所のサービスを利用するのが無難です。

　以下ではアメリカ・カナダ・メキシコ・ブラジルと日本が締結している短期滞在者免税の取扱いについて順番に見ていきましょう。

2　各国別でみた違い
1　アメリカ／短期滞在者免税

1．短期滞在者免税の条件

　日本アメリカ租税条約の「第14条：給与所得条項」によりますと、図表58-1-1の条件を満たせば、日本からの出張者のアメリカ滞在期間に対するアメリカ個人所得税の課税が免除されます。

図表58-1-1　短期滞在者免税の条件

~日本アメリカ租税条約第14条より~
　以下3つの条件を全て満たせば、アメリカへ出張する日本の居住者の給与所得について、アメリカ個人所得税の課税が免除される。
1．アメリカ滞在期間が、継続する12か月間で累計183日以内であること
2．出張者への報酬の支払者がアメリカ居住者でないこと（つまり、出張者に対してアメリカ現地法人から給与・手当等が支給されていないこと）
3．出張者への報酬が、アメリカ国内にある恒久的施設によって負担されていないこと

2．短期滞在者免税適用にあたり、必要となる書類は？

　短期滞在者免税の適用に当たっては図表58-1-2で記載した書類が必要になります。

図表58-1-2　短期滞在者免税適用にあたり必要となる書類

Form 8233 Exemption From Withholding on Compensation for Independent (and Certain Dependent) Personal Services of a Nonresident Alien Individual

2　カナダ／短期滞在者免税

1．短期滞在者免税の条件

日本カナダ租税条約の「第15条：給与所得条項」によりますと、図表58-2-1 の条件を満たせば、日本からの出張者のカナダ滞在期間に対するカナダ個人所得税の課税が免除されます。

図表58-2-1　短期滞在者免税の条件

~日本カナダ租税条約第15条より~

以下3つの条件を全て満たせば、カナダへ出張する日本の居住者の給与所得について、カナダ個人所得税の課税が免除される。
1．カナダ滞在期間が、1課税年度で累計183日以内であること
2．出張者への報酬の支払者がカナダ居住者でないこと（つまり、出張者に対してカナダ現地法人から給与・手当等が支給されていないこと）
3．出張者への報酬が、カナダ国内にある恒久的施設によって負担されていないこと

2．短期滞在者免税適用にあたり、必要となる書類は？

カナダで短期滞在者免税の適用を受けるためには、図表58-2-2 に記載の書類を準備しておく必要があります。

仮にカナダ滞在日数が183日以下かつ、給与が全額日本から支給されている場合でも、原則的には図表58-2-2 で記載の書類を、カナダ入国前に申請し、許可を得る必要があります。なお、申請書を提出するに当たっては、ITN（Individual Tax Number）も申請する必要があることから、実務的には年間に1、2回程度のカナダ出張者については、以下のフォームを提出しているケースはそれほど多くはないようです。（カナダへの出張が頻繁である場合、カナダ入国時のパスポートチェックの際、カナダへの入国目的、カナダでの業務内容、カナダにおける PE の有無等、詳細な質問をされ、頻繁にカナダでの業務を行いながら、カナダで納税を行っていない、もしくは短期滞在者免税の許可を受けていないと、入国を拒否される可能性もあるので注意が必要です。）

図表58-2-2 短期滞在者免税適用のために必要となる書類

・Regulation 102 Waiver Application
　www.cra-arc.gc.ca/E/pbg/tf/r102-r/r102-r-10e.pdf

5　出張者の税務

3　メキシコ／短期滞在者免税

1．短期滞在者免税の条件

　日本メキシコ租税条約の「第15条：給与所得条項」によりますと、図表58-3-1の条件を満たせば、日本からの出張者のメキシコ滞在期間に対するメキシコ個人所得税の課税が免除されます。

図表58-3-1　短期滞在者免税の条件

> ～日本メキシコ租税条約第15条より～
> 　以下3つの条件を全て満たせば、メキシコへ出張する日本の居住者の給与所得について、メキシコ個人所得税の課税が免除される。
> 1．メキシコ滞在期間が、継続する12か月間で累計183日以内であること
> 2．出張者への報酬の支払者がメキシコ居住者でないこと（つまり、出張者に対してメキシコ現地法人から給与・手当等が支給されていないこと）
> 3．出張者への報酬が、メキシコ国内にある恒久的施設によって負担されていないこと

2．短期滞在者免税適用にあたり、必要となる書類は？

　メキシコで短期滞在者免税の適用を受けるにあたり、実務上、書類の提出は特に必要ありません。

4 ブラジル／短期滞在者免税

1．短期滞在者免税の条件

　日本ブラジル租税条約の「第14条：給与所得条項」によりますと、図表58-4-1の条件を満たせば、日本からの出張者のブラジル滞在期間に対するブラジル個人所得税の課税が免除されます。

図表58-4-1　短期滞在者免税の条件

~日本ブラジル租税条約第14条より~

　以下3つの条件を全て満たせば、ブラジルへ出張する日本の居住者の給与所得について、ブラジル個人所得税の課税が免除される。
1．ブラジル滞在期間が、1課税年度で累計183日以内であること
2．出張者への報酬の支払者がブラジル居住者でないこと（つまり、出張者に対してブラジル現地法人から給与・手当等が支給されていないこと）
3．出張者への報酬が、ブラジル国内にある恒久的施設によって負担されていないこと

2．短期滞在者免税適用にあたり、必要となる書類は？

　ブラジルで短期滞在者免税の適用を受けるにあたり、実務上、書類の提出は特に必要ありません。

5 出張者の税務

Q59 出張先の国と日本の両方で所得税が課税された場合の外国税額控除の取扱い

当社社員Ａ氏は、海外の出張ベースの滞在期間が183日を超えたので、今般、海外勤務期間相当分の給与につき、出張先の国で納税することになりました。一方、Ａ氏は日本の居住者であることから、Ａ氏の給与については日本でも所得税が課税されているので、海外勤務期間に相当する給与については日本及び出張先国で課税されることになります。このような場合、二重課税を救済する措置はあるのでしょうか。

A Ａ氏は日本の居住者ですので、日本において、日本及び出張先国で課税された部分について、「外国税額控除（日本で納めるべき税金から、外国で納めた税金分を差し引けるという制度）」の適用を受けることができます。具体的にはＡ氏が、確定申告を行うことで、外国税額控除の適用を受けられますが、必ずしも出張先国で納めた個人所得税全額が控除されるわけではありません。

1．外国税額控除とは
〜個人の所得について、日本と海外の両方で課税された場合に適用〜

日本で課税対象となる所得の中に、外国で生じた所得があり、その所得に外国の法令で所得税に相当する税金が課税されている場合、この外国所得税のうち、一定額を日本の所得税から差し引くことができる制度を「外国税額控除」といいます。たとえば日本の居住者Ａ氏が、海外に2月1日から9月末まで出張した場合、海外滞在期間が183日を超えるので、短期滞在者免税の適用は受けられません。よって海外勤務日数相当分の給与について海外で納税義務が生じます。

一方、Ａ氏は、日本の居住者ですから、海外出張期間中の給与について

も当然、日本で課税（源泉徴収）されています（居住者は全世界所得に対して課税されます）。

するとA氏の給与のうち、2月1日～9月末分については日本でも海外でも課税されるという二重課税の状態にあります。そこでこの二重課税を排除するために、A氏は居住地国である日本で外国税額控除の適用を受けることになります。

2．外国税額控除額の計算方法
〜控除額は、外国所得税の額と、控除限度額のいずれか少ない額〜

外国税額控除額は 図表59-1 のとおり、その年に納付することとなる一定の外国所得税の額と、一定の算式によって計算した額（以下「控除限度額」といいます。）のうち、いずれか少ない金額を、その年分の所得税の額から控除することができます。

図表59-1 外国税額控除額の計算方法

・外国税額控除額は、以下「1」「2」のうち、いずれか少ない額とする。
1．その年に納付する外国所得税の額
2．控除限度額：その年分の所得税の額 ×（その年分の国外所得総額／その年分の所得総額）

外国税額控除額の計算例
（単純化するため、地方税はないものとしました。実際の計算方法はもっと複雑なので、詳細は管轄の税務署にお問い合わせください。）

具体例①：外国所得税額が控除限度額に満たない場合
　H27に200日、海外出張した田中さんの場合
　（H27に納付する外国所得税の額：15万円、H27の所得税額：20万円
　H27の国外所得総額：400万円、H26の所得総額：500万円）
1．外国所得税の額：15万円
2．控除限度額：20万円 ×（400万円／500万円）＝16万円
⇒「1」＜「2」より外国税額控除額は15万円

5 出張者の税務

> ⇒控除限度額より外国所得税額の方が小さい。つまり本年分の控除限度額の枠がまだ残っているため、前年以前3年以内に控除しきれなかった外国所得税の繰越控除がある場合は、一定の範囲内で、本年分の控除枠を使って控除することができる。
>
> **具体例②：外国所得税額が控除限度額を超える場合**
> **H27年に250日、海外出張した山田さんの場合**
>   （H27に納付する外国税の額：19万円、H27の所得税額：20万円
>   H27の国外所得総額：450万円、H27の所得総額：500万円）
> 1．外国所得税の額：19万円
> 2．控除限度額：20万円 × （450万円／500万円）＝18万円
> ⇒「1」＞「2」より、外国税額控除額は18万円
> ⇒控除できなかった1万円分は、繰越控除額として翌年に持ち越し。
>   翌年度以降3年間のうちに国外所得があり、かつ控除限度額に余裕があれば、H27に控除し切れなかった額（1万円）を一定の範囲内で翌年度以降3年間の所得税額から差し引くことができる。

3．外国税額控除を受けるための手続
～確定申告書に外国税額控除に関する明細書、外国所得税納付の証憑を添付～

　外国税額控除を受けるためには、確定申告書に控除を受ける金額の記載をし、かつ「外国税額控除に関する明細書」、及び外国所得税を課されたことを証する書類などを添付する必要があります。（「外国税額控除に関する明細書」は国税庁ホームページより入手できます。）

4．外国税額控除により還付された所得税は誰のものか
～外国税額を会社が負担した場合は、還付された所得税も会社に返納するのが一般的～

　海外出張者が、海外で個人所得税を納付した場合、その税額は、日本本社が負担するケースがほとんどです。この場合、本人が外国税額控除の適

用を受け、所得税の還付を受けた場合は、当該還付金は、本人が会社に返すのが原則でしょう。(もちろん、返さないと法律的に問題があるというわけではなく、税金を負担したのが会社であるのなら、還付金も会社に返すのが道理であるという理由からです。)

また、海外での個人所得税を、会社が負担した場合、当該負担金は本人の給与として課税対象となります。よって、当該負担金に対しても、所得税がかかるため、それを見越した額の負担金を本人に支給する必要があるでしょう。

6 駐在員の給与設定方法

Q60〜70

6　駐在員の給与設定方法

1 基本的な考え方

Q60 海外給与に対する考え方

海外駐在員の給与は、国内給与とは考え方が多少異なると聞いています。

海外駐在員の給与は、一般的にどのようなコンセプトのもとで、設定されるのでしょうか。

A　そもそも日本勤務時の給与はまず「総額」ありきで、その中から税金や社会保険料を支払いますが、海外勤務者の給与は、まず「手取額」を設定し、その手取額から税金、社会保険料を逆算して「総額」を計算するのが一般的です。通常、海外勤務者は海外勤務期間中も日本の社会保険に継続加入し、さらに勤務地国でもその国の社会保険制度に加入するのが一般的です。

そのため、最初に総額を決めて給与を支給していたのでは、海外勤務者は日本での社会保険だけでなく、勤務地国の社会保険料も負担しなければならないことになります（＊）。

このような点からも、海外勤務者の給与は 図表60-1 のとおり、まず、「手取額」を設定し、その手取額を保証するには総額でいくら支払わなければいけないのかを、勤務地国での税金や社会保険料等を加味して計算するのが一般的となっているのです。

（＊）　日本と社会保障協定を締結している国、また自国の社会保険制度への外国人の加入が必要ない国へ勤務する場合を除いては、海外勤務者は勤務地国の社会保険制度への加入が必要になります。（ちなみに日本と本書で取り上げる4か国中、メキシコ以外の国との間では社会保障協定が発効しています。）

1 基本的な考え方

図表60-1 海外給与の考え方

日本勤務時の給与（「総支給額」を保証）

①まず最初に「総支給額」を決定

総支給額（1,000） ②税金・社会保険料が差し引かれて… → 手取額（たとえば800）

③最終的な手取額となる（よって手取額は本人の家族構成、住宅ローン控除の有無等によって異なる）

海外勤務時の給与（『手取額』を保証）

①まず最初に「手取額」を決定

手取額（800） ②手取800となるために総額でいくら支払わなければならないかを現地の税金・社会保険料を考慮して逆算 → 総支給額（たとえば1,600）

③最終的な総支給額となる

6　駐在員の給与設定方法

Q61　海外基本給の設定方法

海外基本給の設定方法として、いくつかの方式があると聞きましたが、具体的にはどのような決定方式があるのでしょうか。

A　海外勤務者の給与（特に海外基本給）の決定方式は、労務行政研究所の分類によりますと大きく分けて「別建て方式」「購買力補償方式」「併用方式」の3つがあります。

では、海外基本給の設定に当たり、各方式の利用割合はどのようになっているのでしょうか。労務行政研究所が大手主要企業110社を対象に毎年行っている「海外駐在員の給与」に関する調査結果を見てみることにします。

図表61-1　海外基本給決定方法の変遷

	1996年	2000年＊	2004年	2007年
別建て方式	46.9%	26.9%	8.0%	6.8%
購買力補償方式	32.8%	64.2%	84.0%	77.0%
併用方式	12.5%	4.5%	8.0%	16.2%
その他	7.8%	4.5%	―	―
	2009年	2011年	2013年	2014年
別建て方式	4.5%	2.9%	5.5%	10.1%
購買力補償方式	76.1%	76.8%	63.3%	58.7%
併用方式	19.3%	17.4%	31.2%	31.2%
その他	―	2.9%	―	―

（＊）　四捨五入等により、合計が100%ではない。
（出所）　労務行政発行「労政時報」（3879号（14.12.12)、3858号（13.12.13)、3810号（11.11.25)、3763号（09.12.11)、3714号（07.11.23)、3644号（04.12.24)、3468号（00.11.17)、3283号（1996.12.6)。

図表61-1 からわかるとおり、2000年以降「購買力補償方式」が海外給与設定の主流となっています。

 ただし、この調査は世界各国に拠点を持つ主要企業を対象として行われたものです。そのため、中堅・中小企業においては、現時点でも併用方式や別建て方式などを採用している企業が少なくありませんが、いずれにせよ、海外基本給の設定方式としては、この3方式のいずれかを利用している企業がほとんどであることが、読み取れます。

 では次ページ以降で、各方式の概要を説明していきます。

6 駐在員の給与設定方法

Q62 別建て方式

別建て方式の特徴と、そのメリット・デメリットについて教えてください。

「勤務地国で一定の対面を保つことができる水準の給与を支払う」という考え方です。同業他社水準等を参考にして基本給を設定するケースが多くなるため、基本給の設定根拠があいまいになる傾向にあります。その反面、いったん適切な海外基本給を設定できれば、毎年の物価変動に見合う調整を行うだけでよいというメリットもあります。

1．別建て方式とは
〜海外勤務地（任地）で一定の対面を保つことができる水準の給与を支払うという考え方〜

(1) 沿　革

古くから海外勤務者の基本給決定方式として使われてきた方式でした。20年ほど前までは、この方式が海外給与決定方式の主流でしたが、最近は次で説明する「購買力補償方式」が主流になり、いまや同方式は少数派です。

(2) **別建て方式による基本給の設定方法**

当方式では国内給与を基礎とせず、全く別個に海外基本給を設定することになります。

具体的な海外基本給の設定方法としては、会社が独自に勤務地における必要生計費を調査し、基本給を設定する方法や、同業他社動向などを参考にして基本給を設定する方法が考えられます。しかし、自社独自で現地生計費を把握するのは難しいため、現実には同業他社水準等を参考にしながら基本給を設定する（設定した）ケースが多いと考えられます。

図表62-1 別建て方式の図

海外勤務時

現地社会保険・税金	
フリンジベネフィット	住宅費
	子女教育費
	医療費
（　　　　）手当	
ハードシップ手当	
家族手当	
海外基本給	
手取賞与	
（日本の）社会保険料	

日本勤務時

手取給与
手取賞与
社会保険料
所得税・住民税

2．別建て方式における各種手当に対する考え方

(1) **海外勤務手当**……別建て方式で設定した海外基本給の場合、海外勤務手当は海外基本給の中に織り込まれている（つまり基本給は実際の生計費よりもかなり多めに支払われている）ケースが多いため、別建て方式を採用している企業では、海外勤務手当を支給するのは少数派です。

(2) **家族手当**……海外基本給の一定割合を家族手当として加算するケースが多くみられました。（別建て方式が多く採用されていた時代においては、海外勤務は「家族帯同が原則」のケースが多かったため、家族に対する手当が手厚かったと考えられます。）

3．別建て方式の特徴
〜メリットやデメリットなど〜

自社での独自調査が難しいことから、結局は他社動向を見ながら基本給を設定するため、海外基本給の設定根拠が曖昧になる傾向があります。そのため、そのときどきの駐在員の経済事情に応じた給与引上げ要請に応じざるを得なくなる可能性があります。

6 駐在員の給与設定方法

Q63 購買力補償方式

購買力補償方式の特徴と、そのメリット・デメリットについて教えてください。

A 日本での生活水準を勤務地国でも維持するという考え方です。海外給与の決定・改訂に必要なデータを外部機関に求めることで業務効率化を図れるというメリットがあります。一方、この方式でいう購買力補償とは、自分以外の第三者の購買力を補償しているに過ぎず、本当に購買力を補償しているかという点には考慮の余地があります。

1．購買力補償方式とは
〜本国（日本）での生活水準を勤務地国でも維持するという考え方〜

(1) 沿 革

　1980年代後半に、大手商社等が導入してから急速に普及しました。そもそも高い生活レベルを維持しているアメリカ人が、海外勤務中もアメリカでの生活水準を維持できるように作られた方式です。

(2) 考え方

　購買力補償方式で海外基本給を設定する際には、都市別に定められた「生計費指数」を使用します。なお、この生計費指数は、東京を100として各都市を指数化したもので、外資系コンサルテイング会社等から購入することになります。参考までにニューヨークを100とした国連職員向けの生計費指数におけるアメリカ、カナダ、メキシコ、ブラジルの生計費指数は 図表63-1 のとおりです。（日本を100とした指数ではないので、このまま給与に乗じるなどして利用することはできません。ご注意ください。）

1 基本的な考え方

図表63-1 国連生計費（住居費を除いたもの；毎年8月時点のデータ）の推移
※NYを100として指数化

	2014		2013		2012	
	指数	為替レート	指数	為替レート	指数	為替レート
アメリカ（ワシントン）	96	USD1	96	USD1	96	USD1
カナダ（モントリオール）	102	CAD1.089	105	CAD1.03	106	CAD1.00
メキシコ（メキシコシティ）	95	MXN13.11	96	MXN12.75	92	MXN13.35
ブラジル（ブラジリア）	101	BRL2.241	98	BRL2.273	108	BRL2.027
日本（東京）	101	JPY102.65	98.21	JPY103	120	JPY78.21

	2011		2010	
	指数	為替レート	指数	為替レート
アメリカ（ワシントン）	95	USD1	94	USD1
カナダ（モントリオール）	107	CAD0.99	100	CAD1.03
メキシコ（メキシコシティ）	91	MXN12.4	90	MXN12.86
ブラジル（ブラジリア）	121	BRL1.558	113	BRL1.760
日本（東京）	121	JPY76.8	115	JPY87.1

（出所）　United Nation「Retail Price Indexes」より作成
　　　　http://icsc.un.org/rootindex.asp

6 駐在員の給与設定方法

海外基本給の算出に当たっては、たとえば「年収600万円で、配偶者・子女各1名を扶養していれば、日本での生計費はこのくらい」という金額を決め、その金額に対し、勤務都市ごとに設定された「生計費指数」と「為替レート」を掛け合わせて海外基本給を設定します。ですから、日本での給与と海外基本給が形式的にはリンクすることになります。

つまり、日本での購買力を海外勤務地国でも維持しようとする点に同方式の最大の特徴があり、このことは購買力補償方式のスローガンともいえる「ノーロス・ノーゲインの法則」という言葉に集約できます。

図表63-2 購買力補償方式

日本勤務時		海外勤務時
		現地社会保険・税金
		フリンジベネフィット：住宅費／子女教育費／医療費
		（　　　　）手当
		ハードシップ手当
		海外勤務手当
生計費見合	×指数×為替レート＝	海外基本給
貯蓄見合		貯蓄見合
社会保険料		（日本の）社会保険料
所得税・住民税		

2．各種手当に対する考え方
(1) 海外勤務手当
　購買力補償方式で算定した海外基本給には、海外で生活するに当たって必要な費用しか含まれていないので、同方式を採用する場合、別途海外勤務手当を支給するケースがほとんどです。

(2) 家族手当
　購買力補償方式の場合、たとえば「家族3人なら必要生計費はこれだけ」という形で基本給を設定するため、同方式を採用する企業では、家族手当を支給しないケースが多くなっています。

3．特徴
～メリットやデメリットなど～
　外部機関の「生計費指数」という客観的なデータを用いることにより、海外勤務者に対して基本給設定の根拠が説明しやすくなります。ただし、「購買力補償」といっても、その「購買力」とは第三者の購買力を補償しているに過ぎず、海外勤務者本人の購買力を補償しているか、という点については疑問が残ります。また、勤務都市によって生計費指数に少なからず差があるため、当該指数を導入した場合、たとえば「どうして自分の勤務する都市の指数はこんなに低いのか、指数の根拠がわからない」という不平不満も出るようです。ただし、同方式を採用すれば、会社独自で生計費を把握する必要もなく、海外勤務者を送り出す企業は、人事担当者の時間的コストを節約できるものと思われます。

6 駐在員の給与設定方法

Q64 併用方式

併用方式の特徴と、そのメリット・デメリットについて教えてください。

日本勤務時の基本給をそのまま現地の基本給とする考え方です。「海外に出たら、生計費が余分にかかるので、その分加算する」という非常に平易で説明しやすい方法です。ただし、海外基本給が円貨で固定されるため、大幅に円高又は円安になった際に、基本給の設定金額を見直す必要があります。

1．併用方式とは
〜日本勤務時の基本給を海外基本給と設定〜

(1) 沿　革

「Q62：別建て方式」と並んで、日本で以前から採用されている方式です。中堅・中小企業では、今でもこの方式を使用しているケースも多いように見受けられます。

(2) 考え方

日本勤務時の月給手取額をそのまま海外基本給とし、「海外勤務では国内勤務時に比べ、生活費が余分に発生するので、国内で支払っていた給与にプラスアルファを支給する」と考える方法です。

1 基本的な考え方

図表64-1 併用方式

日本勤務時		海外勤務時
		現地社会保険・税金
		フリンジベネフィット / 住宅費・子女教育費・医療費
		（　　　）手当
		ハードシップ手当
		海外勤務手当
		家族手当
手取給与	←同じ金額→	海外基本給
手取賞与		手取賞与
社会保険料		（日本の）社会保険料
所得税・住民税		

2．各種手当に対する考え方

海外基本給に加え、家族手当や海外勤務手当を支給するケースなど様々です。

3．特徴
〜メリットやデメリットなど〜

日本での給与（手取金額）をそのまま海外基本給とし、海外勤務に伴う追加コストを別途支給するという非常にわかりやすいシステムのため、海外勤務者にも納得させやすい方法です。

一方、海外基本給が円建てとなるため、為替レート変動に応じて海外基本給の額が上下してしまうという側面があります。その反面、日本での給与をそのまま基本給としていることから、帰任後、国内給与体系への移行がスムーズであるというメリットがあります。

2 各種手当の種類

 海外駐在員に対する各種手当の種類

海外駐在員を多数送り出しているグローバル企業の人事担当者によると、海外駐在員に対しては、様々な名称の手当を付与しているということでした。

海外駐在員に対して支給する手当として、どのようなものが考えられるでしょうか。

 海外勤務者に支払う手当としては、「海外勤務手当」「ハードシップ手当」「住宅手当」「単身赴任手当」等があります。

■海外勤務者に支払う手当の種類
〜海外勤務手当、ハードシップ手当、単身赴任手当など〜

海外勤務者に対しては、基本給のほかに、各種の手当を支給することが一般的です。

代表的なものとしては、「海外勤務手当」「ハードシップ手当」「住宅手当」「単身赴任手当」等があります。

「Q62〜64」では、海外基本給の決定方式について説明しましたが、海外給与総額のうち、基本給の占める割合は、通常、その半分以下に過ぎず、各種手当の金額が、海外給与に大きな割合を占めるといっても過言ではありません。

2　各種手当の種類

図表65-1　海外勤務者に支払う手当の種類（一例）

海外勤務手当	「Q66」で説明
ハードシップ手当	「Q67」で説明
単身赴任手当	「Q68」で説明
住宅手当	「Q69」で説明
子女教育手当	子女の日本人学校費用、通信教育費等相当額等を支給
役職手当	日本勤務時の役職もしくは現地での役職に応じて支給

6 駐在員の給与設定方法

Q66 各種手当 〜海外勤務手当〜

「海外勤務手当」の趣旨と、その支給水準、支給通貨について教えてください。

海外勤務手当とは、海外勤務に伴う苦労や不便を金銭で補償するための、いわゆる海外勤務に対する奨励金をいいます。支給水準は各社各様で、支払は、海外勤務者の日本の口座に円貨で支払うケースが多くなっています。

1．設定根拠・留意点
〜海外勤務に対する奨励金〜

海外勤務手当とは、海外勤務に伴う奨励金として支給する手当です。

(「海外勤務も国内勤務の延長」と考える企業では当該手当は支給していません。)

傾向として、購買力補償方式(**Q63**参照)を採用する企業は、家族手当はない代わりに、海外勤務手当を支給しています。逆に別建て方式(**Q62**参照)を採用する企業は、家族手当は支給するものの、海外勤務手当を支給しないケースもあります。また、海外勤務がごく当たり前という認識の企業については、海外勤務手当は支給しないケースもあります。

2．支給通貨

海外勤務者の給与口座に円貨で支払われるケースが多くなっています。

3．税務上の留意点

海外勤務手当を円払いで日本の口座に振り込んだとしても、当該手当は、海外勤務に対する対価のため、勤務地国で必ず納税する必要があります。

Q67 各種手当　～ハードシップ手当～

「ハードシップ手当」の趣旨と、その支給水準、支給通貨について教えてください。

A ハードシップ手当とは、生活環境の厳しい地域に勤務する駐在員への慰労金として支払われるものです。本書で取り上げている4か国のうち、ハードシップ手当の支給がほとんど行われていないのがアメリカ・カナダです。一方、メキシコ、ブラジルについては、ハードシップ手当を支給する企業が多くなっています。

1．設定根拠・留意点
～生活環境の厳しい地域に勤務する駐在員への慰労金～

　日本と比較して、生活環境（治安、気候、食生活など）が非常に厳しい地域に赴任する社員に対して支給する手当です。通常、各種手当の金額はいったん設定した後、それほど頻繁に変更することはありません。

　とはいえハードシップ手当をいったん設計したまま、まったく変更しないと、現状では、かなり生活環境がよいにもかかわらず、従前の水準で多額のハードシップ手当を支給しているケースもあります。生活環境は毎年変化していますので、他の手当以上に、ハードシップ手当の水準は、数年に一度は見直す方がよいでしょう。

6 駐在員の給与設定方法

図表67-1 ハードシップ手当の支給有無

アメリカ	・支給する企業はほとんどない。 ・冬期に気温がマイナスを記録するなど暖房費用が多額に必要となる地域のみ寒冷地手当が支給されていることもある。
カナダ	・支給する企業はほとんどない。 ・冬期に気温がマイナスを記録するなど暖房費用が多額に必要となる地域のみ寒冷地手当が支給されていることもある。
メキシコ	・支給する企業が多い。 ・メキシコシティ等については、高地手当や高地休暇等を支給している企業もある。
ブラジル	・支給する企業が多い。

2．支給通貨

海外勤務者の給与口座に円貨で支払われるケースが多くなっています。

3．税務上の留意点

ハードシップ手当を円払いで日本の口座に振り込んだとしても、当該手当は、海外勤務に対する対価のため、勤務地国で必ず納税する必要があります。

Q68 各種手当　～単身赴任手当～

「単身赴任手当」の趣旨と、その支給水準、支給通貨について教えてください。

　単身赴任手当は、家族を日本に残して海外赴任する社員に支払われる手当です。「留守宅手当」と呼ばれることもありますが、その場合、家族全員が赴任している場合でも「社会保険料見合分」を留守宅手当という名称で支払っているケースもあります。

1．設定根拠・留意点
～国内残留家族生活費相当分として支給～

　一部又は全ての家族が日本国内に残留した場合に支給される手当であり、ほとんどの企業で支給しています。この手当は1つの家族が日本と海外で別々に暮らすことにより発生する住居費や生活費などの増加分を補うために支払われます。

　国内の単身赴任者に対しても「単身赴任手当」を支給している場合は、その金額を参考に決定するのも一つの方法です。本書で取り上げた4か国のうち、家族帯同者にとって住みやすいのは（国土面積が広いため一概には言えませんが）、アメリカ・カナダといえるでしょう。

2．支給通貨

　海外勤務者の給与口座に円貨で支払われるケースが多くなっています。

3．税務上の留意点

　単身赴任手当を円払いで日本の口座に振り込んだとしても、当該手当は、海外勤務に対する対価のため、勤務地国で必ず納税する必要があります。

6 駐在員の給与設定方法

Q69 各種手当 〜住宅手当〜

「住宅手当」の趣旨と、その支給水準、支給通貨について教えてください。

 海外勤務者の現地での住居費は会社がその全額又は一部を負担するのが通常です。一部負担させる場合、「定額を負担させるケース」が考えられます。ちなみに国によっては、会社が直接支払った家賃については、非課税扱いとなる場合があります。

1．設定根拠・留意点
〜社命により海外で居住するのであるから、できるだけ安全な場所を確保すべき〜

住宅費用に関する考え方は各社各様です。安全性や本人及び帯同家族の利便性を考慮して、家賃の高さには目をつむっている会社もあれば、どうしても日本における家賃相場を意識してしまい、できるだけ安い住居（しかも複数の単身赴任者を1つのアパートに居住させる等）に居住させるケースまで様々です。しかし、見知らぬ土地で唯一ほっとできる場所である住居については多少の金額の高さに目をつぶり、海外駐在員本人及び家族の納得のいくところを選択してもらう方が本人のストレスも小さくなり、結果的に仕事の効率もあがります。

2．支給通貨
現地でかかる費用なので、現地通貨で支払われますが、会社から不動産会社に直接支払うケースも少なくありません。

3．税務上の留意点
会社が負担した住宅費の税務上の取扱いについては**Q36**をご参照ください。

3 駐在員の給与と為替レート

Q70 為替レート変動の対処方法

当社では海外赴任者の給与は、円建てで設定しています。そのため、円安局面になると、「赴任当社に比べ、手取給与がどんどんと目減りしている」と不満が出ています（一方、円高局面で駐在員にとって有利な場合は何も意見は出ません。）。

為替レート変動に対して他社ではどのように対処しているのでしょうか。

　　　海外給与全額を円建てとしていると、現地での生活費部分についても為替レート変動の影響を受けてしまいます。他社においては、現地生活費相当部分については「現地通貨建て」で固定する、もしくは「どの程度変動したら給与を見直す」といった基準を設けるケースが見られます。

1．為替レートの変動

為替レートの変動による手取給与の目減りに関する赴任者からの苦情については、どの企業も対応に苦慮しています。赴任者からの苦情や要望にできるだけ応えたいと思っても、「一体いつのレートを適用するべきか」という点で行き詰ってしまうケースも少なくありません。

ご質問のとおり、現地での生活費部分についても円建てで設定していると、為替レート変動の影響を直接に受けてしまいます。為替レート変動が赴任者にとって有利に働く場合は、何の申出もありませんが、いったんレートが赴任者に不利に動くと、不満がでるのは仕方ないことです。他社にお

6 駐在員の給与設定方法

いては、現地生活費相当部分については「現地通貨建て」もしくは「米ドル建て」で固定する、もしくは「基準とするレートから何％変動したら給与を見直す」といった基準を設けるケースが見られます。よって、現地通貨建て以外で給与を設定する場合は、赴任時に、「為替レートの見直し」の基準について赴任者との間で、取決めをしておく必要があります。

　いずれにせよ、為替レートの変動に現地生活費が影響しないよう対処する必要があります。

7 海外赴任者規程の作成

Q71〜75

7 海外赴任者規程の作成

Q71 海外赴任者規程とは

当社は今後、海外拠点を増やし、それに伴い海外駐在員数も増加させる予定です。近日中に、海外赴任者規程を整備したいと思いますが、海外赴任者規程に記載すべき事項としては、どのようなものがあるか教えてください。

海外駐在員の取扱いについては、暫定的に「海外出張旅費規程」に基づく手当を支給することで対応している企業もありますが、そもそも短期間の海外勤務を想定した海外出張旅費規程と、長期での海外勤務を想定した海外駐在員では、その性格が異なります。今後、各国に海外展開する予定がある場合は、できるだけ早急に「海外赴任者規程」を作成し、それに基づいた運用を行うことが望ましいといえます。

1．なぜ海外赴任者規程が必要なのか

海外赴任者規程とは、海外駐在員の給与や処遇について取り決めるものです。

海外駐在員が数名程度のうちは、海外出張規定を準用しているケースもありますが、そもそも、短期間の海外出張者の取扱いを定めた出張規定と、長期の海外駐在を前提とした海外赴任者規程ではその趣旨が異なるため、出張規定を長期で使用すると、何かと不都合が生じることが少なくありません。

また、海外赴任者規程がない場合、駐在員は不明点をその都度、本社の人事担当者等に確認しなければならないため、海外駐在員側・本社の双方にとって無駄なコストがかかることになります。また、規程がない状態で海外勤務させていると、結果的に各駐在員の取扱いに差異が発生し、いざ給与体系や処遇を統一しようとしても、相対的に高待遇の海外駐在員が、

既得権益を失いたくないため、給与体系・処遇変更に抵抗し、スムーズな体系変更の阻害要因になることも考えられます。

そこで、できるだけ早急な赴任者規程の作成が必要となってきます。

２．規程作成に当たっての考え方

海外赴任者規程は、非常にシンプルなものから、詳細について取り決めているものまで会社によって様々です。

また、規程集のヒナガタや、親会社や関連会社の規程をそのまま使用していると、自社の実情にそぐわない点や、国内の就業規則とかみあわない点がいくつも出てくるなど、対応に苦慮することがあります。

よって、海外赴任者規程については、自社の実情をよく勘案した上で、シンプルなものでもよいので、まずは作成し、そこから実情に応じて適宜修正、追加をしていく必要があるでしょう。

「Q72」以降では、海外赴任者規程の内容について説明していきます。

図表71-1　海外赴任者規程の記載事項（一例）

第１章：総則
　目的・定義・海外勤務中の所属・服務心得・勤務時間、休日・海外勤務期間・家族の帯同

第２章：赴任及び帰任に伴う費用
　赴任、帰任休暇・海外旅行保険・健康診断

第３章：給与及び手当、福利厚生
　海外給与体系・海外基本給・海外勤務手当・ハードシップ手当・役職手当・留守宅手当・帯同家族手当・住宅費用・子女教育費・医療費・賞与・換算レート

第４章：その他
　自動車・国内社会保険料・現地税金・社会保険料・一時帰国・出張旅費・海外勤務中の退職・調整給・給与改定・規程外事項・施行

7 海外赴任者規程の作成

Q72 海外赴任者規程〜総則〜
（目的・定義・所属など）

海外赴任者規程に記載すべき事項について順番に教えてください。

A 海外赴任者規程の「総則」部分では、当該規程の目的や、用語の定義、家族の帯同に関してなど、会社としての方針等を明記します。

海外赴任者規程の「総則」部分では、海外赴任者規程の目的や用語の定義、家族の帯同など、会社としての海外勤務に対する基本的な方針を明記します。海外勤務に当たって家族を帯同させるか否かは、「**Q１：海外駐在に対する会社の方針**」にも記載しましたが、一般に大手企業では一部地域を除き「家族帯同を原則とする又は推奨する」ケースが多くなります。とはいえ、40代から50代の社員の場合、子女が高校、大学受験にさしかかる年齢のケースが多いため、実質的には単身での赴任になることが多いようです。

図表72-1 海外赴任者規程（総則）

目　的	本規程の目的を明記。
定　義	海外駐在員、出張者等の用語の定義。
海外勤務中の所属	海外勤務中の所属を明記。（日本本社に所属したまま出向させるのか等）
服務心得	当社社員としての心得を明記。
勤務時間・休日	海外勤務中の勤務時間・休日について、本社規程に沿うのか、現地規程に沿うのかを明記。
海外勤務期間	原則として何年、といった形で明記した方が望ましいが、あまりはっきりと明記してしまうと、変更があった場合にもめる原因になるので、「３年〜５年程度」としておくのが無難。
家族の帯同	会社として家族帯同を推奨するのか、希望者にだけ家族帯同とするのか等を明記。

Q73 海外赴任者規程～赴任及び帰任に伴う費用～
（海外勤務旅費・荷造費など）

海外赴任者規程に記載すべき事項について順番に教えてください。

　赴任及び帰任に伴う費用についても、海外赴任者規程で上限額を明示しておかないと、結果的に「実費を全額負担」することになり、かえって企業にとって負担が大きくなります。

　赴任及び帰任に伴う費用は、現地までの交通費だけでなく、赴任前支度金や荷造運送費、海外旅行保険など様々です。一つ一つの費用はそれほど大きくなくても、まとめてみると、相当の出費になることも少なくありません。そのため規程で上限額を設けておくことで、会社としても、赴任時にかかる費用の目安がわかり安心です。

　また、現地法人や関連会社等、自社とは異なる法人格の会社へ出向させる場合、赴任にまつわる費用についても、100％日本側が負担するのではなく、現地法人側にも負担させた方が、日本の税務上も問題になりにくいといえます。

7 海外赴任者規程の作成

図表73-1 海外赴任者規程（赴任及び帰任に伴う費用）

海外勤務者旅費	旅費に該当するものを定義する。
渡航手続費用	渡航手続費用は会社が負担するケースがほとんど。たとえばビザ、パスポート取得・更新費用、赴任前健康診断費用、予防接種費用、出入国税、空港利用税等も会社が全額負担することになる。
赴任・帰任支度料	支度料の相場は赴任者本人について20万円～30万円程度、配偶者については赴任者本人の半額、子女については赴任者本人の2～3割とするケースが多い。
赴任・帰任旅費	赴任・帰任旅費としては、赴任直後、帰任直後に利用するホテル宿泊費も含む。
荷造運送費	本人、配偶者、子女それぞれに航空便・船便の限度額を設定。一般に本人より配偶者に対する限度額を大きくすることが多い。
国内残置荷物	国内に残置する家財の保管料を、会社が負担する場合、この規定をおくことになる。保管料の会社負担期間を「帰任後30日以内」と、期限を設定している規程もある。
留守宅管理	海外赴任中の留守宅を、リロケーション会社への手続を会社が斡旋する場合等にこの規定を置く。
語学研修	語学研修については赴任前だけでなく、赴任後に受けた語学研修などについても、会社が費用を負担するケースもある。（また、本人だけでなく、配偶者・子女に対しても語学研修費の費用補助をする会社もある）
赴任・帰任休暇	赴任時、帰任時に、生活基盤確立のために一定の休暇を与えるケースもある。また赴任期間が長くなるほど、赴任・帰任休暇を長く設定するケースもある。
海外旅行保険	保険付保額について明記。死亡保障よりも治療費、救援者費用等に重点をおいた方がよい。（**Q10**参照）
健康診断	赴任前・赴任中・赴任後に受診させる健康診断の時期等を明記。

Q74 海外赴任者規程～給与及び手当・福利厚生～

海外赴任者規程に記載すべき事項について順番に教えてください。

A 海外勤務者の給与をどのような方式で決定するか、また手当額をどうするかなど、海外赴任者規程の中で、もっとも重要な部分といえます。海外赴任者規程の中で、最も核となる部分で、他社駐在員とも比較されやすい項目です。

図表74-1 海外赴任者規程（給与及び手当・福利厚生）

海外給与体系	海外給与に含まれる手当等の範囲を明記。
海外基本給	「別建て方式」「購買力補償方式」「併用方式」のいずれの形で基本給を設定するかを明記する。（**Q60～64**参照）
海外勤務手当	当該手当の意義と金額を明示。（**Q66**参照）
ハードシップ手当	同　上（**Q67**参照）
単身赴任手当	同　上（**Q68**参照）
住宅手当	同　上（**Q69**参照）
子女教育手当	同　上
医療費	医療費については、実費を全額会社が支給するケースも多い。
賞　与	国内勤務者と同様に年2回、支給する場合、その旨を明記。
換算レート	あらかじめ、「人事レート」を定める企業もある。またレート見直しは年1回行うケースが多い。（**Q70**参照）
自動車	駐在員本人による自動車の運転を認めるか否か、また認める場合、社用車の私用での利用に関して取決め等を明記。（**Q23**参照）

7 海外赴任者規程の作成

Q75 海外赴任者規程〜その他（国内及び現地での社会保険・税務・一時帰国など）〜

海外赴任者規程に記載すべき事項について順番に教えてください。

A 国内社会保険料、現地社会保険料・税金の取扱い、一時帰国、海外勤務中の退職などについても取扱いを明示する必要があります。

海外赴任中は、日本で所得税が発生するケースはほとんどありませんが（詳細は「Q51」参照）、日本本社と雇用関係が継続する限り、日本の社会保険料は継続して支払う必要があります。また、海外給与を「手取補償」としているのであれば、現地での税金・社会保険料相当額は会社が実質的に負担することになります。

会社が現地での社会保険料を負担する以上、当該社会保険料に関して還付金等が発生した場合も、当該還付金は会社に戻し入れてしまうのが望ましく、そのあたりまで言及している規程も存在します。

図表75-1 海外赴任者規程（その他）

国内社会保険料	海外赴任中も日本本社との雇用関係が継続していれば、国内の社会保険も継続する。海外赴任中の日本での社会保険（特に年金）の取扱いがどうなっているかは、駐在員にとっては非常に重要な問題なので明記しておく必要がある。（**Q3**参照）
現地税金・社会保険料	海外給与を「手取補償方式」としているのであれば、現地税金・社会保険料は会社が負担するべき。その旨を規定にも記載しておくことが望ましい。
貸付金	海外赴任時にかかる生活物品購入資金を会社が貸し付けする制度。必ずしも全ての規程にあるわけではないが、大手企業の規程には盛り込まれているケースが多い。
一時帰国	慶弔時の一時帰国だけでなく、海外勤務開始後一定期間経過後に、業務外の一時帰国を認め、その際の往復の航空運賃については本人分だけでなく、帯同家族分についても会社が支給することがほとんど。
海外勤務中の退職	海外勤務中に退職した場合、帰任時の旅費についてどうするか等明記。海外勤務中の退職についてまで明記した規程はあまり存在しないが、明記しておく方がトラブルが少ない。（**Q47、57**参照）
調整給	海外給与を下方調整したような場合、以前からの赴任者には調整給を支払うケースが多い。
給与改定	給与改定時期をいつにするかを明記。（通常は、国内勤務者の給与改定時期に合わせるケースが多い）
規程外事項	当該規程に掲載していない事項については、どのように判断するかを明記。
施行	当該規程をいつから施行するかを明記。

8 出向元と出向先の覚書

Q76

8 出向元と出向先の覚書

Q76 覚書記載事項及び出向者費用の本社負担割合

当社の社員Ａ氏を、海外現地法人に出向させますが、Ａ氏にかかる費用については、当社と海外現地法人がそれぞれ負担します。Ａ氏に関する費用負担の件につき、何らかの文書を交わしておく方がよいのでしょうか。

Ａ氏は海外現地法人に勤務するので、原則的にはＡ氏の給与は全額、海外現地法人が負担するべきです。とはいえ、実際には日本本社もＡ氏にかかるコストの一部を負担することになることがほとんどですが、その場合、どの費用をどれだけ負担するかといった、出向元（日本本社）と出向先（海外現地法人）の費用負担の覚書を作成する必要があるでしょう。

１．費用負担の覚書とは
～出向元と出向先の費用負担額の明記～

自社の社員を海外の現地法人や合併会社に赴任させる場合、当該駐在員にかかる費用を、どちらがどれだけ負担するかといったことを、事前に取り決めておかないと、将来的にトラブルが生じる原因にもなります。

また、現地法人等への出向者の給与を日本本社が一部でも負担する場合「**Q55：海外現地法人に出向する社員に対する日本払給与**」にも記載しましたが、日本本社が駐在員に支給した給与等相当額について、「寄附金」扱いされる場合があります。ただし、費用負担の覚書において、「一定の基準で日本側が費用を負担している」ことを明記しておけば、税務当局から寄附金扱いされる可能性は低くなるかもしれません。

2．覚書記載事項について
～経費負担だけでなく、問題解決事項や紛争解決事項等も～

　費用負担の覚書には、費用負担の取決めだけでなく、問題解決事項や紛争解決事項についても記載するとよいでしょう。

　図表76-1 では、費用負担の覚書に掲載するべき事項についてまとめました。

図表76-1　費用負担の覚書記載事項（一例）

第1条：出向の定義　第2条：勤務条件等　第3儒：経費負担
第4条：退職金　第5条：機密保持　第6条：問題解決
第7条：連絡事項　第8条：有効期間　第9条：協議事項
第10条：本覚書についての紛争解決事項

セミナーのご案内

「海外勤務者の社会保険と税務」、「海外勤務者の給与と赴任者規程の作成」及び当書籍をテキストにした海外駐在員の社保・税務・給与等のセミナーも東名阪で開催しております。

三菱UFJリサーチ&コンサルティングで提供可能な国際人事関連コンサルティング業務のご案内。

〈海外赴任者・グローバル人事関連〉

1. 海外給与体系の構築
御社の国内給与体系を意識しながら、各方式のうち、御社にもっとも適した方式での海外基本給の設定及び手当の設定をさせていただきます。

2. 海外赴任者規程の見直し・作成
他社状況も加味しながら、御社の事情にあわせた海外赴任者規程の作成を行います。

3. 出向元と出向先の費用負担契約書の作成
出向者に対する費用を、出向元と出向先でどちらがどれだけ負担するのか等を明記した契約書を作成します。(外国語への翻訳も可能です。)

4. 赴任者に関する取扱いについてのマニュアル作成
赴任者決定後に日本本社側が行うべき作業を記載したフローチャート作り及び赴任前社内説明資料・赴任者用配布リストを作成いたします。

5. 海外危機管理マニュアルの作成
平時における危機管理・有事における危機管理に関するマニュアル作りを、危機管理専門機関と共に作成いたします。

6. 海外勤務者の社会保険と税務・給与等に関する相談対応
海外勤務者に関する日本での社会保険・税務や給与等についてのご相談に適宜回答させていただきます。また現地税務についても、一般的な内容については回答させていただきます。(1年からの顧問契約にて承ります。)

7. 海外勤務者の人事評価及びグローバル人事制度の構築

8. 赴任前研修の手配
異文化コミュニケーション研修・現地責任者向け研修・危機管理・安全管理研修・セクハラ防止研修等、御社のニーズに合わせた赴任前出張研修を行います。

9. 時間単位のご相談
上記1～6について、時間単位での来社相談・出張相談も承っております。

10. 海外人事担当者育成研修
グループ会社の海外人事ご担当者様（10～30名）にむけて、海外赴任者関連業務を実施されるに際し、必要となる知識（海外赴任の考え方、給与・手当設計、住宅の考え方、子女教育、医療、税務等）を複数回にわたり研修を行うことでグループ会社の海外人事担当者のレベル向上等を行います。

〈現地従業員関連〉

11. 海外現地従業員に対するロイヤリティ強化施策の構築
海外現地法人にとって適切な給与体系の構築・社員満足度（ES）調査の実施・現地における同業他社の給与・フリンジベネフィットについての水準の調査・現地法制度を遵守した適切な労働契約書・就業規則の作成　等

➡上記業務に関するお問合わせ先
　三菱UFJリサーチ&コンサルティング　コンサルティング・国際事業本部
　電話番号：03-6733-3966

主な参考文献・ウェブサイト

参考文献
- 労務行政発行「労政時報」
- 「日本人・日本企業のためのアメリカ税金ハンドブック〈2009年改訂版〉」
  大島　襄（TKC出版）
- 「ブラジルへの人員派遣に係る個人所得税等」
  赤澤　賢史 KPMG Insight VOL. 2 /Sep 2013
- IBFD Tax Explorer Brazil/Mexico
- PwC Doing Business In Brazil 2014
- PwC International Assignment Services Taxation of International Assignees Country-Brazil
- PwC Doing Business and Investing in Brazil
- 「タイ・シンガポール・インドネシア・ベトナム駐在員の選任・赴任～帰任まで完全ガイド」（藤井　恵／著）（清文社）2014年7月

ウェブサイト
- 厚生労働省（特別加入制度のしおり）
  http://www.mhlw.go.jp/new-info/kobetu/roudou/gyousei/rousai/040324-7.html
- ジェイアイ傷害火災保険（海外の医療情報・事故データ）
  http://www.jihoken.co.jp/data/index.html
- 東京医科大学病院（ワクチンの解説）
  http://hospinfo.tokyo-med.ac.jp/shinryo/tokou/vaccine.html
- 日本貿易振興機構（投資コスト比較）
  http://www.jetro.go.jp/world/search/cost.html
- 日本年金機構
  http://www.nenkin.go.jp
- CITI HABITATS
  http://www.citi-habitats.com/
- Douglas Elliman REAL ESTATE
  https://www.elliman.com/
- 文部科学省（平成24年度　子供の学習費調査）
  http://www.mext.go.jp/b_menu/toukei/chousa03/gakushuuhi/kekka/k_detail/1343235.htm
- 日本貿易振興機構（世界の祝祭日）
  http://www.jetro.go.jp/biznews/holiday/
- WORLD HEALTH ORGANIZATION (The Global status report on road safety 2013)
  http://www.who.int/iris/bitstream/10665/78256/1/9789241564564_eng.pdf?ua=1
- Internal Revenue Service
  http://www.irs.gov/
- Canada Revenue Agency (CRA)
  http://www.cra-arc.gc.ca/menu-e.html
- CÓDIGO Fiscal de la Federación
  http://www.diputados.gob.mx/LeyesBiblio/ref/cff.htm
- Price Waterhouse Coopers (Doing Business in Mexico 2015)
  http://www.pwc.com/mx/doing-business

取材に協力いただいた主な方

ジェイアイ傷害火災保険株式会社様

東京医科大学病院渡航者医療センター様

クラウンムービングサービス株式会社様

松岡三郎社会保険労務士事務所様

タイチ不動産様（ニューヨーク）

鈴木不動産様（シカゴ）

リダック不動産様（シカゴ）

リダック　ボストン／アーバン不動産様（ボストン）

リロ・リダック・メキシコ様

ガリバー USA 支店　シカゴ支店様（シカゴ）

インターナショナル SOS ジャパン株式会社様

マンハッタンウェルネスメディカル様（ニューヨーク）

上村総合歯科様（シカゴ）

秋山一誠診療所様（サンパウロ）

SAKURADA DENTAL CLINIC 様（サンパウロ）

公益財団法人　海外子女教育振興財団様

米国日本生命様

その他日本人学校関係者の皆様、多数の海外赴任者、赴任経験者、人事ご担当者の皆様

個人所得税に関する情報提供

・Saito LLP 様

・Saikos LLC 様

・PricewaterhouseCoopers LLP（カナダ）様

・PricewaterhouseCoopers, S. C.（メキシコ）様

・KPMG BRASIL Japanese. Practice. Director 赤澤賢史先生

―― <著者紹介> ――

藤井　恵（ふじい　めぐみ）
　三菱UFJリサーチ＆コンサルティング（株）
　コンサルティング・国際事業本部　国際本部
　国際ビジネスコンサルティング室　チーフコンサルタント

【略歴】
　神戸大学経済学部卒業後、（株）大和総研入社
　三和総合研究所（現「三菱UFJリサーチ＆コンサルティング（株）」に入社
　神戸大学大学院経済学研究科修了・甲南大学大学院社会科学研究科修了
　海外勤務者の給与・人事制度及び社会保険・税務・租税条約に関するコンサルティングや書籍執筆、セミナー講師、相談業務等に対応

【著書】
　「三訂版　これならわかる！租税条約」（2015年3月）（清文社）
　「改訂新版　タイ・シンガポール・インドネシア・ベトナム駐在員の選任・赴任から帰任まで完全ガイド」（2014年9月）（清文社）
　「台湾・韓国・マレーシア・インド・フィリピン駐在員の選任・赴任から帰任まで完全ガイド」（2014年3月）（清文社）
　「四訂版　海外勤務者の税務と社会保険・給与Q&A」（2013年5月）（清文社）
　「四訂版　中国駐在員の選任・赴任から帰任まで完全ガイド」（2013年2月）（清文社）
　「Q&A　海外進出企業のための現地スタッフ採用・定着と駐在員育成のポイント」（共著）（2009年7月）（清文社）

【冊子】
　「税理士のための国際税務の基礎知識」（2015年4月）
　　　　　　　　　　　　　　　　　　（税務研究会・税研情報センター）
　「新型インフルエンザ対応のための事業継続計画Q&A」（2009年10月）
　　　　　　　　　　　　　　（三菱UFJリサーチ＆コンサルティング（株））
　「新型インフルエンザ実務対応Q&A」（2008年8月）
　　　　　　　　　　　　　　（三菱UFJリサーチ＆コンサルティング（株））
　「中国労働契約法Q&A」（2007年8月）
　　　　　　　　　　　　　　（三菱UFJリサーチ＆コンサルティング（株））

【雑誌】
　「納税月報」（（財）納税協会連合会）、「国際税務」（国際税務研究会）、「グローバルアングル」、「Daily News」（三菱UFJリサーチ＆コンサルティング（株））に連載。その他「労政時報」「旬刊　経理情報」「税経通信」「国際金融」「企業実務」「人事実務」等に寄稿

【新聞】
　日経産業新聞「中小企業海外展開のツボ」に連載

アメリカ・カナダ・メキシコ・ブラジル駐在員の
選任・赴任から帰任まで完全ガイド

2015年8月17日　発行

著　者　藤井　恵
発行者　小泉　定裕

発行所　株式会社 清文社

東京都千代田区内神田1-6-6（MIFビル）
〒101-0047　電話03(6273)7946　FAX03(3518)0299
大阪市北区天神橋2丁目北2-6（大和南森町ビル）
〒530-0041　電話06(6135)4050　FAX06(6135)4059
URL　http://www.skattsei.co.jp/

印刷：亜細亜印刷㈱

■著作権法により無断複写複製は禁止されています。落丁本・乱丁本はお取り替えします。
■本書の内容に関するお問い合わせは編集部までFAX（06-6135-4056）でお願いします。
©2015 Mitsubishi UFJ Research and Consulting Co., Ltd. All Rights Reserved.
Printed in Japan

ISBN978-4-433-55995-3